BARRON'S

BEGINNING
ITALIAN
BILINGUAL DICTIONARY
A BEGINNER'S GUIDE IN WORDS AND PICTURES

by

Gladys C. Lipton

**Coordinator of Foreign Language Workshops
Department of Modern Languages and Linguistics
University of Maryland, Baltimore County
Baltimore, Maryland**

and

John Colaneri

**Professor of Italian
Iona College, New York**

Second Edition

Pesce

Fish

Barron's Educational Series, Inc.
New York • London • Toronto • Sydney

Dedicated to Ann and John Colaneri
and
Jeremy Ackerman and Seth Carlson

All inquiries should be addressed to:
Barron's Educational Series, Inc.
250 Wireless Boulevard
Hauppauge, NY 11788

Library of Congress Catalog Card No. 89-6782

International Standard Book No. 0-8120-4272-7

Library of Congress Cataloging-in-Publication Data

Lipton, Gladys C.
   Beginning Italian bilingual dictionary: a beginner's guide
in words and pictures / by Gladys C. Lipton, John Colaneri. —
2nd ed. p. cm.
   SUMMARY: A bilingual dictionary featuring a pronunciation key, illustrations, definitions, and sentences in
Italian and English.
   1. Italian language—Dictionaries, Juvenile—English.
2. English language—Dictionaries, Juvenile—Italian.
[1. Italian language—Dictionaries—English. 2. English
language—Dictionaries—Italian.] I. Colaneri, John,
1930-   . II. Title.
PC1640.L47   453' .21—dc20   1989
ISBN 0-8120-4272-7   89-6782
                                                   CIP
                                                   AC

PRINTED IN THE UNITED STATES OF AMERICA

9012   5500   987654321

TABLE OF CONTENTS
Indice

INTRODUCTION

Learning Italian can be fun for everyone! The *Italian Bilingual Dictionary* is a book that will provide both pleasure and functional help. It will bring many hours of "thumbing-through" enjoyment to all those people (children and adults) who like to look at pictures, who delight in trying to pronounce new sounds, and who are enthralled with the discovery of reading words and sentences in English and Italian.

This dictionary will help in understanding written Italian and English and will also help to enlarge your vocabulary. It will help in word games, in crossword puzzles, in writing letters in Italian, and in reading signs and instructions. As a travel dictionary, it will be invaluable in helping travelers obtain information, understand menus, and read magazines and newspapers in an Italian-speaking community.

The pictures in this dictionary will help to clarify meaning and also help in associating a picture with the meaning of the word or phrase. The sentences will not only illustrate the use of the specific words and expressions, but will also serve as useful conversational expressions when communicating in an Italian-speaking community.

ASIS OF WORD SELECTION

The selection of words in the Italian and English sections is based on a survey of basic words and idiomatic expressions used in beginning language programs and in simple reading materials.

SPECIAL FEATURES

The dictionary has a number of unique features.

1. The controlled vocabulary and idiomatic listings make it highly usable for beginners because they are not overwhelmed by too many words, explanations, and definitions. Other dictionaries of this type have tended to discourage beginners from consulting them because the definitions have all been in Italian or English.
2. The pronunciation key,* pictures, definitions, and sentences in Italian and English will aid the student in using this dictionary independently. The use of both languages will facilitate understanding and will promote activities of exploration and self-instruction.

---

*The *phonemic* alphabet is based on a comparative analysis of English and Italian sounds; it uses only Roman letters, with minimal modifications. In contrast, the International Phonetic Alphabet is based on a comparison of several languages and uses some arbitrary symbols. It has been the experience of the authors that a *phonemic* alphabet is most helpful to beginners, who need assurance in the pronunciation of a new language. The goal is to provide the beginning language student with an immediate tool for communication. As he or she continues to study and to use the language, greater refinements in vocabulary, structure, and pronunciation will be developed.

3. The selection of words and idiomatic expressions has been based on frequency lists, content of courses, and reading materials at the beginning language student's level and on the natural interests of young people. It should be noted that current words have been included to appeal to expanding interests and experiences.

4. Several special sections have been included to extend the interests of students of Italian and English. Among these are:

   a. personal names in Italian and English
   b. parts of speech in Italian and English
   c. numbers 1-100 in Italian and English
   d. days of the week, months of the year in Italian and English
   e. Italian verb supplement

This dictionary should have appeal both to children and adults. It will be useful as a supplementary book to be distributed to beginners studying Italian or English. Placed in the language section of the school library and in the public library, it will engage the attention of many people looking for intellectual stimulation. The language teacher will no doubt wish to have a desk copy for the preparation of class and homework activities, while other classroom teachers who may not have a knowledge of Italian will enjoy having a desk copy in order to keep abreast of Italian vocabulary and expressions. For use and pleasure, the dictionary will be suitable as part of a student's personal book collection at home.

It is hoped that this beginner's dictionary will lead the student to higher levels of Italian-English or English-Italian study by providing a solid yet ever-broadening base for language activities.

HOW TO USE THIS DICTIONARY

The dictionary contains approximately 1300 entries in the Italian-English vocabulary listing and an equal number of English words and expressions in the English-Italian vocabulary listing. Each Italian entry consists of the following:

1. Italian word
2. phonemic transcription
3. part of speech
4. English definition(s)
5. use of word in Italian sentence
6. English translation of Italian sentence

Each English entry consists of the following:

1. English word
2. phonemic transcription
3. part of speech
4. Italian definition(s)
5. use of word in English sentence
6. Italian translation of English sentence

In addition, many word entries in both the English and Italian sections include an illustration.

TO FIND THE MEANING OF AN ITALIAN WORD OR EXPRESSION

To find the meaning in English of an Italian word, look through the alphabetical Italian-English listing for the word or expression and the above-mentioned information about the word.

TO FIND THE ITALIAN EQUIVALENT OF AN ENGLISH WORD OR EXPRESSION

To find the meaning in Italian of an English word, look through the alphabetical English-Italian Word Finder listing for the word or expression, and the above-mentioned information about the word.

CAUTION: Some words have more than one meaning. Read the entry carefully to determine the most suitable equivalent.

You may then look up the appropriate Italian word in the Italian-English vocabulary, where you will find other possible meanings; use in a sentence; the conjugation of verbs in the present indicative; and, in some cases, a picture.

TO FIND VERB FORMS

Special mention should be made of the treatment of verbs in this dictionary. Since only the present tense is used actively in most beginning language programs, verb forms only in the present tense have been included, except for past participles used as adjectives. For regular verbs, only the infinitive is listed, with all the forms of the verb in the present tense included in the entry. There is no cross-listing of the forms of regular verbs. For some irregular verbs, each form of the present tense is given (first, second and third persons, singular and plural) in a separate listing with cross-reference to the infinitive. Here, too, under the infinitive listing, all the forms of the verb in the present tense are included in the entry.

Forms of selected regular, auxiliary, and irregular verbs also appear in the Italian verb supplement.

BEGINNING
ITALIAN
BILINGUAL DICTIONARY
A BEGINNER'S GUIDE IN WORDS AND PICTURES

Italian-English
(Italiano-Inglese)

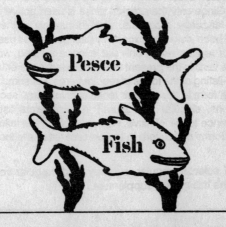

Pesce

Fish

ITALIAN PRONUNCIATION KEY
(for English speakers)

NOTES

1. Many Italian sounds do not have an exact English equivalent. The phonemic symbols are approximate and will assist the beginning Italian student as he or she encounters new words and phrases.
2. Capital letters in the phonemic symbols indicate the syllable emphasized. For example:

dehn-TEES-ta

3. Beginning Italian students should be particularly careful of the pronunciation of Italian vowels. Italian vowels are sharper, clearer, and less drawn out than English vowels.

CONSONANTS

Italian Spelling	Phonemic Symbol in This Dictionary
b	b
c + a, o, u	k (as in *kitten*)
c + e, i (cena)	ch (as in *chest*)
ch (only before e, i)	k (as in *kitten*)
d	d
f	f
g + a, o, u	g (as in *go*)
g + e, i	j (as in *jet*)
gh (only before e, i)	g (as in *go*)
gli	ly (as in *million*)
gn	n (as in *onion*)
h	(silent)
l	l
m	m
n	n
p	p
qu	kw
r	r
s	s
s, z (between vowels)	z
sc (before a, o, u)	sk (as in *ask*)
sc (before e, i)	sh (as in *fish*)
t	t
v	v
z	ts (as in *bets*)
z	tz (as in *beds*)

VOWELS

Italian Spelling	Italian Example	Phonemic Symbol	Sounds Something Like English Word
a	casa	a	father
e	me	ay	met
e	bene	eh	shelf
i	libri	ee	keep
o	sole	oh	open
o	no	o	often
u	uno	u	too
iu	aiutare	y	you
ie	niente	ye	yes

A

---

a **A** preposition at, in, to
Loro vanno a Roma.
They are going to Rome.

---

abbassare a-ba-SA-reh verb to lower, to put down
io abbasso noi abbassiamo
tu abbassi voi abbassate
Lei abbassa Loro abbassano
La maestra dice, "Abbassate le mani!"
The teacher says, "Put down your hands!"

---

abbastanza a-bas-TAN-za adjective enough
Hai avuto abbastanza vino?
Have you had enough wine?

---

abitare a-bee-TA-reh verb to live
io abito noi abitiamo
tu abiti voi abitate
Lei abita Loro abitano
Dove abita Lei?
Where do you live?

---

l'abito A-bi-to noun (masc.) suit
Il babbo porta un abito quando va a lavorare.
Dad wears a suit when he goes to work.

abiti A-bi-tee noun (masc.), pl. clothes
I miei abiti sono sul letto.
My clothes are on the bed.

---

a buon mercato idiom cheap(ly),
a-buon-mehr-KA-to inexpensive(ly)
Il pane si vende a buon mercato; non costa
molto.
Bread is cheap; it does not cost much.

---

a causa di   a-KAU-za-dee   idiom   because of
Devo restare a casa a causa della neve.
I must stay home because of the snow.

---

accadere   ah ka-DEH-reh   verb   to happen, to occur

io accado	noi accadiamo
tu accadi	voi accadete
Lei accade	Loro accadono

Queste cose accadono sempre a me.
These things always happen to me.

---

accanto a   a-KAN-to-a   adverb   next to
Lui è seduto accanto a me.
He is seated next to me.

---

accendere   a-CHAYN-deh-reh   verb   to turn on (appliances)

io accendo	noi accendiamo
tu accendi	voi accendete
Lei accende	Loro accendono

Io accendo la radio.
I turn on the radio.

---

l'acqua   A-kwa   noun (fem.)   water

C'è acqua nella piscina.
There is water in the pool.

---

adagio   a-DA-jeeo   adverb   slowly, softly
   Suo cuore batte adagio.
   His heart beats slowly.

ad alta voce   ad-al-ta-VOH-cheh   idiom   aloud, in a loud voice
   Lui parla ad alta voce.
   He speaks in a loud voice.

adesso   a-DEH-so   adverb   now
   Ti devi svegliare adesso!
   You have to wake up now!

ad un tratto   a-dun-TRA-to   adverb   suddenly
   Ad un tratto il telefono suona.
   Suddenly the telephone rings.

addizione   a-di-TZEEOH-neh   noun (fem.) addition
   L'addizione è facile.
   Addition is easy.

l'aereo   AEH-reo   noun (masc.)   airplane
   L'aereo è grande.
   The airplane is large.

l'aeroplano   aeh-ro-PLA-no   noun (masc.)   airplane
   L'aeroplano è arrivato.
   The airplane has arrived.

l'aeroporto   aeh-ro-POR-to   noun (masc.)   airport
   Ci sono tanti apparecchi all'aeroporto.
   There are many airplanes at the airport.

3

---

afferrare   a-feh-RA-reh   verb   to catch
  io afferro   noi afferriamo
  tu afferri   voi afferrate
  Lei afferra   Loro afferrano
  Bravo! Giovanni afferra la palla.
  Hurray! John catches the ball.

---

affrettarsi   a-freh-TAR-see   verb   to hurry
  io mi affretto   noi ci affrettiamo
  tu ti affretti   voi vi affrettate
  Lei si affretta   Loro si affrettano

  Si affrettano perchè sono in ritardo.
  They hurry because they are late.

---

l'ago   A-go   noun (masc.)   needle
  Ecco un ago da cucire.
  Here is a sewing needle.

---

agosto   a-GOS-to   noun (masc.)   August
  In agosto fa caldo.
  It is warm in August.

---

l'agricoltore   noun (masc.)   farmer
  a-gree-kol-TOH-reh
  Il mio nonno è agricoltore.
  My grandfather is a farmer.

---

aiutare   a-yu-TA-reh   verb   to help
  io aiuto   noi aiutiamo
  tu aiuti   voi aiutate
  Lei aiuta   Loro aiutano
  Giovanni aiuta la sorella a portare i libri.
  John helps his sister carry the books.

Aiuto!   a-YU-to   interjection   Help!
  Quando io cado, grido, "Aiuto!"
  When I fall, I shout, "Help!"

4

---

l'ala   A-la   noun (fem.), sing.   wing
L'uccello ha un' ala bianca.
The bird has a white wing.

le ali   A-lee   noun (fem.), pl.   wings
L'aeroplano ha due ali.
The airplane has two wings.

---

l'albergo   al-BEHR-go   noun (masc.)   hotel
Come si chiama quest'albergo?
What is the name of this hotel?

---

l'albero   AL-beh-ro   noun (masc.)   tree

L'albero ha molti rami.
The tree has many branches.

---

l'albicocca   al-bee-KO-ka   noun (fem.)   apricot
L'albicocca è dolce.
The apricot is sweet.

---

alcune   al-KU-neh   adj. (fem.)   several, some
Compro alcune camicie.
I buy some shirts.

alcuni   al-KU-nee   adj. (masc.)   several, some
(Note: used with plural nouns only)
Venezia ha più di alcuni canali.
Venice has more than a few canals.

---

l'alfabeto   al-fa-BEH-to   noun (masc.)   alphabet

ABCDEFGHILM
NOPQRSTUVZ

Ci sono ventun lettere nell'alfabeto italiano.
There are 21 letters in the Italian alphabet.

---

allegro, allegra   a-LEH-gro   adjective   cheerful, happy
Mia sorella è sempre allegra.
My sister is always cheerful.

---

allora   a-LOH-ra   adverb   then
Allora incomincia a leggere.
Then begin to read.

---

al piano superiore   adverb   upstairs
al pee-AH-no su-peh-REEO-reh
L'ufficio è al piano superiore.
The office is upstairs.

---

l'altalena   al-ta-LEH-na   noun (fem.)   swing, seesaw
Nel parco i ragazzi si divertono sull'altalena.
In the park, the children enjoy themselves on the
swings.

---

alto   AL-to   adjective   tall, high
La Torre di Pisa è alta.
The Tower of Pisa is high.

---

altro, altra   AL-tro   adjective   other
Ecco il mio fazzoletto. Gli altri sono sul letto.
Here is my handkerchief. The others are on the
bed.

---

l'alunno   a-LU-no   noun (masc.)   pupil
l'alunna   a-LU-na   noun (fem.)   pupil
Gli alunni sono nell'aula.
The students are in the classroom.

---

alzare   al-TZA-reh   verb   to raise

     io alzo   noi alziamo
     tu alzi   voi alzate
     Lei alza   Loro alzano
     Il poliziotto alza la mano destra.
     The policeman raises his right hand.

---

alzarsi   al-TZAR-see   verb   to get up, to stand

     io mi alzo   noi ci alziamo
     tu ti alzi   voi vi alzate
     Lei si alza   Loro si alzano
     Alzati, Giovanni. Dai il posto alla Signora.
     Get up, John. Give your seat to the lady.

---

amare   a-MA-reh   verb   to like, to love

     io amo   noi amiamo
     tu ami   voi amate
     Lei ama   Loro amano
     Una mamma ama i figli.
     A mother loves her children.

---

l'ambulanza   am-bu-LAN-za   noun (fem.) ambulance

     L'ambulanza va all'ospedale.
     The ambulance goes to the hospital.

---

americano (a)   adjective (masc., fem.) American

a-meh-ree-KA-no

     È un apparecchio americano.
     It is an American airplane.

---

l'amico   a-MI-ko   noun (masc.)   friend

     Il mio amico ed io andiamo al parco a giocare.
     My friend and I are going to the park to play.

l'amica   a-MI-ka   noun (fem.)   friend

     Maria è la tua amica.
     Mary is your friend.

---

l'amore   a-MOH-reh   noun (masc.)   love

     Il ragazzo ha un grand'amore per il suo cane.
     The boy has a great love for his dog.

---

l'ananasso a-na-NA-so noun (masc.) pineapple
L'ananasso è grande.
The pineapple is big.

---

anche AN-kay adverb even, too
Lei piange anche quando è contenta.
She cries even when she is happy.

anche AN-kay adverb also
Anch'io voglio dei dolci!
I also want some candy!

---

ancora an-KOH-ra adverb once again
Leggi la lettera ancora una volta.
Read the letter once again.

ancora an-KOH-ra adverb still
Sei ancora a casa?
Are you still home?

---

andare an-DA-reh verb to go

io vado	noi andiamo
tu vai	voi andate
Lei va	Loro vanno

Dove vai? Vado a casa.
Where are you going? I'm going home.

---

andare a fare le spese idiom to go shopping
an-DA-reh a FA-reh le SPE-seh an-DA-reh a
Io vado a fare le spese ogni giorno.
I go shopping every day.

---

andare a letto an-DA-reh a le-to idiom to go to bed

Non mi piace andare a letto presto.
I don't like going to bed early.

---

l'anello a-NEH-lo   noun (masc.)   ring
>   Che bell'anello!
>   What a beautiful ring!

---

l'angolo AN-go-lo   noun (masc.)   corner
>   Si deve attraversare la strada all'angolo.
>   One must cross the street at the corner.

---

l'animale   noun (masc.), sing.   animal
a-nee-MA-leh
>   L'animale è grande.
>   The animal is big.

---

l'animale favorito   idiom   pet
a-nee-MA-leh fa-vo-REE-toh
>   Il cane è il mio animale favorito.
>   The dog is my pet.

---

gli animali   noun (masc.), pl.   animals
a-nee-MA-lee
>   Gli animali sono nella foresta.
>   The animals are in the forest.

---

l'anitra a-NEE-tra   noun (fem.)   duck
>   Ci sono delle anitre nel lago.
>   There are ducks in the lake.

---

l'anno A-no   noun (masc.)   year
>   Ci sono dodici mesi in un anno.
>   There are twelve months in a year.
>   Io ho nove anni.
>   I am nine years old.

9

---

annoiare a-no-YA-reh verb to annoy
> È pericoloso annoiare un orso.
> It is dangerous to annoy a bear.

---

annoiarsi a-no-YAR-see verb to be annoyed
> io mi annoio noi ci annoiamo
> tu ti annoi voi vi annoiate
> Lei si annoia Loro si annoiano
>
> La mamma si annoia quando faccio troppo chiasso.
> Mother becomes annoyed when I make too much noise.

---

annoiato a-no-YA-toh adjective annoyed, offended
> Io sono molto annoiato.
> I am very annoyed.

---

l'antenna an-TEH-na noun (fem.) antenna
> Le antenne delle televisioni sono sul tetto.
> The TV antennas are on the roof.

---

l'ape A-peh noun (fem.) bee
> All'ape piace il fiore.
> The bee likes the flower.

---

aperto a-PEHR-to adjective open
> La finestra è aperta.
> The window is open.

---

apparecchiare a-pa-reh-KYA-reh verb to set (the table)
> io apparecchio noi apparecchiamo
> tu apparecchi voi apparecchiate
> Lei apparecchia Loro apparecchiano
> Mia madre apparecchia la tavola.
> My mother sets the table.

---

l'apparecchio noun (masc.) airplane,
a-pa-RAY-keeo apparatus, machine
> Ci sono tanti apparecchi nel negozio.
> There are many machines in the store.

---

l'apparecchio a reazione   noun   jet plane
     a-pa-RAY-keeo a reh-a-zee-O-neh

> L'apparecchio a reazione è veloce.
> The jet plane is fast.

---

l'apparenza   a-pa-REHN-za   noun (fem.)   look, appearance

> La tigre ha un'apparenza feroce.
> The tiger has a ferocious look.

---

l'appartamento   noun (masc.)   apartment
     a-par-ta-MEHN-to

> Il mio appartamento è al secondo piano.
> My apartment is on the second floor.

---

l'appetito   a-peh-TEE-to   noun (masc.)   appetite

> Buon appetito!
> Hearty appetite!

---

aprile   a-PREE-leh   noun   April

APRIL						
1	2	3	4	5	6	7
8	9	10	11	12	13	14
15	16	17	18	19	20	21
22	23	24	25	26	27	28
29	30	31				

> Piove molto in aprile.
> It rains a great deal in April.

---

aprire   a-PREE-reh   verb   to open

     io apro   noi apriamo
     tu apri   voi aprite
     Lei apre   Loro aprono

> Io apro la mia scrivania per cercare una gomma.
> I open my desk to look for an eraser.

---

l'aquilone   noun (masc.)   kite
        a-kwee-LOH-neh
                Bene, tira vento. Giochiamo con l'aquilone.
                Good, it's windy. Let's play with the kite.

---

l'arachide   noun (fem.), sing.   peanut
        a-ra-KEE-deh
   le arachidi a-ra-KEE-dee noun (fem.), pl. peanuts
                All'elefante piace mangiare le arachidi.
                The elephant likes to eat peanuts.

---

l'arancia   a-RAN-cha   noun (fem.)   orange
                Di che colore è l'arancia?
                What color is the orange?

---

arancio   a-RAN-cho   adjective   orange (color)
                Ho bisogno di una gonna arancia.
                I need an orange skirt.

---

l'arcobaleno   noun (masc.)   rainbow
        ar-ko-ba-LEH-no
                Mi piacciono i colori dell'arcobaleno.
                I like the colors of the rainbow.

---

l'argento   ar-JEHN-to   noun (masc.)   silver
                I capelli del vecchio sono colore argento.
                The old man's hair is silver.

---

l'aria   A-reea   noun (fem.)   air
                L'aria è pulita.
                The air is clean.

---

l'armadio   ar-MA-deeo   noun (masc.)   closet
                L'armadio è chiuso.
                The closet is closed.

---

arrabbiato   a-ra-BEEA-to   past participle   angry
                Lui è arrabbiato.
                He is angry.

---

arrampicarsi   a-ram-pee-KAR-see   verb   to climb

io mi arrampico   noi ci arrampichiamo

tu ti arrampichi   voi vi arrampicate

Lei si arrampica   Loro si arrampicano

Il gatto si arrampica sull'albero.

The cat climbs the tree.

---

arrestare   a-rehs-TA-reh   verb   to arrest

io arresto   noi arrestiamo

tu arresti   voi arrestate

Lei arresta   Loro arrestano

Il poliziotto arresta l'uomo.

The policeman arrests the man.

---

arrivare   a-ree-VA-reh   verb   to arrive

io arrivo   noi arriviamo

tu arrivi   voi arrivate

Lei arriva   Loro arrivano

Il postino arriva alle dieci.

The mailman arrives at 10 o'clock.

---

arrivederci   interjection   goodbye, see you soon

a-ree-veh-DEHR-chee

La mattina il padre dice "arrivederci" alla famiglia.

In the morning, Father says "goodbye" to his family.

---

l'artista   ar-TEES-ta   noun (masc. or fem.)   artist

Mio fratello è artista.

My brother is an artist.

l'asciugamano   noun (masc.)   towel
    a-shu-ga-MA-no
        Il mio asciugamano è nella sala da bagno.
        My towel is in the bathroom.

---

asciutto a-SHU-to adjective   dry
        È asciutto il pavimento, Mamma?
        Is the floor dry, Mother?

---

ascoltare as-kol-TA-reh verb   to listen
        io ascolto   noi ascoltiamo
        tu ascolti   voi ascoltate
        Lei ascolta   Loro ascoltano
        Il ragazzo ascolta la radio.
        The boy listens to the radio.

---

l'asino A-zee-no noun (masc.)   donkey
        L'asino ha due lunghe orecchie.
        The donkey has two long ears.

---

aspettare a-speh-TA-reh verb   to wait for
        io aspetto   noi aspettiamo
        tu aspetti   voi aspettate
        Lei aspetta   Loro aspettano
        Aspettami, vengo.
        Wait for me, I'm coming.

---

l'aspirapolvere   noun (fem.)   vacuum cleaner
    a-spee-ra-POL-veh-reh
        La mamma usa l'aspirapolvere per pulire la
        casa.
        Mother uses the vacuum cleaner to clean the
        house.

---

assente a-SEN-teh adjective   absent
        Giorgio è assente oggi.
        George is absent today.

---

assistere a-SEES-teh-reh   verb   to attend, to assist

io assisto   noi assistiamo

tu assisti   voi assistete

Lei assiste   Loro assistono

Noi assistiamo a una partita di calcio.

We attend a soccer game.

---

l'astronauta   noun (masc.)   astronaut
as-tro-NAU-ta

L'astronauta fa un viaggio in un razzo.

The astronaut takes a trip in a rocket.

---

attenzione a-tehn-zee-O-neh   noun   attention, take care

Il professore dice, "Attenzione!"

The teacher says, "Attention!"

---

l'attore a-TOH-reh   noun (masc.)   actor

l'attrice a-TREE-cheh   noun (fem.)   actress

L'attore è bello.

The actor is handsome.

---

attraente a-tra-EHN-teh   adjective   cute, attractive

La ragazza è attraente.

The girl is cute.

---

attraversare a-tra-vehr-SA-reh   verb   to cross

io attraverso   noi attraversiamo

tu attraversi   voi attraversate

Lei attraversa   Loro attraversano

Possiamo attraversare il lago.

We can cross the lake.

---

l'autista au-TEES-ta   noun (fem.)   driver

L'autista è giovane.

The driver is young.

---

l'aula AU-la   noun (fem.)   classroom

Siamo nell'aula.

We are in the classroom.

---

l'autobus au-to-BUS noun (masc.) bus
I ragazzi vanno a scuola in autobus.
The children go to school by bus.

l'automobile noun (fem.) automobile
au-to-MO-bee-leh

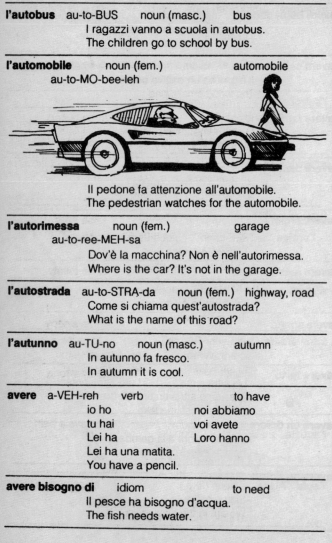

Il pedone fa attenzione all'automobile.
The pedestrian watches for the automobile.

l'autorimessa noun (fem.) garage
au-to-ree-MEH-sa
Dov'è la macchina? Non è nell'autorimessa.
Where is the car? It's not in the garage.

l'autostrada au-to-STRA-da noun (fem.) highway, road
Come si chiama quest'autostrada?
What is the name of this road?

l'autunno au-TU-no noun (masc.) autumn
In autunno fa fresco.
In autumn it is cool.

avere a-VEH-reh verb to have
io ho   noi abbiamo
tu hai   voi avete
Lei ha   Loro hanno
Lei ha una matita.
You have a pencil.

avere bisogno di idiom to need
Il pesce ha bisogno d'acqua.
The fish needs water.

16

---

avere buon odore   idiom   to smell good
> La torta ha un buon odore.
> The cake has a good smell.

---

avere cattivo odore   idiom   to smell bad
> Il legno ha un cattivo odore.
> The wood smells bad.

---

avere fame   idiom   to be hungry
> Lui ha sempre fame.
> He is always hungry.

---

avere paura di   idiom   to be afraid of
> Ha paura della tempesta?
> Are you afraid of the storm?

---

avere ragione   idiom   to be right
> Questa volta io ho ragione.
> This time I am right.

---

avere sete   idiom   to be thirsty
> Oggi ho sete.
> Today I am thirsty.

---

avere sonno   idiom   to be sleepy
> Chi ha sonno?
> Who is sleepy?

---

avere torto   idiom   to be wrong
> Lei ha torto.
> You are wrong.

---

avere un dolore a . . .   idiom   to have a pain . . .
> Io ho un dolore alla gamba.
> I have a pain in my leg.

---

avere un dolore di testa   idiom   to have a headache
> Sono malato. Ho un dolor di testa.
> I'm sick. I have a headache.

---

avere un mal di stomaco   idiom   to have a
                                         stomachache
        Maria ha un mal di stomaco.
        Mary has a stomachache .

avere vergogna   idiom   to be ashamed
        Ha vergogna perché è cattivo.
        He is ashamed because he is bad.

aviogetto   a-veeo-JEH-to   noun (masc.)   jet plane
        L'aviogetto è arrivato.
        The jet plane has arrived.

avvenire   ah-ve-NI-reh   verb   to happen,
                                             to occur
        io avvengo   noi avveniamo
        tu avvieni   voi avvenite
        Lei avviene   Loro avvengono
        Queste tempeste avvengono spesso.
        These storms happen often.

l'avventura   a-vehn-TU-ra   noun (fem.)   adventure
        Mi piace leggere le avventure di Don Giovanni.
        I like to read the adventures of Don Juan.

l'avvocato   a-vo-KA-to   noun (masc.)   lawyer
        Mio zio è avvocato.
        My uncle is a lawyer.

azzurro   a-TZU-ro   adjective   blue
        Il cielo è azzurro, non è vero?
        The sky is blue, isn't it?

B

il babbo   BA-bo   noun (masc.)   Dad
        Babbo, ho paura!
        Dad, I'm afraid!

---

baciare ba-CHEEA-reh   verb   to kiss

        io bacio   noi baciamo

        tu baci   voi baciate

        Lei bacia   Loro baciano

        Gli amanti si baciano.

        The lovers kiss each other.

---

il bacio BA-cho   noun (masc.)   kiss

        La mamma dà un bacio al ragazzo.

        The mother kisses the child.

---

badare a ba-DA-reh-a   verb   to look after,

                                         to take care of,

                                         to watch over

        io bado   noi badiamo

        tu badi   voi badate

        Lei bada   Loro badano

        La gatta bada ai gattini.

        The cat takes care of the kittens.

---

il bagaglio ba-GA-lyo   noun (masc.)   luggage, baggage

        Il bagaglio è pronto per il viaggio.

        The luggage is ready for the trip.

---

bagnato ba-NA-to   adjective   wet

        Il mio quaderno è caduto nell'acqua; è bagnato.

        My notebook fell in the water; it's wet.

---

il bagno BA-no   noun (masc.)   bath

        Mi faccio un bagno ogni giorno.

        I take a bath every day.

  il bagno di sole   idiom   sun bath

        Io mi faccio un bagno di sole sull'erba.

        I take a sun bath on the grass.

  il costume da bagno   noun   bathing suit

        Ti piace il mio nuovo costume da bagno?

        Do you like my new bathing suit?

il lavandino   noun (masc.)   bathroom sink
Il lavandino è bianco.
The bathroom sink is white.

la sala da bagno   noun   bathroom
La sala da bagno è grande.
The bathroom is large.

---

ballare   ba-LA-reh   verb   to dance
io ballo   noi balliamo
tu balli   voi ballate
Lei balla   Loro ballano

A mia sorella piace ballare.
My sister likes to dance.

---

il bambino   bam-BEE-no   noun (masc.)   child, baby
Maria gioca con il bambino.
Mary plays with the baby.

---

la bambola   BAM-bo-la   noun (fem.)   doll
La mia bambola si chiama Silvia.
My doll's name is Silvia.

la casa di bambola   noun (fem.)   dollhouse
ka-sa-dee-BAM-boh-la
La casa di bambola è grande.
The dollhouse is large.

---

la banca   BAN-ka   noun (fem.)   bank
Ha moneta alla banca?
Do you have money in the bank?

---

la bandiera   ban-DYEH-ra   noun (fem.)   flag
La bandiera è grande.
The flag is large.

---

la barba   BAR-ba   noun (fem.)   beard
L'uomo ha la barba grigia.
The man has a gray beard.

---

la barca   BAR-ka   noun (fem.)   boat
La barca è nuova.
The boat is new.

---

la barchetta   bar-KAY-ta   noun (fem.)   boat
La barchetta è piccola.
The boat is small.

---

il "baseball"   (as in Eng.)   noun (masc.)   baseball
Mio cugino gioca al baseball.
My cousin plays baseball.

---

basso   BA-so   adjective   short
L'albero a sinistra è basso; l'albero a destra è alto.
The tree on the left is short; the tree on the right is tall.

---

il bastone   bas-TOH-neh   noun (masc.)   stick, cane
Il poliziotto porta il bastone.
The policeman carries the stick.

---

il battello   ba-TEH-lo   noun (masc.)   boat
Il battello è stato distrutto.
The boat was destroyed.

---

battere   BA-teh-reh   verb   to hit
io batto   noi battiamo

21

tu batti   voi battete
Lei batte   Loro battono
Lui mi batte.
He is hitting me.

---

il baule   ba-U-leh   noun (masc.)   trunk, suitcase
È difficile portare questo baule.
It is difficult to carry this trunk.

---

il becco   BEH-ko   noun (masc.)   beak
L'uccello ha un becco giallo.
The bird has a yellow beak.

---

bello, bella   adjective (masc., fem.)   handsome,
     BEH-lo   beautiful, pretty
L'attore è bello; l'attrice è bella.
The actor is handsome; the actress is beautiful.

---

bello, bella   adjective (masc., fem.)   nice, pleasant
La primavera è una bella stagione.
Spring is a pleasant season.

---

bene   BEH-ne   adverb   well
Mi sento molto bene, grazie.
I feel very well, thank you.

---

beneducato   adjective   well behaved,
   beh-neh-du-KA-to   well mannered
Le ragazzine sono più beneducate dei ragazzini.
Little girls are more well behaved than little boys.

---

la benzina   behn-ZEE-na   noun (fem.)   gasoline
Il babbo dice, "Non abbiamo abbastanza
     benzina."
Father says, "We don't have enough gasoline."

---

bere   BEH-reh   verb   to drink
io bevo   noi beviamo
tu bevi   voi bevete
Lei beve   Loro bevono
Il ragazzo beve il latte.
The boy drinks milk.

---

la bestia   BEHS-teea   noun (fem.)   beast

Il leone è una bestia selvaggia.
The lion is a wild beast.

---

bianco, bianca   adjective   (masc., fem.)   white
BEEAN-ko

Le mie scarpe sono bianche.
My shoes are white.
Vorrei comprare una camicetta bianca.
I would like to buy a white blouse.

---

la biblioteca   noun (fem.)   library
bee-blee-o-TEH-ka

Ci sono tanti libri nella biblioteca.
There are many books in the library.

---

il bicchiere   noun (masc.)   glass
bee-KYEH-reh

Io metto il bicchiere sul tavolo accuratamente.
I put the glass on the table carefully.

---

la bicicletta   noun (fem.)   bicycle
bee-chee-KLEH-ta

Quando fa bel tempo, Bernardo va in bicicletta.
When the weather is good, Bernard rides his
bicycle.

---

il biglietto   noun (masc.)   bill (money)
bee-LYEH-to

Sono ricco. Ho un biglietto da mille lire.
I'm rich. I have a one-thousand lire bill.

23

il biglietto bee-LYEH-to   noun (masc.)   note
Lei mi scrive un biglietto.
She writes me a note.

il biglietto bee-LYEH-to   noun (masc.)   ticket
Ecco il mio biglietto, signore.
Here is my ticket, sir.

---

biondo BEEON-do   adjective   blonde
Voi avete i capelli biondi?
Do you have blonde hair?

---

la bistecca bees-TEH-ka   noun (fem.)   steak
La bistecca è buona.
The steak is good.

---

la bocca BOH-ka   noun (fem.)   mouth
Il bambino apre la bocca quando piange.
The child opens his mouth when he cries.

---

il bordo BOHR-do   noun (masc.)   edge
Il bordo della strada è diritto.
The edge of the road is straight.

---

la borsa BOHR-sa   noun (fem.)   pocketbook, handbag
Io compro una borsa per la mamma.
I buy a pocketbook for mother.

la borsa BOHR-sa   noun (fem.)   briefcase, bag
Giovanni, non dimenticare la borsa.
John, don't forget your briefcase.

---

il borsellino bohr-seh-LEE-no   noun (masc.)   purse
Il borsellino è bianco.
The purse is white.

---

il bosco BOS-koh   noun (masc.)   forest, woods
Io vado nel bosco.
I go into the woods.

24

---

la bottega bo-TEH-ga noun (fem.) shop
Mi scusi, dov'è la bottega del Signor Napoli?
Excuse me, where is Mr. Napoli's shop?

---

la bottiglia bo-TEE-lya noun (fem.) bottle
Attenzione! La bottiglia è di vetro.
Be careful! The bottle is made of glass.

---

il bottone bo-TOH-neh noun (masc.) button
Questo soprabito ha solamente tre bottoni.
This overcoat has only three buttons.

---

il braccio BRA-cho noun (masc.) arm

All'uomo gli duole il braccio.
The man's arm hurts.

---

bravo BRA-vo interjection hurray, well done
Pietro risponde bene alle domande. "Bravo,"
   dice la maestra.
Peter answers the questions well. "Well done,"
   says the teacher.

---

bruciare bru-CHA-reh verb to burn
io brucio   noi bruciamo
tu bruci   voi bruciate
Lei brucia   Loro bruciano
Lui brucia il legno.
He burns the wood.

---

brutto   BRU-to   adjective   ugly
>Non mi piace questo cappello; è brutto.
>I don't like this hat; it's ugly.

---

la buca delle lettere   noun (fem.)   letter box, mailbox
>BU-ka DEH-leh LEH-teh-reh
>Lui mette la lettera nella buca per le lettere.
>He puts the letter in the mailbox.

---

il buco   BU-ko   noun (masc.)   hole
>Io ho un buco nella calza.
>I have a hole in my stocking.

---

il buffone   bu-FOH-neh   noun (masc.)   clown
>Lui è buffone.
>He is a clown.

---

la bugia   bu-JEE-a   noun (fem.)   lie
>Lui dice bugie.
>He tells lies.

---

buono   BUO-no   adjective   good
>È un libro interessante; è un buon libro.
>It's an interesting book; it is a good book.

Buon compleanno   idiom   Happy birthday
>Buon com-pleh-A-no
>Buon compleanno, Giovanni.
>Happy birthday, John.

Buona fortuna   idiom   Good luck
>BUO-na for-TU-nah
>Buona fortuna col lavoro.
>Good luck with the work.

Buon giorno   idiom   good morning,
>Buon GEE-or-no   good day, hello
>"Buon giorno, ragazzi," dice la maestra.
>"Good morning, children," says the teacher.

Buona notte   BUO-na NO-teh   idiom   good night (upon
retiring)
>Il ragazzo dice, "Buona notte."
>The child says, "Good night."

Buon pomeriggio   idiom   Good afternoon
Buon po-meh-REE-jo
>"Buon pomeriggio, ragazzi," dice la maestra.
>"Good afternoon, children," says the teacher.

Buona sera   BUO-na SEH-ra   idiom   Good evening
>Quando il padre ritorna a casa alle nove, dice
>   "Buona sera."
>When father gets home at 9, he says, "Good
>   evening."

---

il burro   BU-ro   noun (masc.)   butter
>Passi il burro, per piacere.
>Please pass the butter.

---

bussare   bu-SA-reh   verb   to knock

io busso	noi bussiamo
tu bussi	voi bussate
Lei bussa	Loro bussano

>Mamma, qualcuno bussa alla porta.
>Mother, someone is knocking at the door.

---

la busta   BUS-ta   noun (fem.)   envelope
>Il postino mi dà una busta.
>The mailman gives me an envelope.

C

Il cacciatore   noun (masc.)   hunter
    ca-cha-TOH-reh

        Il cacciatore va nella foresta.
        The hunter goes into the forest.

---

cadere ka-DEH-reh   verb   to fall
        io cado   noi cadiamo
        tu cadi   voi cadete
        Lei cade   Loro cadono
        L'aquilone cade a terra.
        The kite falls to earth.

Il caffè ka-FEH   noun (masc.)   coffee, café

        Il caffè è buono.
        The coffee is good.

Il cagnolino   noun (masc.)   puppy
    ka-no-LEE-no

        Il cagnolino è nero.
        The puppy is black.

Il calcio KAL-cho   noun (masc.)   soccer
        Sai giocare al calcio?
        Do you know how to play soccer?

---

caldo KAL-do   adjective   hot, warm

  avere caldo   idiom   to be hot
    a-veh-reh CAL-doh
  fa caldo tah CAL-do   idiom   it is hot

        Io ho caldo oggi perchè fa caldo.
        I am warm today because it is hot.

Il calendario   noun (masc.)   calendar
    ka-lehn-DA-reeo

        Secondo il calendario, oggi è il dodici maggio.
        According to the calendar, today is May 12.

---

calmo KAL-mo adjective calm

Mi piace andare a pescare quando il mare è calmo.

I like to go fishing when the sea is calm.

---

la calza KAL-za noun (fem.) sock, stocking

Io vorrei comprare un paio di calze.

I would like to buy a pair of socks.

Le donne portano le calze di nailon.

Women wear nylon stockings.

---

cambiare kam-BEEA-reh verb to change

io cambio	noi cambiamo
tu cambi	voi cambiate
Lei cambia	Loro cambiano

Noi dobbiamo cambiare a un altro treno.

We must change to another train.

---

la camera da letto noun (fem.) bedroom
ka-MEH-ra-dah-LEH-toh

La camera da letto è azzurra.

The bedroom is blue.

---

la cameriera noun (fem.) maid,
ka-meh-RYEH-ra cleaning woman

La cameriera pulisce la casa.

The maid cleans the house.

---

la cameriera noun (fem.) waitress
ka-meh-RYEH-ra

La cameriera mi porta del pane.

The waitress brings me bread.

---

il cameriere   noun (masc.)   waiter

ka-meh-RYEH-reh
Il cameriere lavora molto.
The waiter works hard.

---

la camicia   ka-MEE-cha   noun (fem.)   -   shirt
La camicia è bianca.
The shirt is white.

---

il camino   ka-MEE-no   noun (masc.)   fireplace, chimney
Le scarpe sono vicino al camino.
The shoes are near the fireplace.

---

il camione   ka-mee-OH-ne   noun (masc.)   truck
Il camione è fermato.
The truck is stopped.

---

camminare   ka-mee-NA-reh   verb   to walk
io cammino   noi camminiamo
tu cammini   voi camminate
Lei cammina   Loro camminano
Noi camminiamo molto.
We walk a great deal.

---

la campagna   noun (masc.)   countryside
    kam-PA-na
        Fa bel tempo! Andiamo in campagna!
        It's a beautiful day. Let's go to the country!

---

la campana kam-PA-na   noun (fem.)   bell
        La campana suona a mezzogiorno.
        The bell rings at noon.

---

il campanello   noun (masc.)   little bell, doorbell
    kam-pa-NEH-lo
        Eccoci alla casa di Gina. Dov'è il campanello?
        Here we are at Gina's house. Where is the
          doorbell?

---

il campo KAM-po   noun (masc.)   field
        È un campo di frumento, non è vero?
        It's a field of wheat, isn't that so?

---

cancellare kan-cheh-LA-reh   verb   to erase
        Ah, uno sbaglio. Devo cancellare questa parola.
        Oh, a mistake. I have to erase this word.

---

il cane KA-ne   noun (masc.)   dog
        Hai un cane?
        Do you have a dog?

---

il canguro kan-GU-roh   noun (masc.)   kangaroo
        Il canguro è un animale strano.
        The kangaroo is a strange animal.

---

cantare kan-TA-reh   verb   to sing
        io canto   noi cantiamo
        tu canti   voi cantate
        Lei canta   Loro cantano
        Io canto e gli uccelli anche cantano.
        I sing and the birds also sing.

---

la canzone kan-ZOH-neh   noun (fem.)   song
        Quale canzone preferisce Lei?
        Which song do you prefer?

31

---

il capello   noun (masc.), sing.   hair
          ka-PEH-lo
                    Ho trovato un lungo capello sulla camicia.
                    I found a long hair on my shirt.

  i capelli   noun (masc.), pl.   hair
          ka-PEH-lee
                    Agli studenti universitari piacciono i capelli
                       lunghi.
                    University students like long hair.

  la spazzola per capelli   noun   hairbrush
          SPAH-zo-lah per ka-PEH-lee
                    Io ho una nuova spazzola per capelli.
                    I have a new hairbrush.

---

capire   ka-PEE-reh   verb   to understand
                    io capisco   noi capiamo
                    tu capisci   voi capite
                    Lei capisce   Loro capiscono
                    Tu capisci la lezione di oggi?
                    Do you understand today's lesson?

---

la capitale   noun (fem.)   capital
          ka-pee-TA-leh
                    Sai il nome della capitale d'Italia?
                    Do you know the name of the capital of Italy?

---

il capo   KA-po   noun (masc.)   leader
                    No! Tu fai sempre da capo.
                    No! You always play the leader.

---

il cappello   ka-PEH-lo   noun (masc.)   hat
                    Che bel cappello!
                    What a beautiful hat!

---

la capra   KA-pra   noun (fem.)   goat
                    L'agricoltore ha una capra.
                    The farmer has a goat.

---

carino ka-REE-no adjective pretty, cute
La ragazza è carina.
The girl is cute.

---

la carne KAR-neh noun (fem.) meat
La donna va alla macelleria per comprare la
  carne.
The lady goes to the butcher shop to buy meat.

---

caro KA-ro adjective darling, dear
Il bambino è caro.
The baby is darling.

---

caro KA-ro adjective expensive
Questa bicicletta è troppo cara.
This bicycle is too expensive.

---

il carosello noun (masc.) merry-go-round
  ka-ro-ZEH-lo
Io mi diverto sul carosello.
I enjoy myself on the merry-go-round.

---

la carota ka-ROH-ta noun (fem.) carrot
I conigli mangiano le carote.
Rabbits eat carrots.

---

la carrozza ka-ROH-tza noun (fem.) car (railroad)
Questo treno ha dieci carrozze.
This train has ten cars.

---

la carrozzina

---

la carrozzina   noun (fem.)   baby carriage
        ka-roh-TZEE-na
            La carrozzina è nuova.
            The baby carriage is new.

---

la carta KAR-ta   noun (fem.)   paper
            C'è della carta nel mio quaderno.
            There is some paper in my notebook.

  la carta geografica   noun (fem.)   map
        KAR-tah jeho-GRA-fee-ka
            La carta geografica è grande.
            The map is large.

  la carta stradale   noun (fem.)   road map
        KAR-tah stra-DAH-leh
            Questa è una carta stradale dell'Italia.
            This is a road map of Italy.

---

la carta KAR-ta   noun (fem.)   card
  le carte (da gioco)   noun (fem.), pl.   playing cards
        KAR-teh dah JUO-ko
            Sai giocare a carte?
            Do you know how to play cards?

---

la cartolina postale   noun (fem.)   postcard
        KAR-toh-lee-na pohs-TA-leh
            Io ho ricevuto una cartolina postale da Giovanni.
            I received a postcard from John.

---

la casa KA-za   noun (fem.)   house, home
            Ecco la casa di mio zio.
            Here is my uncle's house.

---

il cassetto ka-SEH-to   noun (masc.)   drawer
            Io metto la macchina fotografica nel cassetto.
            I put the camera in the drawer.

Il castello kas-TEH-lo noun (masc.) castle
Il re vive in un gran castello.
The king lives in a large castle.

---

cattivo ka-TEE-vo adjective naughty
Roberto non può uscire. È cattivo.
Robert can't go out. He's naughty.

---

cattivo ka-TEE-vo adjective bad
Fa cattivo tempo oggi.
It's bad weather today.

---

cavalcare ka-val-KA-reh verb to ride

io cavalco	noi cavalchiamo
tu cavalchi	voi cavalcate
Lei cavalca	Loro cavalcano

Lui ha imparato a cavalcare bene.
He has learned to ride a horse well.

---

la cavalletta ka-va-LEH-ta noun (fem.) grasshopper
Il ragazzo tenta di prendere la cavalletta.
The boy tries to catch the grasshopper.

---

il cavallo ka-VA-lo noun (masc.) horse
Il cavallo bianco ha vinto la corsa.
The white horse won the race.

---

il cavolo KA-vo-lo noun (masc.) cabbage
Preferisce il cavolo o le carote?
Do you prefer cabbage or carrots?

---

celebre   CHEH-leh-breh   adjective   famous
Il presidente degli Stati Uniti è celebre.
The President of the United States is famous.

---

cento   CHEN-to   adjective   one hundred
Ci sono cento persone alla fiera.
There are one hundred people at the fair.

---

cercare   chehr-KA-reh   verb   to look for, to search
io cerco   noi cerchiamo
tu cerchi   voi cercate
Lei cerca   Loro cercano
Il babbo cerca sempre le sue chiavi.
Dad is always looking for his keys.

---

il cerchio   CHEHR-keeo   noun (masc.)   hoop
Il ragazzo rotola un gran cerchio.
The boy rolls a large hoop.

---

certo   CHEHR-to   adjective   certain, some
È certo che il negozio è aperto?
Are you sure the store is open?

certi   CHEHR-tee   adjective, pl.   some, certain
Certi libri sono grandi.
Some books are large.

---

che   KAY   interrogative adverb   what
Che?
What?

che   KAY   pronoun   that, which, who, whom
La ragazza che parla è simpatica.
The girl who is speaking is pleasant.

---

che peccato   idiom   that's too bad, what a pity
KAY peh-KA-to
Che peccato! Tu non puoi venire con me.
What a pity! You can't come with me.

---

chi KEE interrogative pronoun who
Chi ci viene a trovare?
Who is coming to pay us a visit?

---

chiamare keea-MA-reh verb to call
io chiamo noi chiamiamo
tu chiami voi chiamate
Lei chiama Loro chiamano
Io chiamo il mio amico.
I call my friend.

---

chiamarsi keea-MAR-see verb to call oneself, to
name oneself
io mi chiamo noi ci chiamiamo
tu ti chiami voi vi chiamate
Lei si chiama Loro si chiamano
Come ti chiami? Mi chiamo Enrico.
What is your name? My name is Henry.

---

chiaro KEEA-ro adjective clear, light
Il cielo è chiaro stasera.
The sky is clear tonight.

---

la chiave KEEA-veh noun (fem.) key
Dov'è la mia chiave?
Where is my key?

---

la chiesa KYEH-za noun (fem.) church
C'è una grande chiesa in città.
There is a large church in the city.

---

il chilometro noun (masc.) kilometer
kee-LO-meh-tro
Io abito a cinque chilometri dalla scuola.
I live five kilometers from the school.

---

il chiodo KEEO-do noun (masc.) nail (metal)
Mio fratello gioca con chiodi e martello.
My brother is playing with nails and a hammer.

---

la chitarra   kee-TA-ra   noun (fem.)   guitar
Io so suonare la chitarra.
I know how to play the guitar.

---

chiudere   KEEU-deh-reh   verb   to close
io chiudo   noi chiudiamo
tu chiudi   voi chiudete
Lei chiude   Loro chiudono
Chiudete la finestra, per piacere.
Close the window, please.

---

ciascuno   cheeas-KU-no   adjective   each one
Ecco cinque ragazze; ciascuna ha un fiore.
Here are five girls; each one has a flower.

---

ci è   CHEE-EH   idiom   there is
Ci è una penna nella scatola.
There is a pen in the box.

---

ci sono   CHEE-SOH-no   idiom   there are
Ci sono tre persone qui.
There are three people here.

---

cieco   CHYEH-ko   adjective   blind
Quest'uomo è cieco.
This man is blind.

---

il cielo   CYE-lo   noun (masc.)   sky
Vedo la luna nel cielo.
I see the moon in the sky.

---

la ciliegia chee-LYEH-ja   noun (fem.)   cherry
Vado a cogliere le ciliege.
I am going to pick cherries.

il cinema CHEE-neh-ma   noun (masc.)   cinema, movies
C'è un buon film al cinema.
There is a good film at the movies.

cinquanta cheen-KWAN-ta   adjective   fifty
Ci sono cinquanta stati negli Stati Uniti.
There are fifty states in the United States.

cinque CHEEN-kweh   adjective   five
Ci sono cinque libri sulla tavola.
There are five books on the table.

la cintola CHEEN-to-la   noun (fem.)   waist, belt
La cintola dell'abito è alta.
The waist of the dress is high.

la cintura cheen-TU-ra   noun (fem.)   belt
L'uomo ha una cintura azzurra.
The man has a blue belt.

il cioccolato   noun (masc.)   chocolate
cho-ko-LA-to
Come? Non ti piace il cioccolato.
What? You don't like chocolate?

la cipolla chee-POH-la   noun (fem.)   onion
Vado al negozio a comprare delle cipolle.
I'm going to the store to buy some onions.

il circo CHEER-ko   noun (masc.)   circus
Ci sono molti animali al circo.
There are many animals at the circus.

il circolo CHEER-ko-lo   noun (masc.)   circle
I ragazzi formano un circolo per giocare.
The children form a circle to play.

---

la città   chee-TA   noun (fem.)   city
        La città di Roma è grande.
        The city of Rome is large.

---

la classe   KLA-seh   noun (fem.)   class
        La classe comincia fra mezz'ora.
        The class begins in half an hour.

---

il cocomero   ko-ko-MEH-ro   noun (masc.)   watermelon
        Il cocomero è squisito.
        The watermelon is delicious.

---

la coda   KOH-da   noun (fem.)   tail
        Il mio cane mena la coda quando io ritorno a
          casa.
        My dog wags his tail when I return home.

---

cogliere   KOH-lyeh-re   verb   to gather, to pick

io colgo	noi cogliamo
tu cogli	voi cogliete
Lei coglie	Loro colgono

        Lui va a cogliere delle mele.
        He is going to pick some apples.

---

la colazione   noun (fem.)   lunch, breakfast
   ko-la-TZEEOH-ne
        Io faccio colazione a mezzogiorno.
        I have lunch at noon.

  l'ora di colazione   lunchtime

---

la colla   KO-la   noun (fem.)   glue
        La colla è debole.
        The glue is weak.

  incollare   een-ko-LA-reh   verb   to glue
        Io incollo una fotografia a una pagina del mio
          quaderno.
        I glue a photograph to one of the pages of my
          notebook.

---

il collo KO-lo noun (masc.) neck

Quell' uccello ha un collo lungo.
That bird has a long neck.

---

la colonia ko-LOH-nee-a noun (fem.), pl. camp

Mio cugino passa otto settimane in colonia.
My cousin spends eight weeks at camp.

---

il colore ko-LOH-reh noun (masc.) color

Che colore è la banana?
What color is the banana?

---

il colpo KOL-po noun (masc.) blow

Il colpo fu severo.
The blow was severe.

---

il coltello kol-TEH-lo noun (masc.) knife

Lei mette un coltello a ogni posto al tavolo.
She puts a knife at each place at the table.

---

il coltello a serramanico noun (masc.) jackknife
kol-TEH-lo a seh-rah-MA-ni-ko

Il coltello a serramanico è pericoloso.
The jackknife is dangerous.

---

comandare ko-man-DA-re verb to command

io comando	noi comandiamo
tu comandi	voi comandate
Lei comanda	Loro comandano

Nell'esercito, il generale comanda.
In the army, the general commands.

---

come KO-meh adverb how, as
Come stai?
How are you?

come KO-meh interrogative pronoun what
Come? Non hai gli spiccioli per l'autobus!
What? You don't have change for the bus!

---

comico KO-mee-ko adjective funny, comical
Il buffone è comico.
The clown is funny.

---

cominciare ko-meen-CHA-reh verb to begin, to start
io comincio   noi cominciamo
tu cominci   voi cominciate
Lei comincia   Loro cominciano
La classe d'italiano comincia alle nove.
The Italian class begins at nine.

---

il commesso ko-MEH-so noun (masc.) salesman, clerk
Il commesso è alto.
The salesman is tall.

la commessa ko-MEH-sa noun (fem.) saleswoman, clerk
La commessa è giovane.
The saleswoman is young.

---

comodo KO-mo-do adjective comfortable
Il mio letto è molto comodo.
My bed is very comfortable.

---

la compagnia noun (fem.) company
kom-pa-NEE-a
La compagnia Marotti si trova all'angolo della
strada.
The Marotti Company is located on the corner of
the street.

---

i compiti noun (masc.), pl. homework,
assignments
KOM-pee-tee

Noi facciamo i compiti insieme.
We do our homework together.

---

il compleanno   noun (masc.)   birthday
kom-pleh-A-no

Buon compleanno! Quanti anni hai tu?
Happy birthday! How old are you?

---

completamente   adverb   completely
kom-PLEH-ta-MEHN-teh

La ferita è completamente guarita.
The wound is completely healed.

---

comportarsi   kom-por-TAR-see   verb   to behave oneself

io mi comporto	noi ci comportiamo
tu ti comporti	voi vi comportate
Lei si comporta	Loro si comportano

Lui si comporta bene.
He behaves well.

---

comprare   kom-PRA-reh   verb   to buy

io compro	noi compriamo
tu compri	voi comprate
Lei compra	Loro comprano

Il ragazzo compra una palla.
The boy buys a ball.

---

comunque   ko-MUN-kweh   adverb   however

Questo è vero, comunque, io non lo faccio.
This is true, however, I won't do it.

---

con KON preposition   with
Maria è alla spiaggia con le sue amiche.
Mary is at the beach with her friends.

con cura kon-KU-ra adverb   carefully, with care
Paolo versa l'acqua nel bicchiere con cura.
Paul pours water into the glass carefully.

la conchiglia noun (fem.)   shell
kon-KEE-lya
Io cerco le conchiglie alla spiaggia.
I look for shells at the beach.

condurre kon-DU-reh verb   to lead, to drive
io conduco   noi conduciamo
tu conduci   voi conducete
Lei conduce   Loro conducono
Lui conduce la sua auto molto bene.
He drives his car well.

il coniglio ko-NEE-lyo noun (masc.) rabbit
Il coniglio è svelto.
The rabbit is fast.

conoscere ko-NO-sheh-reh verb   to know, to be
                                           acquainted with
io conosco   noi conosciamo
tu conosci   voi conoscete
Lei conosce   Loro conoscono
Conosci il mio maestro?
Do you know my teacher?

conservare kon-sehr-VA-reh verb   to conserve, to keep
io conservo   noi conserviamo
tu conservi   voi conservate
Lei conserva   Loro conservano
Noi conserviamo danaro per la festa.
We save money for the holiday.

---

contare   kon-TA-reh   verb   to count

     io conto   noi contiamo

     tu conti   voi contate

     Lei conta   Loro contano

     Lui sa contare da cinque a uno: cinque, quattro,
        tre, due, uno.

     He knows how to count from five to one: five,
        four, three, two, one.

---

contento   kon-TEHN-to   adjective   delighted, happy,
                                           enchanted

     Ognuno è contento a una festa.

     Everyone is happy at a feast.

---

continuare   kon-tee-nu-A-reh   verb   to continue

     io continuo   noi continuiamo

     tu continui   voi continuate

     Lei continua   Loro continuano

     Io continuerò a suonare il pianoforte fino alle
        cinque.

     I will continue to play the piano until 5.

---

il conto   KON-to   noun (masc.)   check (at a
                                             restaurant)

     Dopo pranzo, il babbo chiede il conto.

     After dinner, Dad asks for the check.

---

contro (a)   KON-tro   preposition   against

     Enrico è contro la riforma.

     Henry is against the reform.

---

la coperta   ko-PEHR-ta   noun (fem.)   blanket, cover

     D'inverno mi piace una coperta calda sul letto.

     In the winter, I like a warm blanket on my bed.

---

coperto   ko-PEHR-to   past participle   covered

     L'albero è coperto di neve.

     The tree is covered with snow.

---

copiare   ko-pee-A-reh   verb   to copy
    io copio   noi copiamo
    tu copi   voi copiate
    Lei copia   Loro copiano
    Dobbiamo copiare le frasi che sono alla lavagna.
    We must copy the sentences that are on the
    blackboard.

---

coraggioso   ko-ra-JOH-zo   adjective   courageous
    Lui è un ragazzo coraggioso.
    He is a courageous boy.

---

la cordicella   kor-dee-CHEH-la   noun (fem.)   string
    Cerco una cordicella per il mio aquilone.
    I am looking for a string for my kite.

---

correre   KOH-reh-reh   verb   to run
    io corro   noi corriamo
    tu corri   voi correte
    Lei corre   Loro corrono
    Loro corrono alla stazione perchè sono in ritardo.
    They run to the station because they are late.

---

corretto   ko-REH-to   adjective   correct
    La maestra dice, "Scrivete la risposta corretta."
    The teacher says, "Write the correct answer."

---

cortese   kor-TEH-zeh   adjective   courteous, polite
    Quella signorina è sempre cortese.
    That young lady is always polite.

---

corto   KOR-to   adjective   short

    Una riga è corta, l'altra è lunga.
    One ruler is short, the other is long.

---

la cosa   KOH-za   noun (fem.)   thing

Vendono tutte specie di cose in questo negozio.
They sell all kinds of things in this store.

così   ko-ZEE   adverb   so, thus, in this way

Le piccole marionette ballano così.
The little marionettes dance like this.

costare   ko-STA-reh   verb   to cost

io costo   noi costiamo
tu costi   voi costate
Lei costa   Loro costano
Il libro costa tre dollari.
The book costs three dollars.

costoso   kos-TO-so   adjective   expensive

Il libro è costoso.
The book is expensive.

il costume da bagno   noun (masc.)   bathing suit
kos-TU-meh-da-BA-no

Il costume da bagno è nuovo.
The bathing suit is new.

la cotoletta   noun (fem.)   cutlet
ko-to-LEH-ta

Preferisce Lei una cotoletta di vitello o di agnello?
Do you prefer a veal cutlet or one of lamb?

Il cotone   ko-TO-neh   noun (masc.)   cotton

Lui porta una camicia di cotone.
He wears a cotton shirt.

la cravatta   kra-VA-ta   noun (fem.)   tie

La cravatta del babbo è troppo grande per me.
My Dad's tie is too large for me.

---

la credenza   kre-DEHN-za   noun (fem.)   cupboard
Ci sono piatti nella credenza.
There are dishes in the cupboard.

---

credere   KRAY-deh-reh   verb   to believe
io credo   noi crediamo
tu credi   voi credete
Lei crede   Loro credono
Credo di potere andare al cinema.
I believe I can go to the movies.

---

crescere   KREH-sheh-reh   verb   to grow
io cresco   noi cresciamo
tu cresci   voi crescete
Lei cresce   Loro crescono
Il ragazzo cresce bene.
The boy is growing well.

---

il cucchiaio   ku-KEEA-eeo   noun (masc.)   spoon
Io non ho un cucchiaio.
I do not have a spoon.

---

il cucciolo   KU-cho-lo   noun (masc.)   puppy
Il cucciolo è carino.
The puppy is cute.

---

la cucina   ku-CHEE-na   noun (fem.)   kitchen
La mamma prepara i pasti nella cucina.
Mother prepares the meals in the kitchen.

fare la cucina   to cook

---

cucinare   ku-chee-NA-re   verb   to cook
io cucino   noi cuciniamo
tu cucini   voi cucinate
Lei cucina   Loro cucinano
Giuseppina cucina bene.
Josephine cooks well.

---

cucire ku-CHEE-reh verb to sew

io cucio	noi cuciamo
tu cuci	voi cucite
Lei cuce	Loro cuciono

Lei cuce bene.
She sews well.

---

il cugino ku-JEE-no noun (masc.) cousin

Mio cugino Paolo ha dieci anni e mia cugina
  Maria ha diciotto anni.
My cousin Paul is ten years old and my cousin
  Mary is eighteen years old.

---

cui KUEE pronoun who, whom, of
  whom

La donna di cui parlo è mia zia.
The woman of whom I speak is my aunt.

---

la culla KU-la noun (fem.) cradle

La culla è piccola.
The cradle is small.

---

il cuoio KUO-yo noun (masc.) leather

La mia giacca è di cuoio.
My jacket is made of leather.

---

il cuore KUO-re noun (masc.) heart

Quanti cuori sulla carta!
Look at all the hearts on the playing card!

---

curioso ku-ree-O-zo adjective curious
È curiosa. Vorrebbe aprire il pacco.
She is curious. She would like to open the
package.

---

custodire kus-to-DEE-reh verb to guard
io custodisco noi custodiamo
tu custodisci voi custodite
Lei custodisce Loro custodiscono
L'uomo custodisce i gioielli.
The man guards the jewels.

D

da DA preposition from, out of
Il nonno guarda dalla finestra.
My grandfather is looking out of the window.

---

d'accordo da-KOR-do idiom all right, okay,
agreed
Tu vuoi giocare con me? D'accordo!
You want to play with me? Okay.

---

dappertutto adverb everywhere, all over
da-pehr-TU-to
Cerco il mio orologio dappertutto.
I am looking everywhere for my watch.

---

dare DA-reh verb to give
io do noi diamo
tu dai voi date
Lei dà Loro danno
Dammi la macchina fotografica, per piacere.
Give me the camera, please.

---

dare la mano idiom to shake hands
DA-reh-la-MA-no
Giovanni, dai la mano a tuo cugino.
John, shake hands with your cousin.

---

dare un calcio a   idiom   to kick
    DA-reh un KAL-cho-a
        Il ragazzo da un calcio al pallone.
        The boy kicks the ball.

la data   DA-ta   noun (fem.)   date
        Qual'è la data?
        What is the date?

la dattilografa   noun (fem.)   typist
    da-tee-LOH-gra-fa
        La dattilografa è svelta.
        The typist is fast.

davanti a   da-VAN-tee-a   preposition   in front of
        C'è un tavolo davanti al divano.
        There is a table in front of the sofa.

debole   DE-boh-leh   adjective   weak
        Il povero ragazzo è debole perchè è malato.
        The poor child is weak because he is ill.

decorare   deh-ko-RA-reh   verb   to decorate
        Lui vuole decorare la torta.
        He wants to decorate the cake.

delicatamente   adverb   delicately, softly
    deh-lee-ka-ta-MEHN-teh
        Lui la tratta delicatamente.
        He treats her delicately.

delizioso   deh-lee-ZEEO-zo   adjective   delicious
        La torta è deliziosa.
        The cake is delicious.

il denaro   deh-NA-ro   noun (masc.)   money
        Lui non ha abbastanza denaro.
        He does not have enough money.

Il dente   DEHN-teh   noun (masc.), sing.   tooth

> Il dente è rotto.
> The tooth is broken.

---

i denti   DEHN-tee   noun (masc.), pl.   teeth

> Ho un mal di dente.
> I have a toothache.

avere un mal di denti   to have a
                                                       toothache
lo spazzolino   noun (masc.)   toothbrush
il dentifricio   noun (fem.)   toothpaste

> Mamma, non mi piace questo dentifricio.
> Mother, I don't like this toothpaste.

---

il dentista   dehn-TEES-ta   noun (masc.)   dentist

> Il dentista dice, "Apri la bocca."
> The dentist says, "Open your mouth."

---

il deserto   deh-ZEHR-to   noun (masc.)   desert

> Il deserto è molto secco.
> The desert is very dry.

---

desiderare   deh-see-deh-RA-reh   verb   to desire, to want,
                                                    to wish

io desidero	noi desideriamo
tu desideri	voi desiderate
Lei desidera	Loro desiderano

> Io desidero vedere il nuovo film.

I want to see the new film.
Cosa desidera, signora?
What do you wish, madam?

---

la destra DEHS-tra adjective right
Io alzo la mano destra.
I raise my right hand.

---

detestare deh-tehs-TA-reh verb to detest, to hate
io detesto noi detestiamo
tu detesti voi detestate
Lei detesta Loro detestano
Lui detesta gli spinaci.
He hates spinach.

---

di DEE preposition of

di notte dee-NOH-teh adverb at night
Di notte si possono vedere le stelle.
At night one can see the stars.

di nuovo dee-NUO-vo adverb once again
Lui lo fa di nuovo.
He does it once again.

di proposito idiom on purpose
dee pro-POH-see-to

Mio fratello mi annoia di proposito.
My brother teases me on purpose.

di sopra dee-SOH-pra adverb upstairs
Lui è di sopra.
He is upstairs.

fatto di made of
La scatola è fatta di legno.
The box is made of wood.

---

dicembre dee-CHEHM-breh noun December
Fa freddo in dicembre.
It is cold in December.

---

diciannove dee-CHEEA-no-veh adjective nineteen
Oggi è il diciannove ottobre.
Today is the nineteenth of October.

---

diciassette adjective seventeen
dee-cheea-SEH-te
Nove e otto fanno diciassette.
Nine and eight are seventeen.

---

diciotto de-CHEEO-to adjective eighteen
Lei ha diciotto anni.
She is eighteen years old.

---

dieci DYEH-chee adjective ten
Quante dita hai tu? Dieci!
How many fingers do you have? Ten!

---

dietro a DYEH-tro-a adverb behind
Un ragazzo è dietro agli altri.
One child is behind the others.

---

difendere dee-FEHN-deh-reh verb to defend, to guard
io difendo   noi difendiamo
tu difendi   voi difendete
Lei difende   Loro difendono
Il soldato difende la sua patria.
The soldier defends his country.

---

differente dee-feh-REHN-teh adjective different
Questi pani sono differenti.
These loaves of bread are different.

---

difficile dee-FEE-chee-leh adjective difficult
È difficile leggere questa lettera.
It is difficult to read this letter.

---

diligente dee-lee-JEHN-teh adjective diligent, careful
Lui è un lavoratore diligente.
He is a diligent worker.

---

dimenticare   verb   to forget
        dee-mehn-tee-KA-reh

           io dimentico   noi dimentichiamo
           tu dimentichi   voi dimenticate
           Lei dimentica   Loro dimenticano
           Lei dimentica sempre il suo biglietto.
           She always forgets her ticket.

---

dipingere   dee-PEEN-jeh-reh   verb   to paint
           io dipingo   noi dipingiamo
           tu dipingi   voi dipingete
           Lei dipinge   Loro dipingono
           Mia sorella è artista. Le piace dipingere.
           My sister is an artist. She likes to paint.

---

dire   DEE-reh   verb   to say
           io dico   noi diciamo
           tu dici   voi dite
           Lei dice   Loro dicono
           Io dico, "Sì."
           I say, "Yes."

---

dirigere   dee-REE-jeh-reh   verb   to direct
           io dirigo   noi dirigiamo
           tu dirigi   voi dirigete
           Lei dirige   Loro dirigono
           Mio fratello dirige la partita.
           My brother directs the game.

---

il disco DEES-ko noun (masc.) record
Ci piace questo disco.
We like this record.

il giradischi noun (masc.) record player,
phonograph

gee-rah-DEES-kee
Il mio giradischi funziona bene.
My phonograph works well.

---

il disco volante noun (masc.) flying saucer
DEES-ko vo-LAN-teh

Il disco volante è luminoso.
The flying saucer is luminous.

---

disegnare dee-seh-NA-reh verb to draw, to design
io disegno noi disegniamo
tu disegni voi disegnate
Lei disegna Loro disegnano
Lui va alla lavagna e disegna una casa.
He goes to the board and draws a house.

---

dispiaciuto adjective displeased,
dees-peea-CHU-to annoyed, angry,
offended

La maestra è dispiaciuta.
The teacher is displeased.

---

distante adjective distant, far away
dees-TAN-teh
La casa é distante.
The house is far away.

---

il dito DEE-to noun (masc.), sing. finger

Il dito è rotto.
The finger is broken.

le dita   DEE-ta   noun (fem.), pl.   fingers
Il bambino ha dieci piccole dita.
The child has ten small fingers.

dito del piede   noun (masc.)   toe
Il bambino si guarda le dita dei piedi.
The child looks at the toes on his feet.

divano   dee-VA-no   noun (masc.)   sofa

Il divano è molto comodo.
The sofa is very comfortable.

divenire   dee-veh-NEE-reh   verb   to become

io divengo	noi diveniamo
tu divieni	voi divenite
Lei diviene	Loro divengono

Lui vorrebbe divenire medico.
He would like to become a doctor.

diverso   dee-VEHR-so   adjective   diverse, different
Questo è diverso da quello.
This is different from that.

divertirsi   dee-vehr-TEER-see   verb   to have a good time, to enjoy oneself

io mi diverto	noi ci divertiamo
tu ti diverti	voi vi divertite

57

> Lei si diverte   Loro si divertono
> Io mi diverto al circo.
> I enjoy myself at the circus.

---

dividere   dee-VEE-deh-reh   verb   to divide, to share

     io divido   noi dividiamo
     tu dividi   voi dividete
     Lei divide   Loro dividono
     Io divido la torta in due.
     I divide the cake in two.

---

il dizionario   noun (masc.)   dictionary
     dee-tseeo-NA-reeo
     Il dizionario è molto pesante.
     The dictionary is very heavy.

---

la doccia   DOH-cha   noun (fem.)   shower
     Io faccio una doccia ogni mattina.
     I take a shower every morning.

---

dodici   DO-dee-chee   adjective   twelve
     Ci sono dodici banane in una dozzina.
     There are twelve bananas in a dozen.

---

dolce   DOL-cheh   adjective   sweet, soft
     La torta è dolce.
     The cake is sweet.

---

il dolce   DOL-cheh   noun (masc.)   dessert
     Come dolce, vorrei una torta di fragole.
     For dessert, I would like a strawberry tart.

---

i dolci   DOL-chee   noun (masc.), pl.   sweets, candy
     Ai ragazzi piacciono i dolci.
     Children like sweets.

---

il dollaro   DOH-la-ro   noun (masc.)   dollar
     Ecco un dollaro per te.
     Here is a dollar for you.

---

il dolore   do-LOH-re   noun (masc.)   hurt, pain

Il dolore è forte.

The pain is strong.

---

la domanda   do-MAN-da   noun (fem.)   question

La maestra chiede, "Ci sono domande?"

The teacher asks, "Are there any questions?"

---

domandare   do-man-DA-reh   verb   to ask

io domando   noi domandiamo

tu domandi   voi domandate

Lei domanda   Loro domandano

Io domando al babbo, "Posso andare alla fiera?"

I ask Father, "May I go to the fair?"

---

domani   do-MA-nee   adverb   tomorrow

Domani vado in campagna.

Tomorrow I'm going to the country.

---

la domenica   noun (fem.)   Sunday

do-MEH-nee-ka

Noi andiamo al parco la domenica.

We go to the park on Sundays.

---

il domino   noun (masc.), sing.   dominoes

DO-mee-no

Mio cugino gioca bene ai domini.

My cousin plays dominoes well.

---

la donna   DOH-na   noun (fem.)   woman, lady

Chi è la donna?

Who is the woman?

---

la donna di servizio   noun (fem.)   cleaning woman

DOH-na-dee-sehr-VEE-tseeo

La donna di servizio pulisce la casa.

The cleaning woman cleans the house.

---

dopo   DO-po   adverb   after

Settembre è il mese dopo agosto.

September is the month after August.

---

dormire   dor-MEE-reh   verb   to sleep

io dormo   noi dormiamo

tu dormi   voi dormite

Lei dorme   Loro dormono

Dormi tu? Ti vorrei parlare.

Are you asleep? I would like to talk to you.

---

il dottore   do-TOH-reh   noun (masc.)   doctor

La mamma dice, "Tu sei malato. Io chiamo il
dottore."

The mother says, "You are ill. I'm going to call the
doctor."

---

dove   DO-veh   relative or   where; where?
                    interrogative adverb

Dove sono i miei occhiali?

Where are my eyeglasses?

---

dovere   do-VEH-reh   verb   to have to, must

io devo   noi dobbiamo

tu devi   voi dovete

Lei deve   Loro devono

Mi devo lavare le mani.

I must wash my hands.

---

la dozzina   do-TSEE-na   noun (fem.)   dozen

Lei compra una dozzina di pere.

She buys a dozen pears.

---

il droghiere   noun (masc.)   grocer
       dro-GYEH-reh

Il droghiere vende la marmellata.

The grocer sells marmalade.

---

due   DU-eh   adjective   two

Io vedo due gatti.

I see two cats.

---

due volte   DU-eh VOL-teh   adverb   twice, two times

Io ho letto il libro due volte.
I have read the book two times.

---

durante   du-RAN-teh   preposition   during

Io dormo durante la notte.
I sleep during the night.

---

duro   DU-ro   adjective   hard

Questa mela è troppo dura.
This apple is too hard.

E

---

e   AY   conjunction   and

Andrea e il suo amico giocano insieme.
Andrew and his friend are playing together.

---

eccellente   adjective   excellent
eh-cheh-LEHN-teh

Il maestro dice, "Questo lavoro è eccellente."
The teacher says, "This work is excellent."

---

ecco   EH-ko   adverb   here is, here are

Ecco il mio giocattolo.
Here is my toy.
Ecco i miei giocattoli.
Here are my toys.

---

l'edificio   noun (masc.)   building
eh-dee-FEE-cho

Gli edifici sono molto alti in città.
The buildings are very tall in the city.

---

educato eh-du-KA-to adjective polite, educated
La mamma dice, "Un ragazzo educato non parla con la bocca piena."
Mother says, "A polite child does not speak with a mouth full."

l'elefante noun (masc.) elephant
eh-le-FAN-te
C'è un grand'elefante nel giardino zoologico.
There is a big elephant at the zoo.

elettrico eh-LEH-tree-ko adjective electric
Guarda! Loro vendono macchine da scrivere elettriche.
Look! They are selling electric typewriters.

l'elicottero noun (masc.) helicopter
eh-lee-KOH-teh-ro
Che è? Un elicottero.
What is it? A helicopter.

ella EH-la pronoun she
Ella è arrivata.
She has arrived.

è necessario idiom it is necessary, you have to
eh-neh-che-SA-reeo
È necessario ritornare presto.
It is necessary to return early.

---

entrare ehn-TRA-reh verb to enter, to go into

io entro	noi entriamo
tu entri	voi entrate
Lei entra	Loro entrano

Loro entrano nella casa.
They enter the house.

---

l'erba EHR-ba noun (fem.) grass

L'erba è verde.
Grass is green.

---

l'esame eh-SA-meh noun (masc.) examination

Hai avuto un buon voto nell'esame?
Did you get a good grade on the exam?

---

l'esercito noun (masc.) army
eh-SEHR-chee-to

I soldati sono nell'esercito.
The soldiers are in the army.

---

esse EH-seh pronoun (fem.), pl. they

Esse sono qui.
They are here.

---

essi EH-see pronoun (masc.), pl. they

Essi sono arrivati presto.
They arrived early.

---

essere EH-seh-reh verb to be

io sono	noi siamo
tu sei	voi siete
Lei è	Loro sono

Papà, dove siamo?
Dad, where are we?

---

l'est EHST noun (masc.) east

Quando vado da Milano a Venezia, vado verso
l'est.
When I go from Milan to Venice, I go toward the
east.

---

l'estate   eh-STA-teh   noun (fem.)   summer
Tu preferisci l'estate o l'inverno?
Do you prefer summer or winter?

---

l'età   ay-TA   noun (fem.)   age
È grande per la sua età.
He is big for his age.

F

---

fa   FA   adverb   ago
Alcuni anni fa, andai in Italia.
A few years ago, I went to Italy.

---

la fabbrica   FA-bree-ka   noun (fem.)   factory
La fabbrica è chiusa.
The factory is closed.

---

la faccia   FA-cha   noun (fem.)   face
Lei si lava la faccia.
She washes her face.

---

facile   FA-chee-leh   adjective   easy
È facile fare i miei compiti.
It is easy to do my homework.

---

il fagiolino   noun (masc.), sing.   bean
fa-jo-LEE-no
Il fagiolino è bianco.
The bean is white.

i fagiolini   noun (masc.), pl.   beans
fa-jo-LEE-nee
>Noi abbiamo fagiolini per cena.
>We are having beans for supper.

---

falso FAL-so   adjective   false
>Lui ha sei anni, vero o falso?
>He is six years old, true or false?

---

la fame FA-meh noun (fem.)   hunger
  avere fame   idiom   to be hungry
>Ha fame Lei? Sì, ho fame.
>Are you hungry? Yes, I am hungry.

---

la famiglia fa-MEE-lya noun (fem.) family
>Quante persone ci sono nella tua famiglia?
>How many people are there in your family?

---

famoso fa-MO-so adjective   famous
>Lui è un attore famoso.
>He is a famous actor.

---

il fango FAN-go noun (masc.)   mud
>Ho le mani coperte di fango.
>My hands are covered with mud.

---

fantastico fan-TAS-tee-ko adjective fantastic, great
>Tu vai al circo? Fantastico!
>You are going to the circus? Great!

---

fare FA-reh verb   to do, to make
>io faccio   noi facciamo
>tu fai   voi fate
>Lei fa   Loro fanno
>Lui fa i compiti.
>He does his homework.

farsi il bagno   idiom   to take a bath
fare la calza   idiom   to knit socks
>Faccio la calza.
>I am knitting socks.

la farmacia

fare la cucina	idiom	to cook
fare dispetti a	idiom	to tease

Mio fratello mi fa sempre dispetti.
My brother always teases me.

fare una passeggiata	idiom	to take a walk
fare un viaggio	idiom	to take a trip

Noi facciamo un viaggio al castello.
We are taking a trip to the castle.

---

la farmacia far-ma-CHEEA noun (fem.) pharmacy
La farmacia si trova vicino al parco.
The pharmacy is near the park.

---

il fazzoletto noun (masc.) handkerchief
fa-tso-LEH-to
Il fazzoletto è bianco.
The handkerchief is white.

---

la fata FA-ta noun (fem.) fairy
La fata appare nei sogni.
The fairy appears in dreams.

---

febbraio feh-BRA-yo noun February
Quanti giorni ci sono in febbraio?
How many days are there in February?

---

la febbre FEH-breh noun (fem.) fever
Devo stare a letto. Ho la febbre.
I must stay in bed. I have a fever.

---

felice feh-LEE-cheh adjective glad, happy, content
Lei è felice.
She is happy.

---

ferire feh-RI-reh verb to wound, to hurt, to injure

io ferisco	noi feriamo
tu ferisci	voi ferite
Lei ferisce	Loro feriscono

66

Il ragazzo ferisce l'animale.
The boy wounds the animal.

---

la ferita   feh-REE-ta   noun (fem.)   hurt, wound
La ferita fa male.
The wound hurts.

---

fermare   fehr-MA-reh   verb   to stop
io fermo   noi fermiamo
tu fermi   voi fermate
Lei ferma   Loro fermano
Il poliziotto ferma le macchine.
The policeman stops the cars.

---

fermarsi   fehr-MAR-see   verb   to stop oneself
io mi fermo   noi ci fermiamo
tu ti fermi   voi vi fermate
Lei si ferma   Loro si fermano

Il treno si ferma alla stazione.
The train stops at the station.

---

la fermata   fer-MA-ta   noun (fem.)   stop
La fermata dell'autobus è all'angolo.
The bus stop is at the corner.

---

feroce   feh-RO-cheh   adjective   ferocious, wild
Chi ha paura di una tigre feroce?
Who is afraid of a ferocious tiger?

---

il ferro   FEH-ro   noun (masc.)   iron, metal
Il ferro è molto ultile.
Iron is very useful.

il ferro   FEH-ro   noun (masc.)   iron (appliance)

> Il ferro non funziona. Non posso stirare questo
> vestito.
> The iron doesn't work. I can't press this suit.

---

la ferrovia   fe-ro-VEE-a   noun (fem.)   railroad

> Per andare da Milano a Roma, io uso la ferrovia.
> To go from Milan to Rome, I use the railroad.

---

la festa   FES-ta   noun (fem.)   party, holiday,
feast

> Il giorno della festa è il diciotto luglio.
> The date of the party is July 18th.

la festa del compleanno   noun (fem.)   birthday
FES-ta-dehl-kom-pleh-A-no

> Il giorno della festa del compleanno è il diciotto
> luglio.
> The birthday party is July eighteenth.

---

la fiaba   FEEA-ba   noun (fem.)   fairy tale

> Leggimi questa fiaba.
> Read me this fairy tale.

---

il fiammifero   noun (masc.)   match
feea-MEE-feh-ro

> I fiammiferi sono pericolosi per i ragazzi.
> Matches are dangerous for children.

---

il fieno   FYEH-no   noun (masc.)   hay

> L'agricoltore dà il fieno ai cavalli.
> The farmer gives hay to the horses.

---

la fiera   FYEH-ra   noun (fem.)   fair

> La fiera è cominciata oggi.
> The fair began today.
> La fiera comincia oggi.
> The fair begins today.

---

la figlia   FEE-lya   noun (fem.)   daughter

    Vorrei presentare mia figlia, Maria.
    I would like to present my daughter, Mary.

---

il figlio   FEE-lyo   noun (masc.)   son

    Vorrei presentare mio figlio, Giuseppe.
    I would like to present my son, Joseph.

---

la fila   FEE-la   noun (fem.)   row

    Ci sono quattro file di posti nella stanza.
    There are four rows of seats in the room.

---

il film   noun (masc.)   film, movie

    Hanno girato un nuovo film a Hollywood.
    They have made a new film in Hollywood.

---

finalmente   fee-nal-MEHN-teh   adverb   finally, at last

    Fa bel tempo, finalmente.
    It is good weather, finally.

---

la fine   FEE-neh   noun (fem.)   end

    È la fine della lezione.
    It is the end of the lesson.

---

la finestra   fee-NEHS-tra   noun (fem.)   window

    Al cane piace guardare dalla finestra.
    The dog likes to look out of the window.

---

finire

---

finire fee-NEE-reh   verb   to finish
     io finisco   noi finiamo
     tu finisci   voi finite
     Lei finisce   Loro finiscono
     Finisco il mio lavoro prima di uscire.
     I finish my work before going out.

---

fino a FEE-no-a   preposition   until
     Noi siamo a scuola fino alle tre.
     We are in school until three o'clock.

---

il fiore FEEOH-reh   noun (masc.)   flower
     Noi abbiamo molti fiori nel giardino.
     We have many flowers in the garden.

---

fischiare fees-KEEA-reh   verb   to whistle
     io fischio   noi fischiamo
     tu fischi   voi fischiate
     Lei fischia   Loro fischiano
     Quando io fischio, il mio amico sa che sono alla
       porta.
     When I whistle, my friend knows I am at the door.

---

fitto FEE-toh   adjective   thick
     Il fumo è fitto.
     The smoke is thick.

---

il fiume FEEU-meh   noun (masc.)   river
     Come possiamo attraversare il fiume?
     How can we cross the river?

---

il focolare fo-co-LA-reh   noun (masc.)   fireplace
     I libri sono vicino al focolare.
     The books are near the fireplace.

---

la foglia fo-LYa   noun (fem.)   leaf
     Questa foglia è grande.
     This leaf is large.

70

---

il foglio (di carta)   noun (masc.)   sheet (of paper)
    FOH-lyo
        Dammi un foglio di carta, per piacere.
        Give me a sheet of paper, please.

---

folle FOH-leh   adjective   mad, insane, crazy
        L'uomo è folle.
        The man is mad.

---

il fonografo   noun (masc.)   phonograph
    fo-NO-gra-fo
        Io ho un nuovo fonografo.
        I have a new phonograph.

---

le forbici   noun (fem.), pl.   scissors
    FOR-bee-chee
        Io taglio la carta con le forbici.
        I cut the paper with the scissors.

---

la forchetta for-CHEH-ta   noun (fem.)   fork
        Io mangio la carne con una forchetta.
        I eat meat with a fork.

---

la foresta fo-REH-sta   noun (fem.)   forest, woods
        Ci sono cento alberi nella foresta.
        There are one hundred trees in the forest.

---

il formaggio for-MA-jo   noun (masc.)   cheese
        Al topo piace il formaggio.
        The mouse likes cheese.

---

formare for-MA-reh   verb   to form (to make up)
        io formo   noi formiamo
        tu formi   voi formate
        Lei forma   Loro formano
        Noi formiano una classe d'italiano.
        We form an Italian class.

---

formare un numero   idiom   to dial a number
　　for-MA-reh un NU-meh-ro
　　　　Io formo il numero per la donna.
　　　　I dial the number for the lady.

la formica   for-MEE-ka   noun (fem.)   ant
　　　　La formica è molto piccola.
　　　　The ant is very small.

forse   FOR-seh   adverb   perhaps
　　　　Forse verrà anche lui.
　　　　Perhaps he will come also.

forte   FOR-teh   adjective   loud
　　　　Lui ha una voce forte.
　　　　He has a loud voice.

　ad alta voce   adverb   in a loud voice,
　　　　　　　　　　　　　　　　　　　　　　　aloud
　　　　Lui parla ad alta voce.
　　　　He speaks in a loud voice.

　troppo forte   adverb   loudly
　　　　Lui suona il tamburo troppo forte.
　　　　He plays the drum loudly.

forte   FOR-teh   adjective   strong
　　　　Mio padre è molto forte.
　　　　My father is very strong.

la fortuna   for-TU-na   noun (fem.)   luck, fortune
　　　　Prima dell'esame il mio amico dice, "Buona
　　　　　fortuna!"
　　　　Before the exam my friend says, "Good luck!"

　essere fortunato   idiom   to be lucky
　　　　Il ragazzo vince un premio. È fortunato.
　　　　The boy wins a prize. He is lucky.

la fotografia   noun (fem.)   photograph,
　　　　　　　　　　　　　　　　　　　　　　　picture
　　　　fo-to-gra-FEEA

Guarda la mia fotografia. È comica, non è vero?
Look at my picture. It's funny, isn't it?

---

fra FRA   preposition   between, among
Qual'è il numero fra quattordici e sedici?
What is the number between fourteen and sixteen?

---

la fragola FRA-go-la   noun (fem.)   strawberry
Le fragole sono rosse.
Strawberries are red.

---

francese fran-CHEH-seh   adjective   French
Io leggo un libro francese.
I read a French book.

---

la Francia FRAN-cha   noun (fem.)   France
Ecco una carta geografica della Francia.
Here is a map of France.

---

il franco FRAN-ko   noun (masc.)   franc (French monetary unit)
Il franco è moneta francese.
The franc is French money.

---

il francobollo   noun (masc.)   stamp (postage)
fran-ko-BOH-lo
Io metto un francobollo sulla busta.
I put a stamp on the envelope.

---

la frase FRA-seh   noun (fem.)   sentence, phrase
Io scrivo una frase nel mio quaderno.
I write a sentence in my notebook.

---

il fratello fra-TEH-lo   noun (masc.)   brother
Io sono piccolo ma mio fratello è grande.
I am small, but my brother is big.

---

il freddo FREH-do   noun (masc.)   cold
Il freddo quest' inverno è terribile.
The cold this winter is terrible.

avere freddo   to be cold
> Io ho sempre freddo.
> I am always cold.

fa freddo   it is cold
> Oggi fa freddo.
> It is cold today.

il raffreddore   cold (illness)
> Io ho un raffreddore.
> I have a cold.

---

fresco   FREHS-ko   adjective   cool

fa fresco   it is cool
> Fa fresco in casa.
> It is cool in the house.

---

il frigorifero   noun (masc.)   refrigerator
         free-go-REE-feh-ro
> Il frigorifero è nella cucina.
> The refrigerator is in the kitchen.

---

la frutta   FRU-ta   noun (fem.)   fruit
> Ecco della frutta.
> Here is some fruit.

---

il fulmine   FUL-mee-neh   noun (masc.)   lightning
> Ho paura dei fulmini.
> I am afraid of lightning.

---

fumare   fu-MA-reh   verb   to smoke

io fumo	noi fumiamo
tu fumi	voi fumate
Lei fuma	Loro fumano

> Il babbo dice che è pericoloso fumare.
> Dad says it is dangerous to smoke.

Vietato Fumare!   No Smoking!

---

la fune   FU-neh   noun (fem.)   rope
> La fune non è abbastanza lunga.
> The rope is not long enough.

---

funzionare fun-tseeoh-NAH-reh verb to operate,
to function,
to work

io funziono   noi funzioniamo
tu funzioni   voi funzionate
Lei funziona   Loro funzionano
La radio non funziona bene.
The radio does not work well.

---

il fuoco FUO-ko noun (masc.) fire
Il fuoco è caldo.
The fire is hot.

---

fuori FUO-ree adverb outside
Il mio amico mi aspetta fuori.
My friend is waiting for me outside.

---

furbo FUR-bo adjective cunning
Il ladro è furbo; sale un albero.
The thief is clever; he climbs a tree.

---

il futuro fu-TU-ro noun (masc.) future
In futuro, visiterò l'Italia.
In the future, I shall visit Italy.

G

il gallo GA-lo noun (masc.) rooster
Il gallo si alza presto.
The rooster rises early.

---

la gamba GAM-ba noun (fem.) leg
L'uomo ha due gambe.
Man has two legs.

---

garbato gar-BA-to adjective polite
Giovanni è un ragazzo molto garbato.
John is a very polite boy.

---

il gas GAZ noun (masc.) gas

Voi avete un fornello a gas? Noi abbiamo un fornello elettrico.

Do you have a gas stove? We have an electric stove.

il gattino ga-TEE-no noun (masc.) kitten

Il gattino è bianco.
The kitten is white.

il gatto GA-to noun (masc.) cat

Ai gatti piace il latte.
Cats like milk.

il gelato jeh-LA-to noun (masc.) ice cream

Ti piace il gelato vaniglia?
Do you like vanilla ice cream?

il genere jeh-NEH-reh noun (masc.) sort

Che genere di cosa è questo?
What sort of thing is this?

i genitori noun (masc.), pl. parents
jeh-nee-TOH-ree

I miei genitori vanno al lavoro la mattina.
My parents go to work in the morning.

gennaio jeh-NA-yo noun January

Il sei gennaio è festa in Italia.
January 6th is a holiday in Italy.

la gente JEHN-teh noun (fem.) people

Nel negozio c'è molta gente.
There are many people in the store.

---

gentile   jehn-TEE-leh   adjective   gentle, kind, polite

Lei è molto gentile.

You are very kind.

---

gentilmente   adverb   gently

jehn-teel-MEHN-teh

Cammina gentilmente. La mamma ha un dolor di testa.

Walk gently. Mother has a headache.

---

la geografia   noun (fem.)   geography

jeh-o-gra-FEEA

Mi piace studiare la geografia.

I like to study geography.

---

il gesso   JEH-so   noun (masc.)   chalk

Il ragazzo scrive alla lavagna con il gesso.

The boy writes on the blackboard with chalk.

---

gettare   jeh-TA-reh   verb   to throw

io getto	noi gettiamo
tu getti	voi gettate
Lei getta	Loro gettano

Tu getti la carta nel cestino.

You throw the paper in the basket.

---

il ghiaccio   GEEA-cho   noun (masc.)   ice

Andiamo a pattinare sul ghiaccio.

Let's go ice-skating.

---

già   gee-A   adverb   already

Lui è già arrivato.

He has already arrived.

---

la giacca   JA-ka   noun (fem.)   jacket

Mio nonno indossa pantaloni e giacca.

My grandfather is wearing pants and a jacket.

---

giallo   JA-lo   adjective   yellow

Il granturco è giallo.

Corn is yellow.

---

il giardino　jar-DEE-no　noun (masc.)　garden, park
　　　Il giardino è pieno di fiori in giugno.
　　　The garden is full of flowers in June.

---

il giardino zoologico　noun (masc.)　zoo
　　jar-DEE-no-zo-o-LO-jee-ko
　　　Mi piace guardare le tigri al giardino zoologico.
　　　I like to look at the tigers in the zoo.

---

il gigante　jee-GAN-teh　noun (masc.)　giant
　　　Leggimi una storia di un gigante.
　　　Read me a story about a giant.

---

il ginocchio　　　　　　knee
　　jee-NO-cheeo
　　　Ti fa male il ginocchio? Che peccato!
　　　Does your knee hurt? What a pity!

---

giocare　jo-KA-reh　verb　to play (a game)
　　　io gioco　　　　noi giochiamo
　　　tu giochi　　　　voi giocate
　　　Lei gioca　　　　Loro giocano
　　　Giochiamo alla palla.
　　　Let's play ball.

　giocare a cavalletta　idiom　to play leapfrog
　giocare a dama　idiom　to play checkers
　giocare a palla　idiom　to play ball
　giocare a rimpiattino　idiom　to play hide and
　　　　　　　　　　　　　seek
　giocare a scacchi　idiom　to play chess

---

il giocattolo　jo-ka-TO-lo　noun (masc.)　toy
　　　Che tipo di giocattoli hai tu?
　　　What kind of toys do you have?

---

il gioiello　　noun (masc.), sing.　jewel
　　jo-YEH-lo
　　　Questo gioiello costa molto.
　　　This jewel is expensive.

---

i gioielli   noun (masc.), pl.   jewelry
jo-YEH-lee
Ci sono molti gioielli nel baule.
There are many jewels in the trunk.

---

il giornale jor-NA-leh noun (masc.) newspaper

Dopo pranzo mio zio legge il giornale.
After dinner my uncle reads the newspaper.

---

la giornata jor-NA-ta noun (fem.) day
Passerò la giornata a casa di mia cugina.
I shall spend the day at my cousin's house.

---

il giorno JOR-no noun (masc.) day
Che giorno della settimana è?
What day of the week is it?

---

ogni giorno adverb every day
Io leggo ogni giorno.
I read every day.

---

il giorno di festa noun (masc.) holiday
JOR-no dee FEHS-tah
Il giorno di festa è oggi, non domani.
The holiday is today, not tomorrow.

---

il giorno di riposo   noun (masc.)   day off
    JOR-no dee ree-POH-so
        Giovedì è un giorno di riposo per gli studenti
          francesi.
        Thursday is a day off for French students.

---

la giostra   JOS-tra   noun (fem.)   merry-go-round
        Guarda i cavalli della giostra!
        Look at the horses on the merry-go-round!

---

giovane   JO-va-ne   adjective   young
        Mi dicono sempre, "Sei troppo giovane!"
        They always say to me, "You are too young!"

---

il giovedì   jo-veh-DEE   noun (masc.)   Thursday
        Giovedì, andiamo al cinema.
        We are going to the movies on Thursday.

---

girare   jee-RA-reh   verb   to turn
        io giro   noi giriamo
        tu giri   voi girate
        Lei gira   Loro girano
        Il fiume gira a sinistra.
        The river turns to the left.

---

il giro   JEE-ro   noun (masc.)   turn
        Il giro è a destra non a sinistra.
        The turn is to the right not to the left.

---

il giuoco   JUOH-koh   noun (masc.)   game
        Quale giuoco preferisce Lei?
        Which game do you prefer?

---

il giudice   JU-dee-cheh   noun (masc.)   judge
        Il giudice è intelligente.
        The judge is intelligent.

---

giugno   JU-no   noun   June
        Quanti giorni ci sono nel mese di giugno?
        How many days are there in the month of June?

---

il giuoco ju-OH-ko noun (masc.) game
Quale giuoco preferisce Lei?
What game do you prefer?

---

giusto JUS-to adjective fair, just, right
Ma è il mio turno. Non è giusto.
But it's my turn. It's not fair.

---

la gola GOH-la noun (fem.) throat
La maestra dice pian piano, "Ho mal di gola."
The teacher says softly, "I have a sore throat."

---

la gomma GOH-ma noun (fem.) eraser
Devo cancellare questa frase con la gomma.
I must erase this sentence with an eraser.

---

la gonna GOH-na noun (fem.) skirt
Non posso scegliere. Quale gonna preferisci tu?
I can't decide. Which skirt do you prefer?

---

gradevole gra-DEH-vo-leh adjective pleasant
La primavera è una stagione gradevole.
Spring is a pleasant season.

---

il gradino gra-DEE-no noun (masc.) step
Ci sono molti gradini davanti a questo palazzo.
There are many steps in front of this building.

---

grande GRAN-deh adjective great
Madama Curie era una grande scienziata.
Madam Curie was a great scientist.

---

grande   GRAN-deh   adjective   big, tall, large
         L'elefante è grande.
         The elephant is big.

---

il grano   GRA-no   noun (masc.)   wheat
         Io vedo il grano nei campi.
         I see the wheat in the fields.

---

il granturco   gran-TUR-ko   noun (masc.)   corn
         Il granturco è buono.
         The corn is good.

---

grasso   GRA-so   adjective   fat
         Il maiale è grasso.
         The pig is fat.

---

il grattacielo   noun (masc.)   skyscraper
     gra-ta-CHEH-lo
         La città di New York ha molti grattacieli.
         New York City has many skyscrapers.

---

grazie   GRÁ-zeh   interjection   thank you
         Quando la nonna mi dà un pasticcino io dico,
         "Grazie."
         When my grandmother gives me a cookie I say,
         "Thank you."

---

grazioso   gra-ZEEO-so   adjective   cute, gracious, pretty
         La ragazza è graziosa.
         The girl is cute.

---

il grembiule   noun (masc.)   apron
     grehm-BEEU-leh

         Marta porta il grembiule a scuola.
         Martha wears an apron at school.

---

gridare   gree-DA-reh   verb   to scream, to shout

io grido	noi gridiamo
tu gridi	voi gridate
Lei grida	Loro gridano

La mamma grida, "Vieni subito!"
Mother shouts, "Come quickly!"

---

grigio   GREE-jo   adjective   gray
Il topo è grigio.
The mouse is gray.

---

grosso   GRO-so   adjective   thick, big
La buccia del limone è grossa.
The lemon's skin is thick.

---

guadagnare   gwa-da-*NA*-reh   verb   to earn

io guadagno	noi guadagniamo
tu guadagni	voi guadagnate
Lei guadagna	Loro guadagnano

Lui guadagna molto denaro.
He earns a lot of money.

---

il guanciale   noun (masc.)   pillow
gwan-CHEEA-leh
Il guanciale è bianco.
The pillow is white.

---

il guanto   GWAN-to   noun (masc.)   glove
Ho perso il guanto.
I lost my glove.

---

guardare   gwar-DA-reh   verb   to look (at), to watch

io guardo	noi guardiamo
tu guardi	voi guardate
Lei guarda	Loro guardano

Mi piace guardare la televisione.
I like to watch TV.
Io guardo la televisione ogni giorno.
I watch TV every day.

---

la guardia   GWAR-deea   noun (fem.)   guard
La guardia è al suo posto.
The guard is at his place.

---

la guerra   GWEH-ra   noun (fem.)   war
Mio zio è stato in guerra.
My uncle was in the war.

---

il gufo   GU-fo   noun (masc.)   owl
Il gufo si sente di notte.
An owl is heard at night.

---

guidare   gwee-DA-reh   verb   to drive, to guide
io guido   noi guidiamo
tu guidi   voi guidate
Lei guida   Loro guidano
Peccato. Sono troppo giovane per guidare la
   macchina.
Too bad. I am too young to drive the car.

I

---

l'idea   ee-DEH-a   noun (fem.)   idea
Che buona idea andare alla piscina!
What a good idea to go to the swimming pool!

---

ieri   YE-ree   adverb   yesterday
Oggi è il dieci maggio; ieri, il nove maggio.
Today is the 10th of May; yesterday, the 9th of
   May.

---

imbrogliare   eem-bro-LYA-reh   verb   to cheat
io imbroglio   noi imbrogliamo
tu imbrogli   voi imbrogliate
Lei imbroglia   Loro imbrogliano

Nel film, il ladro imbroglia il poliziotto.
In the film, the thief cheats the policeman.

---

imbucare una lettera verb to mail a letter
eem-bu-KA-reh-u-na-LEH-teh-ra

io imbuco	noi imbuchiamo
tu imbuchi	voi imbucate
Lei imbuca	Loro imbucano

Io imbuco molto lettere ogni giorno.
I mail many letters every day.

---

immediatamente adverb immediately, quickly
ee-meh-deea-ta-MEHN-teh

Lui fa tutto immediatamente.
He does everything immediately.

---

imparare eem-pa-RA-reh verb to learn

io imparo	noi impariamo
tu impari	voi imparate
Lei impara	Loro imparano

A Lei piace imparare il francese.
She likes to learn French.

---

l'impermeabile noun (masc.) raincoat
eem-pehr-meh-A-bee-leh

Lui porta l'impermeabile perchè piove.
He is wearing a raincoat because it is raining.

---

importante eem-por-TAN-teh adjective important

È importante mangiare l'insalata.
It is important to eat the salad.

---

impossibile adjective impossible
eem-po-SEE-bee-leh

È impossibile rotolare questo macigno.
It's impossible to roll this rock.

---

improvvisamente adverb suddenly
eem-pro-vee-sa-MEHN-teh

Lui apparì improvvisamente.
He appeared suddenly.

---

in   EEN   preposition   in, into

> Vanno in città.
> They are going to the city.

---

in apparecchio   idiom   by air, by plane
ee-na-pa-REH-keeo

> Il viaggiare in apparecchio è piacevole.
> Traveling by plane is pleasant.

---

in automobile   idiom   by car
ee-nau-to-MO-bee-leh

> Lui è arrivato in automobile.
> He arrived by car.

---

in onore di   idiom   in honor of

> Pranziamo a un ristorante in onore di mia figlia.
> We are dining in a restaurant in honor of my
> daughter.

---

incantato   een-kan-TA-to   adjective   delighted, happy,
                                                    enchanted

> La ragazza fu incantata dalla storia.
> The girl was delighted by the story.

---

incollare   een-ko-LA-reh   verb   to glue, to paste

> io incollo   noi incolliamo
> tu incolli   voi incollate
> Lei incolla   Loro incollano
> Io incollo una fotografia a una pagina del mio
>   quaderno.
> I glue a photograph to a page in my notebook.

---

incontrare   een-kon-TRA-reh   verb   to meet, to
                                                    encounter

> io incontro   noi incontriamo
> tu incontri   voi incontrate
> Lei incontra   Loro incontrano
> Chi incontra Cappuccetto Rosso nella foresta?
> Who meets Little Red Riding Hood in the forest?

---

indicare een-dee-KA-reh verb to indicate, to point out

io indico | noi indichiamo
tu indichi | voi indicate
Lei indica | Loro indicano

Il poliziotto indica che dobbiamo andare per questa strada.
The policeman indicates that we must go by this road.

---

l'indirizzo noun (masc.) address
een-dee-REE-tzo

Qual 'è il vostro indirizzo?
What is your address?

---

indovinare verb to guess
een-doh-vee-NA-reh

Puoi indovinare quanti soldi ho?
Can you guess how much money I have?

---

l'infermiera noun (fem.) nurse
een-fehr-MYEH-ra

La mia vicina è infermiera.
My neighbor is a nurse.

---

ingannare een-ga-NA-reh verb to deceive

io inganno | noi inganniamo
tu inganni | voi ingannate
Lei inganna | Loro ingannano

Il ragazzo inganna il maestro.
The boy deceives the teacher.

---

l'ingegnere noun (masc.) engineer
een-jeh-NEH-reh

Vorrei essere ingegnere.
I would like to be an engineer.

---

inglese een-GLEH-seh adjective English

Lui è inglese.
He is English.

---

l'insalata   een-sa-LA-ta   noun (fem.)   salad
  Mi piace l'insalata mista.
  I like a mixed salad.

---

insegnare   een-seh-NA-reh   verb   to teach
  io insegno   noi insegniamo
  tu insegni   voi insegnate
  Lei insegna   Loro insegnano
  Chi insegna la musica in questa classe?
  Who teaches music in this class?

---

l'insetto   een-SE-to   noun (masc.)   insect
  Gli insetti non mi piacciono.
  I hate insects.

---

insieme   EEN-sye-meh   adverb   together
  Noi andiamo insieme alla drogheria.
  We go to the grocery store together.

---

intelligente   adjective   clever, intelligent
  een-teh-lee-JEHN-teh
  La maestra dice, "Che classe intelligente."
  The teacher says, "What an intelligent class."

---

intenzionalmente   adverb   intentionally
  een-tehn-zeeo-nal-MEHN-teh
  Mio fratello mi fa dispetti intenzionalmente.
  My brother teases me intentionally.

---

nteressante   adjective   interesting
een-teh-reh-SAN-teh

> Lei trova che il film è interessante.
> She finds that the film is interesting.

---

atero   een-TEH-ro   adjective   whole

> Certo che vorrei mangiare l'intera torta!
> Certainly I would like to eat the whole cake!

---

interruttore   noun (masc.)   light switch
een-teh-ru-TOH-reh

> L'interruttore è rotto.
> The light switch is broken.

---

ntorno   een-TOR-no   preposition   around, about

> C'è sempre gente intorno a lei.
> There are always people around her.

'inverno   een-VEHR-no   noun (masc.)   winter

> Fa freddo d'inverno.
> It's cold in winter.

---

nvitare   een-vee-TA-reh   verb   to invite

io invito	noi invitiamo
tu inviti	voi invitate
Lei invita	Loro invitano

> Mia zia mi invita a casa sua.
> My aunt invites me to her house.

---

o   EEO   pronoun   I, me

> Chi bussa alla porta? Sono io, Michele.
> Who is knocking at the door? It's me, Michael.

'isola   E-zo-la   noun (fem.)   island

> Capri è un'isola italiana.
> Capri is an Italian island.

L

là LA adverb over there

Vedi tuo fratello là alla stazione?

Do you see your brother over there at the station?

---

il labbro LA-bro noun (masc.), sing. lip

Il labbro del ragazzo è gonfiato.

The boy's lip is swollen.

---

le labbra LA-bra noun (fem.), pl. lips

Lui ha le labbra sottili.

He has thin lips.

---

la lacrima LA-kree-ma noun (fem.) tear

Il nonno dice, "Basta con le lacrime."

Grandfather says, "Enough tears."

---

il ladro LA-dro noun (masc.) thief, burglar, robber

Cercano il ladro alla banca.

They are searching for the thief at the bank.

---

laggiù la-JU preposition down there

Non vedo niente laggiù.

I don't see anything down there.

---

il lago LA-go noun (masc.) lake

Io vado a pescare alla costa del lago.

I go fishing at the lakeshore.

---

lamentarsi la-mehn-TAR-see verb to lament, to complain

io mi lamento   noi ci lamentiamo

tu ti lamenti   voi vi lamentate

Lei si lamenta   Loro si lamentano

Il mio amico dice che io mi lamento sempre.

My friend says that I am always complaining.

---

la lampada   LAM-pa-da   noun (fem.)   lamp

La lampada è nel salone.
The lamp is in the living room.

---

la lana   LA-na   noun (fem.)   wool
Il mio soprabito è fatto di lana.
My overcoat is made of wool.

---

lanciare   lan-CHA-reh   verb   to throw, to hurl

io lancio	noi lanciamo
tu lanci	voi lanciate
Lei lancia	Loro lanciano

Io lancio la palla al ragazzo.
I throw the ball to the boy.

---

il lapis   LA-pees   noun (masc.)   pencil
Per piacere mi dia un lapis.
Please give me a pencil.

---

largo   LAR-go   adjective   broad, wide
Il corso è una strada larga.
The boulevard is a wide street.

---

lasciare   la-SCHEEA-reh   verb   to leave

io lascio	noi lasciamo
tu lasci	voi lasciate
Lei lascia	Loro lasciano

Io lascio spesso i miei libri alla casa di Michele.
I often leave my books at Michael's house.

---

il lato LA-to noun (masc.) side

  al lato di preposition alongside, at the
    al-LA-toh-dee side of
      Al lato del fiume hai un parco.
      Alongside the river is a park.

il latte LA-teh noun (masc.) milk
      Io bevo il latte e il babbo beve il caffè con latte.
      I drink milk and Dad drinks coffee with milk.

la lattuga la-TU-ga noun (fem.) lettuce
      La mamma fa l'insalata con la lattuga.
      Mother makes a salad with the lettuce.

la lavagna la-VA-na noun (fem.) blackboard
      L'alunno scrive alla lavagna.
      The student writes at the blackboard.

il lavandino noun (masc.) washstand, sink
    la-van-DEE-no
      Il lavandino è bianco.
      The sink is white.

lavare la-VA-reh verb to wash
      io lavo noi laviamo
      tu lavi voi lavate
      Lei lava Loro lavano
      Io lavo il cane.
      I wash the dog

---

lavarsi   la-VAR-see   verb   to wash (oneself)

  io mi lavo   noi ci laviamo
  tu ti lavi   voi vi lavate
  Lei si lava   Loro si lavano
  Io mi lavo le mani prima di mangiare.
  I wash my hands before eating.

---

la lavastoviglie   noun (fem.)   dishwasher
  la-vas-to-VEE-lyeh
      La lavastoviglie è nuova.
      The dishwasher is new.

---

la lavatrice   noun (fem.)   washing machine
  la-va-TREE-cheh
      La mamma vuole una lavatrice.
      Mother wants a washing machine.

---

lavorare   la-vo-RA-reh   verb   to work
      io lavoro   noi lavoriamo
      tu lavori   voi lavorate
      Lei lavora   Loro lavorano
      L'agricoltore lavora all'aperto.
      The farmer works outdoors.

---

lavorare a maglia   idiom   to knit
      Sto imparando a lavorare a maglia.
      I am learning to knit.

  fare la calza   idiom   to knit
      Faccio la calza.
      I am knitting socks.

---

il lavoro   la-VO-ro   noun (masc.)   work
      La mamma ha molto lavoro da fare.
      Mother has a great deal of work to do.

Le   LEH   pronoun   you
      Io Le do del latte.
      I give you some milk.

93

leggere   leh-JEH-reh   verb   to read

io leggo	noi leggiamo
tu leggi	voi leggete
Lei legge	Loro leggono

Noi andiamo a leggere nella biblioteca.
We go into the library to read.

---

leggiero   leh-JEH-ro   adjective   light
La giacca è leggiera.
The jacket is light.

---

il legno   LEH-*no*   noun (masc.)   wood
Il lapis è fatto di legno.
The pencil is made of wood.

---

lei   LAY   pronoun   she
Lei è intelligente.
She is intelligent.

---

lentamente   lehn-ta-MEHN-teh   adverb   slowly
Il nonno cammina lentamente.
Grandfather walks slowly.

---

il leone   leh-O-neh   noun (masc.)   lion

Il leone non è animale docile.
The lion is not a gentle animal.

---

il leopardo   leh-o-PAR-do   noun (masc.)   leopard
Il leopardo è nella foresta.
The leopard is in the forest.

---

la lettera   LEH-teh-ra   noun (fem.)   letter
  Io metto la lettera nella busta.
  I put the letter in the envelope.
  la buca per le lettere   noun (fem.)   letter box

---

il letto   LEH-to   noun (masc.)   bed
  Il gatto è nel mio letto.
  The cat is in my bed.

  andare a letto   verb   to go to bed
  la camera da letto   noun (fem.)   bedroom
    Questo appartamento ha tre camere da letto.
    This apartment has three bedrooms.

---

la lezione   leh-TZO-ne   noun (fem.)   lesson
  La lezione di oggi è difficile, non è vero?
  Today's lesson is difficult, isn't it?

---

il libro   LEE-bro   noun (masc.)   book
  Cerchiamo dei libri interessanti.
  We are looking for some interesting books.

---

il limone   lee-MO-neh   noun (masc.)   lemon
  Il limone è giallo.
  The lemon is yellow.

---

la lingua   LEEN-gwa   noun   tongue
  Mi brucio la lingua con la minestra calda.
  I burn my tongue on the hot soup.

---

la lira   LEE-rah   noun (fem.)   lira
  La lira aumenta in valore.
  The lira increases in value.

---

la lista   LEES-ta   noun (fem.)   menu
  La lista non è completa.
  The menu is not complete.

---

litigare   lee-tee-GA-re   verb   to quarrel
  io litigo   noi litighiamo
  tu litighi   voi litigate

Lei litiga   Loro litigano
Mio padre qualche volta litiga con mia madre.
My father sometimes argues with my mother.

---

lontano lohn-TA-no   adverb   far, distant
Roma è lontano da Washington.
Rome is far from Washington.

---

loro LO-roh   pronoun   them
Dia loro i biglietti.
Give them the tickets.

---

loro LO-roh   adjective   their
Il loro maestro è qui.
Their teacher is here.

---

la luce LU-che   noun (fem.)   light
La luna non dà molta luce.
The moon does not give much light.

---

luglio LU-lyo   noun   July
Nel mese di luglio fa molto caldo in Italia.
In the month of July it is very hot in Italy.

---

lui LU-ee   pronoun   he, him
Lui mi piace.
I like him.

lei LAY   pronoun   she
Lei è in ritardo.
She is late.

---

la luna LU-na   noun (fem.)   moon, light
La luna è piena stanotte.
The moon is full tonight.

---

lunedì lu-neh-DEE   noun (masc.)   Monday
Che fai tu il lunedì?
What do you do on Mondays?

---

lungo LUN-go adjective long
Lei porta un vestito lungo.
She is wearing a long dress.

---

il lupo LU-po noun (masc.) wolf
Chi ha paura del cattivo lupo?
Who is afraid of the bad wolf?

M

---

ma MA conjunction but
Lei è qui, ma lui no.
She is here, but he is not.

---

la macchia MA-cheea noun (fem.) spot, stain
C'è una macchia sul tappeto.
There is a spot on the carpet.

---

macchiato ma-CHEEA-to adjective spotted
La mia tartaruga è macchiata.
My turtle is spotted.

---

la macchina ma-CHEE-na noun (fem.) machine
La macchina è rotta.
The machine is broken.

---

la macchina ma-CHEE-na noun (fem.) car
La macchina è nell'autorimessa.
The car is in the garage.

---

la macchina fotografica noun (fem.) camera
ma-CHEE-na fo-to-GRA-fee-cha
Guarda la mia macchina fotografica. È nuova.
Look at my camera. It's new.

---

la macchina per scrivere noun (fem.) typewriter
ma-CHEE-na pehr SCREE-veh-reh
La macchina per scrivere è nuova.
The typewriter is new.

---

il macellaio   noun (masc.)   butcher
ma-cheh-LA-yo
Il macellaio vende la carne.
The butcher sells meat.

---

la macelleria   noun (fem.)   butcher shop
ma-cheh-leh-REE-a

Si va alla macelleria per comparare la carne.
We go to the butcher shop to buy meat.

---

la madre MA-dreh noun (fem.)   mother
Oggi è il compleanno di mia madre.
Today is my mother's birthday.

---

il maestro ma-EH-stro noun (masc.)   teacher
Il maestro è gentile.
The teacher is kind.

la maestra ma-EH-stra noun (fem.)   teacher
La maestra è pronta.
The teacher is ready.

---

magari ma-GA-ree exclamation   Would that it were
so
Sembra più fresco oggi. Magari.
It seems a bit cooler today. Would that it were so.

---

maggio MA-jo noun   May
Ci sono trentuno giorni in maggio.
There are 31 days in May.

---

la maglia MA-lya noun (fem.)   sweater
Io porto una maglia perchè fa freddo.
I wear a sweater because it is cold.

---

magro MA-gro adjective   thin, skinny
Sei troppo magro. Devi mangiare.
You are too thin. You must eat.

---

mai MAEE adverb never
Non voglio mai giocare con te.
I never want to play with you.

---

il maiale ma-YA-le noun (masc.) pig
L'agricoltore ha tre maiali.
The farmer has three pigs.

---

malato ma-LA-to adjective sick, ill
Che hai tu? Io sono malato.
What's the matter with you? I am sick.

---

la mamma MA-ma noun (fem.) mom
Mamma, dove sono le calze?
Mom, where are my socks?

---

la mancia MAN-cha noun (fem.) tip
L'uomo lascia una mancia per il cameriere.
The man leaves a tip for the waiter.

---

mandare man-DA-reh verb to send
io mando noi mandiamo
tu mandi voi mandate
Lei manda Loro mandano
Mio zio mi manda un regalo.
My uncle sends me a gift.

---

mangiare man-JA-reh   verb   to eat
        io mangio   noi mangiamo
        tu mangi   voi mangiate
        Lei mangia   Loro mangiano
        La domenica noi mangiamo il tacchino.
        On Sundays we eat turkey.

---

la mano MA-no   noun (fem.)   hand
        Ho le mani sporche.
        My hands are dirty.

  la mano destra   the right hand
        La mano destra è pulita.
        My right hand is clean.

  la mano sinistra   the left hand
        La mano sinistra è sporca.
        My left hand is dirty.

---

il manzo arrostito   noun (masc.)   roast beef
    MAN-zo-a-ros-TEE-to
  il rosbif   noun (masc.)   roast beef
        Io vorrei un panino con rosbif, per piacere.
        I would like a roast beef sandwich, please.

---

il marciapiede   noun (masc.)   sidewalk
    mar-cha-PYE-deh
        Il marciapiede è molto stretto.
        The sidewalk is very narrow.

---

il mare MA-reh   noun (masc.)   sea
        Ci sono molti pesci nel mare?
        Are there many fish in the sea?

  per mare pehr-MA-reh   idiom   by sea
        Lei viaggia per mare.
        You travel by sea.

---

il margine MAR-jee-neh   noun (masc.) edge, margin
        Il margine del libro è grande.
        The margin of the book is large.

---

la marionetta   noun (fem.)   marionette
ma-ree-o-NEH-ta

> Le marionette sono comiche.
> Puppets are funny.

---

il marito ma-REE-to   noun (masc.)   husband

> Il marito di mia zia è mio zio.
> My aunt's husband is my uncle.

---

la marmellata   noun (fem.)   jam, marmalade
mar-me-LA-ta

> Per piacere, mi dia una fetta di pane con
>　　marmellata di fragole.
> Please give me a piece of bread with strawberry
>　　jam.

---

marrone ma-ROH-neh   adjective   brown

> Il tappeto è marrone.
> The carpet is brown.

---

martedì mar-teh-DEE   noun (masc.)   Tuesday

> Martedì è un giorno libero.
> Tuesday is a day off.

---

il martello mar-TEH-lo   noun (masc.)   hammer

> Carlo lavora con un martello.
> Charles works with a hammer.

---

marzo MAR-tzo   noun   March

> Tira vento in marzo.
> It is windy in March.

---

la masseria   ma-SEH-reea   noun (fem.)   farm
Ci sono delle vacche e dei cavalli alla masseria.
There are cows and horses at the farm.

---

la matita   ma-TEE-ta   noun (fem.)   pencil
Per piacere mi dia una matita.
Please give me a pencil.

---

la mattina   ma-TEE-na   noun (fem.)   morning
Che mangi tu la mattina?
What do you eat in the morning?

---

matto   MA-to   adjective   mad, crazy
L'uomo è matto.
The man is crazy.

---

maturo   ma-TU-ro   adjective   ripe
Quando la banana è gialla, è matura.
When the banana is yellow, it is ripe.

---

me   MEH   pronoun   me
Lui chiama me, non loro.
He is calling me, not them.

me stesso   MEH-STEH-so   pronoun   myself
Lo faccio per me stesso.
I am doing it for myself.

---

il meccanico   noun (masc.)   mechanic
me-KA-nee-ko
Io vorrei diventare meccanico.
I would like to become a mechanic.

---

la medicina   noun (fem.)   medicine
meh-dee-CHEE-na
La medicina è buona per Lei.
The medicine is good for you.

---

il medico   MEH-dee-ko   noun (masc.)   doctor
Il medico entra l'ospedale.
The doctor enters the hospital.

---

la mela   ME-la   noun (fem.)   apple
> Io mangio una mela ogni giorno.
> I eat an apple every day.

il melone   meh-LOH-neh   noun (masc.)   watermelon
> Il melone è una frutta squisita.
> Watermelon is a delicious fruit.

il membro   MEM-bro   noun (masc.)   member
> Lui è membro della nostra squadra.
> He is a member of our team.

meno   MEH-no   adjective   less
> Cinque meno tre fanno due.
> Five less three is two.

il mento   MEHN-to   noun (masc.)   chin
> Ecco il mento della pupa.
> Here is the doll's chin.

il "menu"   meh-NOO   noun (masc.)   menu
> Il menù non è completo.
> The menu is not complete.

la menzogna   mehn-ZO-na   noun (fem.)   lie
> La menzogna ritorna a chi la dice.
> The lie comes back to the person who says it.

meraviglioso   adjective   marvelous, great
meh-ra-vee-LYO-so
> Tu vai al circo? Meraviglioso.
> You are going to the circus? Marvelous.

il mercato   mehr-KA-to   noun (masc.)   market

103

Che vendono al mercato?
What do they sell at the market?

---

mercoledì   noun (masc.)   Wednesday
mehr-ko-leh-DEE

Oggi è mercoledì; servono il pollo.
Today is Wednesday; they are serving chicken.

---

mescolare mehs-ko-LA-reh   verb   to mix, to blend

io mescolo	noi mescoliamo
tu mescoli	voi mescolate
Lei mescola	Loro mescolano

L'artista mescola i vari colori.
The artist mixes the various colors.

---

il mese MEH-seh   noun (masc.)   month

Abbiamo due mesi di vacanze.
We have two months vacation.

---

la metà   meh-TA   noun (fem.)   half

Dammi la metà della pera, per piacere.
Give me half of the pear, please.

---

la metropolitana   noun (fem.)   subway
meh-tro-po-lee-TA-na

Prendiamo la metropolitana per andare al
museo.
We take the subway to go to the museum.

---

mettere MEH-teh-reh   verb   to put, to place

io metto	noi mettiamo
tu metti	voi mettete
Lei mette	Loro mettono

Io metto il libro sulla tavola.
I put the book on the table.

---

mettere in ordine   verb   to put in order
MEH-teh-reh een OR-dee-neh

Il professore mette in ordine le carte.
The professor puts his papers in order.

---

mettersi MEH-tehr-see   verb   to put on, to wear
io mi metto | noi ci mettiamo
tu ti metti | voi vi mettete
Lei si mette | Loro si mettono
Mia sorella si mette i guanti.
My sister puts on her gloves.

---

la mezzanotte   noun (fem.)   midnight
meh-tza-NO-te
È mezzanotte. Perchè non dormi?
It is midnight. Why aren't you sleeping?

---

mezzo MEH-tzo   noun (masc.)   half
Sono le due e mezzo.
It is half past two.

in mezzo a EEN-MEH-tzo-a   idiom   in the middle of
Lui è in mezzo a una folla.
He is in the middle of a crowd.

---

il mezzogiorno   noun (masc.)   noon
meh-tzo-JOR-no
È mezzogiorno. È ora di colazione.
It's noon. It is lunchtime.

---

mezz'ora meh-TZO-rah   adverb   half an hour
Ti aspetto da mezz'ora.
I have been waiting for you for half an hour.

---

mi MEE   pronoun   me
Lui mi dà del pane.
He gives me some bread.

Mia MEEA   adjective (fem.), sing.   my
Mia sorella è bella.
My sister is pretty.

mie MEE-yee   adjective (fem.), pl.   my
Le mie sorelle sono qui.
My sisters are here.

mio   MEEO   adjective (masc.), sing.   my
      Mio fratello è bello.
      My brother is handsome.

miei   MEE-yee   adjective (masc.), pl.   my
      I miei fratelli sono qui.
      My brothers are here.

---

il miglio   MEE-lyo   noun (masc.)   mile
      Il mio amico abita a un miglio da qui.
      My friend lives a mile from here.

---

migliore   mee-LYOH-reh   adjective   better
      Questo libro è migliore di quello.
      This book is better than that one.

---

il milione   mee-LYO-neh   noun (masc.)   million
      Quanti dischi hai tu? Un milione!
      How many records do you have? A million!

---

mille   MEE-leh   adjective   thousand
      Quanto costa questo libro? Mille lire.
      How much does this book cost? One thousand
      lire.

---

la minestra   mee-NEH-stra   noun (fem.)   soup
      Mia sorella serve la minestra a mio fratello.
      My sister serves soup to my brother.

---

il minuto   mee-NU-to   noun (masc.)   minute
      Quanti minuti ci sono in un'ora?
      How many minutes are there in an hour?

---

la misura   mee-ZU-ra   noun (fem.)   size
      In un negozio mi domandano, "Che misura ha
      Lei?"
      In a store they ask me, "What size are you?"

---

la moglie   MO-lyeh   noun (fem.)   wife
      Mia moglie è bella.
      My wife is beautiful.

---

molle MO-leh adjective soft
La terra è molle.
The earth is soft.

---

molto MOL-to adverb very
Lui è molto alto.
He is very tall.

---

molto MOL-to adjective lot of, many
Maria ha molti libri.
Mary has many books.

---

il momento mo-MEHN-to noun (masc.) moment
Io entro nell'ufficio postale per un momento.
I enter the post office for a moment.

---

il mondo MON-do noun (masc.) world
Quante nazioni ci sono al mondo?
How many nations are there in the world?

---

la montagna mon-TA-na noun (fem.) mountain
Le montagne al nord dell'Italia son le Alpi.
The mountains to the north of Italy are the Alps.

---

morbido MOR-bee-do adjective gentle, soft
Questo soprabito è molto morbido.
This coat is very soft.

---

mordere MOR-deh-reh verb to bite
io mordo noi mordiamo
tu mordi voi mordete

Lei morde	Loro mordono

I gatti non mordono.
Cats do not bite.

---

morto MOR-to adjective dead

Lei piange? Sì, la mia tartaruga è morta.
You are crying? Yes, my turtle is dead.

---

la mosca MOS-ka noun (fem.) fly

Ci sono delle mosche nella cucina.
There are some flies in the kitchen.

---

mostrare mos-TRA-reh verb to show

io mostro	noi mostriamo
tu mostri	voi mostrate
Lei mostra	Loro mostrano

Io mostro la nuova penna a Maria.
I show the new pen to Mary.

---

muovere mu-o-VEH-reh verb to move

io muovo	noi muoviamo
tu muovi	voi muovete
Lei muove	Loro muovono

Lei muove le dita rapidamente quando suona il
 pianoforte.
You move your fingers rapidly when you play the
 piano.

---

le mura MU-ra noun (fem.), pl. walls (of a city)

Le mura della città sono grandi.
The walls of the city are large.

---

il muro MU-ro noun (masc.) wall (of a house)

Il muro della casa è caduto.
The wall of the house has fallen.

---

il museo mu-ZEH-o noun (masc.) museum

Il museo è aperto dalle due alle cinque.
The museum is open from two to five.

---

la musica   MU-zee-ka   noun (fem.)   music
Sai leggere le note musicali?
Can you read musical notes?

la nota   noun (fem.)   musical note

il musicista   noun (masc.)   musician
mu-zee-CEES-tah

Il ragazzo vuole diventare musicista.
The boy wants to become a musician.

N

il nailon   NAEE-lon   noun (masc.)   nylon
Mia sorella porta le calze di nailon.
My sister wears nylon stockings.

nascondere   nas-KON-deh-reh   verb   to hide

io nascondo	noi nascondiamo
tu nascondi	voi nascondete
Lei nasconde	Loro nascondono

Il ragazzo nasconde i fiori dietro di se.
The boy hides the flowers behind him.

il naso   NA-zo   noun (masc.)   nose
Il naso della mia bambola è carino.
My doll's nose is cute.

il nastro   NAS-tro   noun (masc.)   ribbon, recording
tape
Lei porta un bel nastro nei capelli.
She wears a pretty ribbon in her hair.

nato   NA-to   past participle   born
Io sono nato il due marzo.
I was born on March 2nd.

la nave   NA-veh   noun (fem.)   ship
Si attraversa l'oceano in nave.
You cross the ocean by ship.

---

nazionale na-zeeo-NA-leh adjective national
Il quattro luglio è la festa nazionale degli Stati
Uniti.
July 4th is the national holiday of the United
States.

---

la nazione na-ZEEO-neh noun (fem.) nation
L'Italia è una nazione.
Italy is a nation.

---

la nebbia NEH-beea noun (fem.) fog
È difficile vedere a causa della nebbia.
It is difficult to see because of the fog.

è necessario idiom it is necessary
EH-neh-cheh-SA-reeo
È necessario andare a scuola.
It is necessary (We have to) to go to school.

---

il negozio neh-GO-zeeo noun (masc.) store
Io vado al negozio con il mio amico.
I go to the store with my friend.

---

nel mezzo di nehl-MEH-tso-dee idiom in the middle of
La mamma mette i dolci nel mezzo del tavolo.
Mother puts the candy in the middle of the table.

---

nero NEH-ro adjective black
Porto le scarpe nere.
I am wearing black shoes.

---

la neve NEH-veh noun (fem.) snow
Mi piace giocare nella neve.
I like to play in the snow.

---

nevicare   neh-vee-KA-reh   verb   to snow
  nevica   it is snowing
  Nevicherà domani?
  Will it snow tomorrow?

  l'uomo di neve   noun (masc.)   snowman
  L'uomo di neve porta un cappello.
  The snowman wears a hat.

---

il nido   NEE-do   noun (masc.)   nest
  Quante uova vedi tu nel nido?
  How many eggs do you see in the nest?

---

niente   NYEN-teh   pronoun   nothing
  Che hai nella tasca? Niente!
  What do you have in your pocket? Nothing!

---

il nipote   nee-PO-teh   noun (masc.)   grandson, nephew
  Lui è il nipote del Signor Napoli.
  He is Mr. Napoli's nephew.

---

la nipote   nee-PO-teh   noun (fem.)   granddaughter, niece
  È la nipote dell'avvocato.
  She is the lawyer's granddaughter.

---

no   NO   exclamation   no
  Alzati! No, non voglio alzarmi.
  Get up! No, I do not want to get up.

---

noi   NOEE   pronoun   we, us
  Noi siamo bravi ragazzi.
  We are good boys.

---

il nome   NO-meh   noun (masc.)   name
  Che è il nome di questa cosa?
  What is the name of this thing?

  chiamarsi   verb   ...name is (call) oneself

---

io mi chiamo   noi ci chiamiamo
tu ti chiami   voi vi chiamate
Lei si chiama   Loro si chiamano
Come ti chiami? Io mi chiamo Enrico.
What's your name? My name is Henry.

---

non NON   adverb   not
Io vado a scuola. Il mio nonno non va a scuola.
I go to school. My grandfather does not go to
school.

---

non è vero NON-eh-VEH-ro   idiom   isn't that true? isn't
that so? don't
you agree?

Fa cattivo tempo, non è vero?
It's bad weather, isn't it?
Il mio professore è bello, non è vero?
My professor is handsome, don't you agree?

---

non importa NON-eem-POR-ta   idiom   no matter, never
mind

Non hai una matita? Non importa. Ecco una
penna.
Don't you have a pencil? No matter. Here is a
pen.

---

non...mai NON-mahee   idiom   never
Non voglio mai giocare con te.
I never want to play with you.

---

non ... più NON PEEU   adverb   no longer
Io vado a scuola. Mio fratello non va più a scuola.
I go to school. My brother no longer goes to
school.

---

la nonna NO-na   noun (fem.)   grandmother
Andiamo dalla nonna domenica.
Let's go to grandmother's on Sunday.

---

il nonno NO-no   noun (masc.)   grandfather
Al mio nonno, piace guidare la macchina.
My grandfather likes to drive a car.

i nonni NO-nee noun (masc.), pl. grandparents
> I miei nonni vivono qui.
> My grandparents live here.

---

il nord NORD noun (masc.) north

> Quando vado da Roma a Milano, vado verso il nord.
> When I go from Rome to Milan, I am going toward the north.

---

nostro, nostra pronoun (masc., fem.) our
NOS-tro
> La nostra maestra ci rimprovera oggi.
> Our teacher is scolding us today.

---

la nota NO-ta noun (fem.) musical note
> Le note formano la musica.
> The notes make up the music.

---

la notte NO-teh noun (fem.) night
> Di notte si possono vedere le stelle.
> The stars can be seen by night.

---

novanta no-VAN-ta adjective ninety
> Qualcuno ha novant'anni d'età?
> Someone is ninety years old?

113

nove   NO-veh   adjective   nine
> Quanto fannó nove e due?
> How much are nine and two?

novembre   no-VEM-breh   noun   November
> Novembre non è l'ultimo mese dell'anno.
> November is not the last month of the year.

nulla   NU-lah   noun (masc.)   nothing
> Che hai nella tasca? Nulla.
> What do you have in your pocket? Nothing.

il numero   NU-meh-ro   noun (masc.)   number
> Qual'è il suo numero di telefono?
> What is your telephone number?

nuotare   nuo-TA-reh   verb   to swim
> io nuoto   noi nuotiamo
> tu nuoti   voi nuotate
> Lei nuota   Loro nuotano
> A Giovanni piace nuotare ogni giorno.
> John likes to swim every day.

nuovo   NUO-vo   adjective   new
> La mia bicicletta è nuova.
> My bicycle is new.

la nuvola   NU-voh-la   noun (fem.)   cloud
> Il sole è dietro una nuvola.
> The sun is behind a cloud.

O

o   O   conjunction   or
> Vuole delle pesche o delle mele?
> Do you want some peaches or some apples?

l'occhio   O-chyo   noun (masc.), sing.   eye
> Il gatto ha un occhio azzurro e uno verde.
> The cat has one blue eye and one green one.

gli occhi O-chee noun (masc.), pl. eyes
Di che colore sono i tuoi occhi?
What color are your eyes?

gli occhiali noun (masc.), pl. eyeglasses
o-CHYA-lee
Attenzione! Tu ti rompi gli occhiali.
Be careful! You will break your glasses.

---

occupato o-ku-PA-to past participle busy, occupied
Mio fratello è occupato adesso; fa i suoi compiti.
My brother is busy now; he is doing his
homework.

---

l'oceano o-CHE-a-no noun (masc.) ocean
L'Oceano Atlantico è all'ovest della Francia?
Is the Atlantic Ocean to the west of France?

---

odiare o-DEEA-reh verb to hate, to detest
io odio noi odiamo
tu odi voi odiate
Lei odia Loro odiano
Io odio le mosche.
I hate flies.

---

offeso o-FEH-so adjective offended, angry,
displeased
Lui si è offeso oggi.
He was offended today.

---

oggi O-jee adverb today
Oggi è il dodici gennaio.
Today is January 12th.

---

ogni   O-nee   adjective   each, every
                Io metto una forchetta a ogni posto.
                I put a fork at each place.

---

ogni giorno   O-nee-JOR-no   adverb   every day
                Io vado a scuola ogni giorno.
                I go to school every day.

---

ognuno   o-NU-no   pronoun   everybody,
                                everyone
                Ognuno ama il sabato sera.
                Everyone loves Saturday night.

---

l'olio   O-leeo   noun (masc.)   oil
                Mamma, tu metti l'olio nell'insalata?
                Mother, are you putting oil in the salad?

---

l'ombra   OM-bra   noun (fem.)   shadow
                Gli alberi fanno ombra a mezzogiorno.
                The trees make shade at noon.

---

l'ombrello   om-BREH-lo   noun (masc.)   umbrella
                Non dimenticare l'ombrello.
                Do not forget your umbrella.

---

l'onda   ON-da   noun (fem.)   wave
                Io vedo le onde alla spiaggia.
                I see the waves at the beach.

---

l'ora   O-ra   noun (fem.)   hour, time
                Che ora è? È ora di pranzo.
                What time is it? It is the dinner hour.
                Sono le sette e trenta.
                It is 7:30.

---

ora   O-ra   adverb   now
                Devo andare ora.
                I must go now.

---

ordinare   or-dee-NA-reh   verb   to order
                io ordino   noi ordiniamo
                tu ordini   voi ordinate

Lei ordina   Loro ordinano
Nel ristorante, il babbo ordina il pranzo.
In the restaurant, Dad orders the meal.

---

l'orecchio   o-REH-cheeo   noun (masc.)   ear

Le orecchie del lupo sono lunghe.
The wolf's ears are long.

---

l'orlo   OR-lo   noun (masc.)   edge
L'orlo del fazzoletto è stracciato.
The edge (border) of the handkerchief is torn.

---

l'oro   O-ro   noun (masc.)   gold
Vorrei avere un anello d'oro.
I would like to have a gold ring.

---

l'orologio   o-ro-LO-jo   noun (masc.)   watch
Che peccato, il mio orologio non funziona.
What a pity, my watch doesn't work.

---

l'orso   OR-so   noun (masc.)   bear
Gli orsi giocano nell'acqua.
The bears play in the water.

---

l'ospedale   noun (masc.)   hospital
      os-peh-DA-leh
L'infermiera lavora nell'ospedale.
The nurse works in the hospital.

---

ottanta   o-TAN-ta   adjective   eighty
         Io ho ottanta libri.
         I have eighty books.

---

otto   O-to   adjective   eight
         Io ho otto insetti.
         I have eight insects.

---

ottobre   o-TO-breh   noun   October
         Fa fresco in ottobre.
         It's cool in October.

---

l'ovest   O-vehst   noun (masc.)   west
         Quando vado da Venezia verso Milano, vado
         verso l'ovest.
         When I go from Venice toward Milan, I go toward
         the west.

---

ovunque   o-VUN-kweh   adverb   everywhere
         Ovunque vado trovo la stessa cosa.
         Everywhere I go, I find the same thing.

P

---

il pacco   PA-ko   noun (masc.)   package
         Che c'è nel pacco?
         What is in the package?

---

il padre   PA-dreh   noun (masc.)   father
         Mio padre è postino.
         My father is a mailman.

---

il paese   pa-E-zeh   noun (masc.)   country, town
         Come si chiama il paese all' est d'Italia?
         What is the name of the country to the east of
         Italy?

---

pagare   pa-GA-reh   verb   to pay (for)
         io pago   noi paghiamo
         tu paghi   voi pagate

Lei paga   Loro pagano
La mamma paga la carne al macellaio.
Mother pays the butcher for the meat.

---

la pagina PA-jee-na   noun (fem.)   page

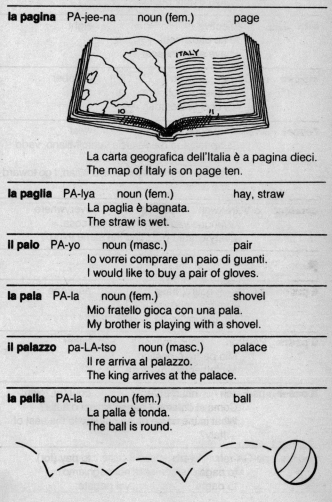

La carta geografica dell'Italia è a pagina dieci.
The map of Italy is on page ten.

---

la paglia PA-lya   noun (fem.)   hay, straw
La paglia è bagnata.
The straw is wet.

---

il paio PA-yo   noun (masc.)   pair
Io vorrei comprare un paio di guanti.
I would like to buy a pair of gloves.

---

la pala PA-la   noun (fem.)   shovel
Mio fratello gioca con una pala.
My brother is playing with a shovel.

---

il palazzo pa-LA-tso   noun (masc.)   palace
Il re arriva al palazzo.
The king arrives at the palace.

---

la palla PA-la   noun (fem.)   ball
La palla è tonda.
The ball is round.

la pallacanestro noun (fem.) basketball
pa-la-ka-NES-tro
Il mio amico gioca a pallacanestro.
My friend plays basketball.

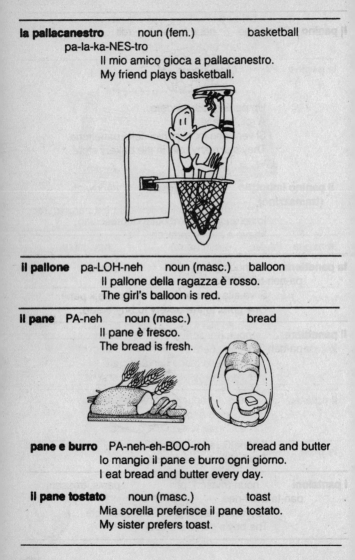

il pallone pa-LOH-neh noun (masc.) balloon
Il pallone della ragazza è rosso.
The girl's balloon is red.

il pane PA-neh noun (masc.) bread
Il pane è fresco.
The bread is fresh.

pane e burro PA-neh-eh-BOO-roh bread and butter
Io mangio il pane e burro ogni giorno.
I eat bread and butter every day.

il pane tostato noun (masc.) toast
Mia sorella preferisce il pane tostato.
My sister prefers toast.

il panino   PA-nee-no   noun (masc.)   roll

Un panino, per piacere.
A roll, please.
Si vendono molti panini nella panetteria.
They sell many rolls in the bakery store.

il panino imbottito   noun (masc.)   sandwich
(tramezzino)

Io ho un panino imbottito di prosciutto.
I have a ham sandwich.

la panetteria   noun (fem.)   bakery
pa-neh-teh-REE-a
Si va alla panetteria per comprare il pane.
One goes to the bakery to buy bread.

il panettiere   noun (masc.)   baker
pa-neh-TYE-reh

Il panettiere fa il pane.
The baker makes bread.

i pantaloni   noun (masc.), pl.   pants, trousers
pan-ta-LOH-nee
I pantaloni del ragazzo sono sporchi.
The boy's pants are dirty.

---

il papà paPA   noun (masc.)   dad
Papà vieni qua, per piacere.
Dad, come here please.

---

il pappagallo   noun (masc.)   parrot
pa-pa-GA-lo
Un pappagallo è il mio animale preferito.
A parrot is my favorite animal.

---

il paracaduto   noun (masc.)   parachute
pa-ra-ka-DU-to
È pericoloso saltare da un apparecchio in
paracaduto?
Is it dangerous to jump from a plane with a
parachute?

---

la parata pa-RA-ta   noun (fem.)   parade
Noi marciamo nella parata.
We are marching in the parade.

---

il parco PAR-ko   noun (masc.)   park
Il parco è qui vicino.
The park is near here.

il parco di ricreazione   noun (masc.) playground
par-ko-dee-ree-krey-A-tzeeoh-neh
Il parco di ricreazione è vicino a casa mia.
The playground is near my house.

---

parecchi pa-REH-chee   adjective   several
Ci sono parecchie macchine nella strada.
There are several cars in the street.

---

la parete pa-REH-teh   noun (fem.)   wall (of a room)
C'è un quadro della "Mona Lisa" sulla parete del
salotto.
There is a picture of the "Mona Lisa" on the living
room wall.

---

parlare par-LA-reh verb to speak, to talk
io parlo noi parliamo
tu parli voi parlate
Lei parla Loro parlano
Noi parliamo del film alla televisione.
We are talking about the film on television.

---

la parola pa-ROH-la noun (fem.) word
Io penso a una parola che comincia con la lettera "A."
I'm thinking of a word that begins with the letter "A."

---

il parrochetto noun (masc.) parakeet
pa-ro-KEH-to
Noi abbiamo due bei parrochetti.
We have two beautiful parakeets.

---

la parte PAR-teh noun (fem.) part
Voglio interpretare la parte del principe.
I want to play the part of the prince.

---

partire par-TEE-reh verb to go, to leave
io parto noi partiamo
tu parti voi partite
Lei parte Loro partono
Mia zia parte alle cinque.
My aunt is leaving at 5 o'clock.

123

passare pa-SA-reh verb to pass, to spend
io passo noi passiamo
tu passi voi passate
Lei passa Loro passano
L'automobile passa il camion.
The car passes the truck.
Lei passa due settimane in campagna.
You spend two weeks in the country.

passeggiare pa-seh-JA-reh verb to stroll, to walk
io passeggio noi passeggiamo
tu passeggi voi passeggiate
Lei passeggia Loro passeggiano
Io passeggio con Marta ogni giorno.
I stroll with Martha every day.

la pasta PAS-ta noun (fem.) macaroni (pasta)
La pasta piace a tutti gl'Italiani.
All Italians like pasta.

il pasticcino noun (masc.) cookie
pas-tee-CHEE-no
Il pasticcino è buono.
The cookie is good.

il pasto PAS-to noun (masc.) meal
Quale pasto preferisce Lei?
Which meal do you prefer?

la patata pa-TA-ta noun (fem.) potato
La patata è pesante.
The potato is heavy.

pattinare pa-tee-NA-reh verb to skate
io pattino noi pattiniamo
tu pattini voi pattinate
Lei pattina Loro pattinano
Andiamo a pattinare!
Let's go skating!

pattinare sul ghiaccio verb to ice skate
    Durante l'inverno si può pattinare sul ghiaccio.
    During the winter, one can ice skate.

i pattini a ghiaccio noun (masc.), pl. ice skates
  PA-tee-nee-a-GEEA-cho
    I pattini a ghiaccio sono nuovi.
    The ice skates are new.

i pattini a rotelle noun (masc.), pl. roller skates
  PA-tee-nee-a-roh-TEH-le
    Io non ho i pattini a rotelle.
    I do not have roller skates.

---

la paura pa-U-ra noun (fem.) fear
avere paura idiom to be frightened
    Lei ha paura della tempesta?
    Are you afraid of the storm?

---

il pavimento noun (masc.) floor
  pa-vee-MEHN-to
    La penna cade sul pavimento pulito.
    The pen falls on the clean floor.

---

pazzo PA-tso adjective mad, crazy
    L'uomo è pazzo.
    The man is mad.

---

la pecora PEH-ko-ra noun (fem.) sheep
    La pecora è nel campo.
    The sheep is in the field.

---

la pelle PEH-leh noun (fem.) skin
    Il sole mi brucia la pelle quando mi faccio un
      bagno di sole.
    The sun burns my skin when I take a sunbath.

---

la pellicola noun (fem.) film, movie
  peh-lee-KOH-la
    La pellicola è nuova.
    The film is new.

---

la penna   PEH-na   noun (fem.)   pen
Io lascio sempre la penna a casa.
I always leave my pen home.

---

la penna a sfera   noun (fem.)   ballpoint pen
PEH-na-SFEH-rah
Io scrivo con la penna a sfera.
I write with a ballpoint pen.

---

pensare   pen-SA-reh   verb   to think

io penso	noi pensiamo
tu pensi	voi pensate
Lei pensa	Loro pensano

Io penso andare alla casa del mio amico. Va bene?
I am thinking of going to my friend's house. Is that all right?

---

per   PEHR   preposition   by
Lui arriverà per le tre.
He will arrive by three o'clock.

per   PEHR   preposition   for
Per dolce, lei prende gelato di cioccolato.
For dessert, she is having chocolate ice cream.
Lui lesse il libro per più di un'ora.
He read the book for more than an hour.

per   PEHR   preposition   in order to
Va al negozio per comprare le calze.
She goes to the store to buy stockings.

per piacere   pehr-peea-CHEH-reh   idiom   please
Per piacere mi dia un lapis, Signor Romano.
Please give me a pencil, Mr. Romano.

per sempre   pehr-SEM-preh   adverb   forever
Lui disse "Addio, per sempre."
He said "Good-bye forever."

---

la pera   PEH-ra   noun (fem.)   pear
È matura la pera?
Is the pear ripe?

---

perchè   pehr-KEH   conjunction   because
Non vado al cinema perchè non ho soldi.
I'm not going to the movies because I have no money.

perchè   pehr-KEH   interrogative   why
Perchè sei in ritardo?
Why are you late?

---

perdere   PEHR-deh-reh   verb   to lose

io perdo	noi perdiamo
tu perdi	voi perdete
Lei perde	Loro perdono

Giovanni perde sempre il cappello.
John always loses his hat.

---

pericoloso   peh-ree-ko-LO-so   adjective   dangerous
È pericoloso correre nella strada a prendere la palla.
It is dangerous to run into the street to get the ball.

---

permesso   pehr-MEH-so   adverb   excuse me
Permesso, posso entrare?
Excuse me, may I enter?

---

il permesso noun (masc.) permission, permit
pehr-MEH-so

>Hai il permesso di andare in campagna?
>Do you have permission to go to the country?

---

permettere pehr-MEH-teh-reh verb to let, to permit, to allow

io permetto	noi permettiamo
tu permetti	voi permettete
Lei permette	Loro permettono

>Mio fratello mi permette di andare con lui.
>My brother lets me go with him.

---

la persona pehr-SOH-na noun (fem.) person, people

>Ci sono sette persone nella mia famiglia.
>There are seven people in my family.

---

pesante peh-ZAN-teh adjective heavy

>La valigia è molto pesante.
>The suitcase is very heavy.

---

la pesca PEH-ska noun (fem.) peach

>Le pesche si mangiano d'estate.
>People eat peaches in the summer.

---

la pesca PEH-ska noun (fem.) fishing, fish (catch of)

>La pesca non è andata bene oggi.
>Fishing was not good today.

andare a pescare verb to go fishing

>Noi andiamo a pescare.
>We go fishing.

la vasca da pesci noun (fem.) fish tank

>Ci sono alcuni pesci nella vasca da pesci.
>There are some fish in the fish tank.

---

il pesce PEH-scheh noun (masc.) fish

>Ci sono molti pesci in questo lago.
>There are many fish in this lake.

---

il pesce rosso   noun (masc.)   goldfish
PEH-scheh-RO-so
   Io ho cinque pesci rossi.
   I have five goldfish.

---

la peschiera pehs-KEEH-ra   noun (fem.) aquarium
   Ci sono dei pesci nella peschiera.
   There are some fish in the aquarium.

---

pettinarsi peh-tee-NAR-see   verb   to comb one's hair
   io mi pettino   noi ci pettiniamo
   tu ti pettini   voi vi pettinate
   Lei si pettina   Loro si pettinano

   Lei si pettina i capelli spesso.
   She combs her hair often.

---

il pettine PEH-tee-neh   noun (masc.)   comb
   Dov'è il mio pettine?
   Where is my comb?

---

il pezzo PEH-tzo   noun (masc.)   piece
   Voglio un pezzo di formaggio.
   I want a piece of cheese.

---

piacciono peea-CHEEOH-no   verb   to like (pleasing to)
   Mi piacciono i libri.
   I like the books.

---

piacere peea-CHEH-reh   verb   **to like (pleasing to)**
   All'uomo piace il vino.
   The man likes wine.

---

il piacere   noun (masc.)   pleasure
       peea-CHEH-reh
          Viene con noi? Con piacere!
          Are you coming with us? With pleasure!

---

piacevole   adjective   nice, pleasing
       peea-CHEH-voh-leh
          Quella è una canzone piacevole.
          That is a pleasing song.

---

il pianeta   peea-NEH-ta   noun (masc.)   planet
          Conosci tu i nomi di tutti i pianeti?
          Do you know the names of all the planets?

---

piangere   PEEAN-jeh-reh   verb   to cry, to weep
          io piango   noi piangiamo
          tu piangi   voi piangete
          Lei piange   Loro piangono
          Io piango quando qualcuno mi fa dispetti.
          I cry when somebody teases me.

---

piano   pee-A-noh   adjective   flat
          Il campo è piano.
          The field is flat.

---

piano   PEEA-no   adverb   softly, quietly

    pian piano   PEEAN-PEEAH-noh   adverb   softly
          **Cammina pian piano. La mamma ha un mal di
             testa.**
          Walk softly. Mother has a headache.

---

il piano   PEEA-no   noun (masc.)   floor (of a building)
          Il nostro appartamento è al primo piano.
          Our apartment is on the first floor.

    il pianterreno   noun (masc.)   ground floor
          Il pianterreno è sempre pulito.
          The ground floor is always clean.

---

il pianoforte   noun (masc.)   piano
        peea-no-FOR-teh
  suonare il pianoforte   verb   to play the piano
            Chi suona il pianoforte in tua famiglia?
            Who plays the piano in your family?

---

la pianta   PEEAN-ta   noun (fem.)   plant
            Ci sono cinque piante nell'aula.
            There are five plants in the classroom.

---

il piattino   peea-TEE-no   noun (masc.)   saucer
            La donna mette la tazza sul piattino.
            The lady puts the cup on the saucer.

---

il piatto   PEEA-to   noun (masc.)   dish, plate
            Tu lavi i piatti a casa tua?
            Do you wash the dishes at your house?

---

la piazza   PEEA-tsa   noun (fem.)   plaza, square
            Piazza Navona ha tre grandi fontane.
            Piazza Navona has three large fountains.

---

la piccola colazione   noun (fem.)   breakfast
        PEE-ko-la ko-la-TZEEOH-neh
            La piccola colazione si mangia presto.
            Breakfast is eaten early.

---

piccolo   PEE-ko-lo   adjective   little, small
            Il ragazzo è piccolo.
            The boy is small.

---

il piede   PYEH-deh   noun (masc.)   foot

andare a piedi   verb   to walk, to go on foot

Noi andiamo al museo a piedi.
We walk to the museum.

avere male al piede   verb   to have a sore foot

Non posso camminare, ho un male al piede.
I cannot walk, I have a sore foot.

---

pieno   PYEH-no   adjective   full

La valigia è piena di panni.
The suitcase is full of clothes.

---

la pietra   PYEH-tra   noun (fem.)   stone, rock

Ci sono molte pietre nel parco.
There are many stones in the park.

---

i pigiama   pee-JA-ma   noun (masc.), pl.   pajamas

Io mi metto i pigiama alle dieci di sera.
I put on my pajamas at 10 o'clock at night.

---

pigro   PEE-gro   adjective   lazy

Il ragazzo è pigro.
The boy is lazy.

---

il pilota   pee-LOH-ta   noun (masc.)   pilot

Mio cugino è pilota.
My cousin is a pilot.

---

piove   PEEOH-veh   idiom   it is raining

Piove molto nel mese di aprile.
It rains a great deal in the month of April.

---

piovere   PEEO-veh-reh   verb   to rain

Crede Lei che pioverà?
Do you think it will rain?

---

il piroscafo   noun (masc.)   steamship
pee-ROS-ka-fo

Il piroscafo attraversa l'oceano Atlantico.
The steamship crosses the Atlantic Ocean.

---

la piscina pee-SHEE-na noun (fem.) swimming pool
La piscina è grande.
The pool is large.

---

i piselli pee-SEH-lee noun (masc.), pl. peas
I piselli sono verdi.
Peas are green.

---

un poco, un po' PO-ko adjective little, a bit of
Vuole della minestra? Un po', per piacere.
Do you want any soup? A little, please.

---

poi POEE adverb then
Arrivò prima Maria, poi arrivò Giovanni.
First Mary arrived, then John arrived.

---

il pollo POH-lo noun (masc.) chicken
Che si mangia stasera? Il pollo.
What are we eating tonight? Chicken.

---

la poltrona pol-TROH-na noun (fem.) armchair
Mi piace usare la poltrona rossa.
I like to use the red armchair.

Il pomeriggio noun (masc.) afternoon
po-meh-REE-jo

Sono le due del pomeriggio.
It is 2 o'clock in the afternoon.

Il pomo POH-mo noun (masc.) knob, doorknob
Il pomo è d'argento.
The doorknob is made of silver.

Il pomodoro noun (masc.) tomato
po-mo-DO-ro
Il pomodoro è rosso quando è maturo.
The tomato is red when it is ripe.

---

la pompa antincendio   noun (fem.)   fire truck
      pom-pan-teen-CHEHN-deeo
         La pompa antincendio fa molto rumore.
         The fire truck makes a lot of noise.

---

il pompelmo   noun (masc.)   grapefruit
      pom-PEHL-mo
         Il pompelmo non è dolce.
         The grapefruit is not sweet.

---

il ponte PON-teh   noun (masc.)   bridge
         Dov'è il Ponte dei Sospiri?
         Where is the Bridge of Sighs?

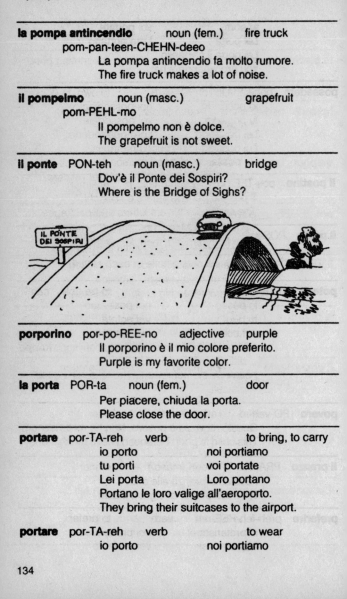

---

porporino por-po-REE-no   adjective   purple
         Il porporino è il mio colore preferito.
         Purple is my favorite color.

---

la porta POR-ta   noun (fem.)   door
         Per piacere, chiuda la porta.
         Please close the door.

---

portare por-TA-reh   verb   to bring, to carry
         io porto   noi portiamo
         tu porti   voi portate
         Lei porta   Loro portano
         Portano le loro valige all'aeroporto.
         They bring their suitcases to the airport.

---

portare por-TA-reh   verb   to wear
         io porto   noi portiamo

tu porti	voi portate
Lei porta	Loro portano

Lei porta il cappello.
You are wearing a hat.

---

possedere poh-seh-DE-reh   verb   to own, to possess

io possiedo	noi possediamo
tu possiedi	voi possedete
Lei possiede	Loro possiedono

Lui possiede una buona memoria.
He possesses a good memory.

---

il postino pos-TEE-no   noun (masc.)   mailman

Il postino porta le lettere e i pacchi.
The mailman delivers letters and packages.

---

il posto POS-to   noun (masc.)   setting (table)

Mio cugino mette un coltello a ogni posto.
My cousin puts a knife at each setting.

---

potere po-TEH-reh   verb   to be able, "can"

io posso	noi possiamo
tu puoi	voi potete
Lei può	Loro possono

Non posso fare il compito. Le lezioni sono troppo
   difficili.
I can't do the homework. The lessons are too
   difficult.

---

povero PO-veh-ro   adjective   poor

Questo ragazzo è povero. Non ha molto denaro.
This child is poor. He doesn't have much money.

---

il pranzo PRAN-zo   noun (masc.)   dinner

Facciamo pranzo alle otto.
We have dinner at eight o'clock.

---

preferire preh-feh-REE-reh   verb   to prefer

io preferisco	noi preferiamo
tu preferisci	voi preferite

135

Lei preferisce   Loro preferiscono
Preferisci la città o la campagna?
Do you prefer the city or the country?

---

preferito   preh-feh-REE-to   adjective   preferred, favorite
Qual'è il tuo giocattolo preferito?
Which is your favorite toy?

---

prego   PREH-go   interjection   you are welcome
Grazie per la gentilezza! Prego!
Thank you for the kindness! You're welcome!

---

prendere   PREHN-deh-reh   verb   to have (food), to take

io prendo   noi prendiamo
tu prendi   voi prendete
Lei prende   Loro prendono
La mamma prende il pane tostato per prima colazione.
Mother has toast for breakfast.

---

preparare   preh-pa-RA-reh   verb   to prepare

io preparo   noi prepariamo
tu prepari   voi preparate
Lei prepara   Loro preparano
Mia sorella prepara l'insalata.
My sister prepares the salad.

---

presentare   preh-zehn-TA-reh   verb   to introduce, to present

io presento   noi presentiamo
tu presenti   voi presentate
Lei presenta   Loro presentano
Ti vorrei presentare mio nipote.
I would like to present my nephew to you.

---

presente   preh-ZEHN-teh   adjective   present
Paolo non è presente oggi.
Paul is not present today.

---

presente preh-ZEHN-teh adjective here, present
> La mia amica Giovanna è presente; la mia amica Susanna è assente.
> My friend Joan is present; my friend Susan is absent.

---

il presidente noun (masc.) president
preh-zee-DEHN-teh
> Il presidente degli Stati Uniti abita a Washington.
> The President of the U.S. lives in Washington.

---

prestare prehs-TA-reh verb to lend, to borrow

io presto	noi prestiamo
tu presti	voi prestate
Lei presta	Loro prestano

> Mi puoi prestare la gomma?
> Can you lend me the eraser?

---

presto PREHS-to adverb early
> Noi ci alziamo presto per andare in città.
> We get up early to go into the city.

---

presto PREHS-to adverb quickly, soon
> Lui finirà il lavoro presto.
> He will finish the work quickly.

---

prima di PREE-ma-dee adverb before
> Il professore arriva prima degli studenti.
> The professor arrives before the students.

---

la primavera noun (fem.) spring
pree-ma-VEH-ra
> Si vedono molti fiori di primavera.
> We can see many spring flowers.

---

primo PREE-mo adjective first
> La piccola colazione è il primo pasto del giorno.
> Breakfast is the first meal of the day.

---

il principe   noun (masc.)   prince
       PREEN-chee-peh

  la principessa   noun (fem.)   princess
       preen-chee-PEH-sa
         Il principe e la principessa sono nel giardino.
         The prince and the princess are in the garden.

---

prodigioso   pro-dee-JO-so   adjective   wonderful,
                                            prodigious
       Lui ha fatto una cosa prodigiosa.
       He did a wonderful thing.

---

il professore   noun (masc.)   professor
       pro-feh-SO-reh
       Il professore è in classe.
       The professor is in class.

  la professoressa   noun (fem.)   professor
       pro-feh-so-REH-sa
       La professoressa non è qui oggi.
       The professor is not here today.

---

profondo   pro-FON-do   adjective   deep
       È profonda la piscina?
       Is the pool deep?

è proibito   eh-proee-BEE-to   idiom   it is forbidden
       È proibito fare questo.
       It is forbidden to do this.

---

promettere pro-MEH-teh-re verb to promise
io prometto ... noi promettiamo
tu prometti ... voi promettete
Lei promette ... Loro promettono
Io prometto di fare i miei compiti.
I promise to do my homework.

---

pronto PRON-to adjective ready
È pronto Lei? Noi siamo in ritardo.
Are you ready? We are late.

---

proprio PROH-preeo adjective own
Non è il libro di mia sorella; è il mio proprio libro.
It is not my sister's book; it is my own book.

---

il prosciutto pro-SHU-to noun (masc.) ham
Vuole un po' di prosciutto nel suo panino?
Do you want some ham on your roll?

---

prossimo PROH-see-mo adjective next
La maestra dice, "La prossima settimana faremo un esame."
The teacher says, "Next week we will have an exam."

---

proteggere pro-TEH-jeh-reh verb to protect, to guard
io proteggo ... noi proteggiamo
tu proteggi ... voi proteggete
Lei protegge ... Loro proteggono
La polizia protegge la gente.
The police protect the people.

---

provare pro-VA-reh verb to try
io provo ... noi proviamo
tu provi ... voi provate
Lei prova ... Loro provano
Lei prova di portare il pacco pesante.
You try to carry the heavy package.

139

---

pulire   pu-LEE-reh   verb   to clean
   io pulisco   noi puliamo
   tu pulisci   voi pulite
   Lei pulisce   Loro puliscono
   Aiuti tu a tua madre a pulire la casa?
   Do you help your mother to clean the house?

---

pulito   pu-LEE-toh   adjective   clean
   Le mie mani sono pulite.
   My hands are clean.

---

pungere   PUN-jeh-reh   verb   to bite (insect),
   to sting
   io pungo   noi pungiamo
   tu pungi   voi pungete
   Lei punge   Loro pungono
   Alle zanzare piace pungermi.
   Mosquitoes like to bite me.

---

punire   pu-NEE-reh   verb   to punish
   io punisco   noi puniamo
   tu punisci   voi punite
   Lei punisce   Loro puniscono
   La madre punisce il ragazzo.
   The mother punishes the boy.

---

può darsi   puo-DAR-see   idiom   maybe
   Andiamo a cavallo stamani? Può darsi!
   Are we going horseback riding this morning?
   Maybe!

---

può essere   puo-EH-seh-reh   idiom   perhaps
   Può essere che arriveremo a tempo.
   Perhaps we shall arrive on time.

Q

il quaderno   kwa-DEHR-no   noun (masc.)   notebook
   Lei fa i suoi compiti in un quaderno.
   She does her homework in a notebook.

---

quadro KWA-dro   adjective   square
> La scatola è quadra.
> The box is square.

qualche KWAL-keh   adjective   some, several
> C'è qualche sedia nel salotto.
> There are several chairs in the living room.

qualche cosa   pronoun   something
KWAL-keh-KO-za
> C'è qualche cosa in questo cassetto.
> There is something in this drawer.

qualche volta   adverb   sometimes
KWAL-keh-VOL-ta
> Qualche volta non sono beneducato.
> Sometimes, I am not well-behaved.

qualcuno kwal-KU-no   pronoun   somebody, someone
> Qualcuno è nel ristorante.
> Somebody is in the restaurant.

quale KWA-leh   pronoun   which
> Quale preferisce?
> Which do you prefer?

la qualità kwa-lee-TA   noun (fem.)   quality
> Questa stoffa è di buona qualità.
> This material is of good quality.

quando KWAN-do   pronoun   when
> Io leggo un libro quando piove.
> I read a book when it rains.

quanti KWAN-tee   interrogative   how many
> Quanti giocattoli hai?
> How many toys do you have?
>
> Quanti anni ha Lei? Io ho otto anni.
> How old are you? I am eight years old.

---

la quantità kwan-tee-TA   noun (fem.)   quantity
Lui ha una gran quantità di libri a casa.
He has a large quantity of books at home.

---

quanto KWAN-to   interrogative   how much
Quanto lavoro ha finito?
How much work have you finished?

---

quaranta kwa-RAN-ta   adjective   forty
Conosce Lei la storia dei quaranta briganti?
Do you know the story of the forty thieves?

---

il quarto KWAR-to   noun (masc.)   quarter
Sono le sette e un quarto.
It is a quarter past seven.

---

quasi KWA-zee   adverb   almost
Sono quasi le sei.
It is almost 6 o'clock.

---

quattordici   adjective   fourteen
kwa-TOR-dee-chee
Il quattordici luglio è la festa nazionale francese.
July 14th is the French national holiday.

---

quattro KWA-tro   adjective   four
Ci sono quattro persone nella mia famiglia.
There are four people in my family.

---

quello KWEH-lo   pronoun   that of, the one
Ecco una penna rossa. Quella di mio padre è
    gialla.
Here is a red pen. My father's is yellow.

---

quello, questo KWEHS-to   pronoun   this, that
Non mi piace questo.
I don't like this.

---

questa   adjective (fem.), sing.   this
KWEHS-ta
  queste   adjective (fem.), pl.   these
KWEHS-teh

questo   adjective (masc.), sing.   this
    KWEHS-to
questi   adjective (masc.), pl.   these
    KWEHS-tee
    Questa ragazza è beneducata.
    This girl is well-behaved.
    Questo libro è nuovo.
    This book is new.
    Questi ragazzi sono bravi.
    These boys are nice.
    Queste tavole sono rotte.
    These tables are broken.

qui KWEE   adverb   here
    La mia amica Giovanna è qui.
    My friend Joan is here.

quieto KYE-to   adjective   quiet
    La ragazza è quieta.
    The girl is quiet.

quindici KWEEN-dee-chee   adjective   fifteen
    Oggi è il quindici luglio.
    Today is July 15th.

R

raccontare ra-kon-TA-reh   verb   to tell, to recount
    io racconto   noi raccontiamo
    tu racconti   voi raccontate
    Lei racconta   Loro raccontano
    Io racconto la storia del mio viaggio.
    I tell the story of my trip.

il racconto ra-KON-to   noun (masc.)   story, tale
    Leggimi il racconto di "I tre gattini."
    Read me the story of "The Three Kittens."

la radio RA-deeo   noun (masc.)   radio
    La radio non funziona.
    The radio doesn't work.

---

il raffreddore   noun (masc.)   cold (illness)
          ra-freh-DO-reh
               Ho un terribile raffreddore.
               I have a terrible cold.

---

la ragazza   ra-GA-tza   noun (fem.)   girl

               La ragazza gioca con la bambola.
               The little girl plays with the doll.

---

i ragazzi   ra-GA-tsee   noun (masc.), pl.   children
               I ragazzi sono a letto.
               The children are in bed.

---

il ragazzo   ra-GA-tzo   noun (masc.)   boy
               Il ragazzo gioca con la sorella.
               The boy plays with his sister.

---

la ragione   ra-JO-neh   noun (fem.)   reason, right
               La nonna ha sempre ragione.
               Grandmother is always right.

---

il ragno   RA-no   noun (masc.)   spider
               Chi ha paura di un ragno?
               Who is afraid of a spider?

---

il ramo   RA-mo   noun (masc.)   branch (of a tree)
               Il ramo dell'albero è caduto.
               The tree branch has fallen.

---

la rana   RA-na   noun (fem.)   frog
La rana è verde.
The frog is green.

---

rapido   RA-pee-do   adjective   fast, rapid
Il treno è rapido.
The train is fast.

---

rappresentare   verb   to represent
ra-preh-sehn-TA-reh

io rappresento	noi rappresentiamo
tu rappresenti	voi rappresentate
Lei rappresenta	Loro rappresentano

Lui rappresenta il governo.
He represents the government.

---

raschiare   ra-SKEEA-reh   verb   to erase, to scrape

io raschio	noi raschiamo
tu raschi	voi raschiate
Lei raschia	Loro raschiano

Il ragazzo raschia lo sbaglio.
The boy erases the mistake.

---

il razzo   RA-tzo   noun (masc.)   rocket ship
Vanno alla luna in un razzo.
They go to the moon in a rocket ship.

---

il re   REH   noun (masc.)   king
C'è un re in Italia? No, c'è un presidente.
Is there a king in Italy? No, there is a president.

---

il regalo   re-GA-lo   noun (masc.)   gift, present
Ecco un regalo per il tuo compleanno.
Here is a present for your birthday.

---

la regina   re-JEE-na   noun (fem.)   queen
La regina è seduta vicino al re.
The queen is sitting next to the king.

---

il registratore   noun (masc.)   tape recorder
      reh-jees-tra-TOH-reh
           Il maestro usa un registratore in classe.
           The teacher uses a tape recorder in class.

---

la regola REH-go-la   noun (fem.)   rule
           Dobbiamo obbedire le regole.
           We must obey the rules.

---

restare reh-STA-reh   verb   to stay, to remain
           io resto   noi restiamo
           tu resti   voi restate
           Lei resta   Loro restano
           Noi restiamo a casa oggi.
           We stay at home today.

---

restituire reh-stee-TUEE-reh   verb   to give back, to
                                      return
           io restituisco   noi restituiamo
           tu restituisci   voi restituite
           Lei restituisce   Loro restituiscono
           Lui mi restituisce i pattini a rotelle.
           He gives me back my roller skates.

---

ricco REE-ko   adjective   rich, wealthy
           La donna ricca porta i gioielli.
           The rich woman wears jewels.

---

ricevere ree-CHEH-veh-reh   verb   to receive, to get
           io ricevo   noi riceviamo
           tu ricevi   voi ricevete
           Lei riceve   Loro ricevono
           Io ricevo una cartolina da mia sorella.
           I receive a card from my sister.

---

ricordare ree-kor-DA-reh   verb   to remember
           io ricordo   noi ricordiamo
           tu ricordi   voi ricordate
           Lei ricorda   Loro ricordano

Non posso ricordare il nome di quest'edificio.
I cannot remember the name of this building.

---

ridere REE-deh-reh verb to laugh

io rido	noi ridiamo
tu ridi	voi ridete
Lei ride	Loro ridono

Lui ride quando guarda gli orsi.
He laughs when he looks at the bears.

---

riempire ryem-PEE-reh verb to fill

io riempio	noi riempiamo
tu riempi	voi riempite
Lei riempie	Loro riempiono

Stefano riempie la scatola di carta.
Stephen fills the box with paper.

---

la riga REE-ga noun (fem.) ruler

La riga è lunga.
The ruler is long.

---

rimanere ree-ma-NEH-reh verb to remain, to stay

io rimango	noi rimaniamo
tu rimani	voi rimanete
Lei rimane	Loro rimangono

Lui rimane a scuola fino a tardi.
He remains at school until late.

---

rimproverare verb to scold
reem-pro-veh-RA-reh

io rimprovero   noi rimproveriamo
tu rimproveri   voi rimproverate
Lei rimprovera   Loro rimproverano
Lui ha vergogna perchè la madre lo rimprovera.
He is ashamed because his mother scolds him.

---

rimuovere   ree-MUO-veh-reh   verb   to remove

io rimuovo   noi rimoviamo
tu rimuovi   voi rimovete
Lei rimuove   Loro rimuovono
Io rimuovo la sedia da qui e la metto la.
I remove the chair from here and I put it there.

---

riparare   ree-pa-RA-reh   verb   to fix, to repair

io riparo   noi ripariamo
tu ripari   voi riparate
Lei ripara   Loro riparano
Mio fratello ripara il giradischi.
My brother fixes the record player.

---

ripetere   ree-PEH-teh-reh   verb   to repeat

io ripeto   noi ripetiamo
tu ripeti   voi ripetete
Lei ripete   Loro ripetono
La maestra dice, "Ripetete la frase."
The teacher says, "Repeat the phrase."

---

riposarsi   ree-po-ZAR-see   verb   to rest

io mi riposo   noi ci riposiamo
tu ti riposi   voi vi riposate
Lei si riposa   Loro si riposano
Il ragazzo corre. Lui non vuole riposarsi.
The boy is running. He does not want to rest.

---

il ripostiglio   noun (masc.)   closet
     ree-pos-TEE-lyo
Il ripostiglio è vuoto.
The closet is empty.

---

risiedere ree-ZYE-deh-reh   verb   to reside, to live

io risiedo	noi risediamo
tu risiedi	voi risedete
Lei risiede	Loro risiedono

Dove risiede Lei?
Where do you live?

---

il riso REE-zo noun (masc.)   rice

Il riso è delizioso.
The rice is delicious.

---

rispondere rees-PON-deh-reh   verb   to answer, to reply

io rispondo	noi rispondiamo
tu rispondi	voi rispondete
Lei risponde	Loro rispondono

La ragazzina non può rispondere alla domanda.
The little girl cannot answer the question.

---

la risposta rees-POS-ta noun (fem.) answer, reply

Io scrivo la risposta corretta nel quaderno.
I write the correct answer in the notebook.

---

il ristorante   noun (masc.)   restaurant
rees-to-RAN-te

Il cameriere lavora in questo ristorante.
The waiter works in this restaurant.

---

ritornare ree-tor-NA-reh verb   to return, to go back

io ritorno	noi ritorniamo
tu ritorni	voi ritornate
Lei ritorna	Loro ritornano

Lui va alla lavagna e poi ritorna al suo posto.
He goes to the blackboard and then returns to his place.

---

il ritratto ree-TRA-to noun (masc.)   photograph, picture

Ci sono molti ritratti in questo libro.
There are many photographs in this book.

---

riuscire   ree-us-SCHEE-reh   verb   to succeed

io riesco	noi riusciamo
tu riesci	voi riuscite
Lei riesce	Loro riescono

Lui riesce a prendere un pesce.
He succeeds in catching a fish.

---

rivedere   ree-veh-DEH-reh   verb   to see again

io rivedo	noi rivediamo
tu rivedi	voi rivedete
Lei rivede	Loro rivedono

Io voglio rivedere il film.
I want to see the movie again.

---

la rivoltella   noun (fem.)   revolver, gun
ree-vol-TEH-la

Il poliziotto ha una rivoltella.
The policeman has a revolver.

---

rompere   ROM-peh-reh   verb   to break

io rompo	noi rompiamo
tu rompi	voi rompete
Lei rompe	Loro rompono

Il ragazzo rompe il bicchiere.
The boy breaks the glass.

---

rosa   ROH-za   adjective   pink

Il colore rosa ti sta bene.
You look good in pink.

---

il rosbif   rohz-BEEF   noun (masc.)   roast beef

Io vorrei un panino con rosbif, per piacere.
I would like a roast beef sandwich, please.

---

rosso   RO-so   adjective   red

Le automobili si fermano quando il semaforo è
rosso.
The cars stop when the light is red.

---

rotolare   ro-to-LA-reh   verb   to roll

         io rotolo   noi rotoliamo

         tu rotoli   voi rotolate

         Lei rotola   Loro rotolano

         Lui fa rotolare un barile lungo la strada.

         He rolls a barrel along the road.

---

la rotta   ROH-ta   noun (fem.)   route

         Che rotta fece Colombo per arrivare al nuovo
            mondo?

         What route did Columbus take to reach the New
            World?

---

rovesciare   ro-veh-SCHEEA-reh   verb   to overturn, to spill

         io rovescio   noi rovesciamo

         tu rovesci   voi rovesciate

         Lei rovescia   Loro rovesciano

         Il bambino rovescia il piatto.

         The child overturns the dish.

---

rubare   ru-BA-reh   verb   to steal

         io rubo   noi rubiamo

         tu rubi   voi rubate

         Lei ruba   Loro rubano

         Chi ha rubato la mia penna?

         Who has stolen my pen?

---

il rumore   ru-MO-reh   noun (masc.)   noise

         I tuoni fanno un gran rumore.

         Thunder makes a loud noise.

---

la ruota   RUO-ta   noun (fem.)   wheel
Mio zio aggiusta la ruota della mia bicicletta.
My uncle fixes the wheel on my bicycle.

S

il sabato   sa-BA-toh   noun (masc.)   Saturday
Facciamo un "pic-nic" sabato.
Let's have a picnic Saturday.

la sabbia   SA-bya   noun (fem.)   sand
Alla spiaggia, io mi siedo sulla sabbia.
At the beach, I sit on the sand.

il sacco   SA-ko   noun (masc.)   sack
Il sacco è bucato.
The sack has a hole in it.

saggio   SA-jo   adjective   wise
Il nonno è saggio.
Grandfather is wise.

la sala da bagno   noun (fem.)   bathroom
sa-lah-dah-BA-nyoh
La sala da bagno è grande.
The bathroom is large.

la sala da pranzo   noun (fem.)   dining room
SA-la-da PRAN-zo
La sala da pranzo è grande.
The dining room is large.

il sale   SA-leh   noun (masc.)   salt
Mi passi il sale per piacere.
Please pass me the salt.

salire   sa-LEE-reh   verb   to go up, to climb
io salgo   noi saliamo
tu sali   voi salite

Lei sale   Loro salgono
Noi saliamo la scala della casa.
We climb up the stairs of the house.

---

il salone   sa-LO-neh   noun (masc.)   living room
Il salone è scuro.
The living room is dark.

---

il salotto   sa-LOH-to   noun (masc.)   living room
Chi è nel salotto?
Who is in the living room?

---

saltare   sal-TA-reh   verb   to jump, to leap
io salto   noi saltiamo
tu salti   voi saltate
Lei salta   Loro saltano
Il ragazzo salta dalle scale.
The boy jumps from the stairs.

---

la salute   sa-LU-teh   noun (fem.)   health
La mamma dice, "I dolci non sono buoni per la salute."
Mother says, "Sweets are not good for your health."

---

salvare   sal-VA-reh   verb   to rescue, to save
io salvo   noi salviamo
tu salvi   voi salvate
Lei salva   Loro salvano
Lo zio mi salva quando io cado nell'acqua.
My uncle saves me when I fall into the water.

---

il sangue   SAN-gweh   noun (masc.)   blood
Mi fa male il ginocchio. Guarda il sangue.
My knee hurts. Look at the blood.

---

sano e salvo   SA-no-eh-SAL-vo   idiom   safe and sound
Io ritorno a casa sano e salvo.
I return home safe and sound.

153

---

sapere sa-PEH-reh verb to know, to know how to

io so	noi sappiamo
tu sai	voi sapete
Lei sa	Loro sanno

Io so andare in bicicletta.
I know how to ride a bicycle.

---

il sapone sa-POH-ne noun (masc.) soap

Non dimenticare il sapone.
Don't forget the soap.

---

il sarto SAR-to noun (masc.) tailor

Il mio vicino è sarto.
My neighbor is a tailor.

---

sbagliare sba-LYA-reh verb to mistake, to make a mistake.

io sbaglio	noi sbagliamo
tu sbagli	voi sbagliate
Lei sbaglia	Loro sbagliano

Lei sbaglia quando dice questo.
You are mistaken when you say this.

---

lo sbaglio SBA-lyo noun (masc.) mistake

Faccio degli sbagli quando scrivo in italiano.
I make mistakes when I write in Italian.

---

scagliare ska-LYA-reh verb to throw

io scaglio	noi scagliamo
tu scagli	voi scagliate
Lei scaglia	Loro scagliano

Lui mi scaglia un guanciale.
He throws a pillow at me.

---

la scala SKA-la noun (fem.) staircase

Mi piace saltare l'ultimo gradino della scala.
I like to jump over the last step of the staircase.

154

---

lo scantinato   noun (masc.)   basement, cellar
skan-tee-NA-to
> Ci sono alcuni pacchi nello scantinato.
> There are some packages in the basement.

---

la scarpa   SKAR-pa   noun (fem.)   shoe
> Le mie scarpe sono bagnate.
> My shoes are wet.

---

la scatola   SKA-toh-la   noun (fem.)   box
> La scatola è grande.
> The box is large.

---

scegliere   SHEH-lyeh-reh   verb   to choose

io scelgo	noi scegliamo
tu scegli	voi scegliete
Lei sceglie	Loro scelgono

> Nell'esame, scegliete la risposta corretta.
> In the exam, choose the correct answer.

---

scendere   SHEHN-deh-reh   verb   to go down, to descend

io scendo	noi scendiamo
tu scendi	voi scendete
Lei scende	Loro scendono

> L'uomo scende le scale.
> The man goes down the stairs.

---

la schiena   SKYEH-na   noun (fem.)   back
È Roberto? Non lo so. Vedo solamente la schiena.
Is it Robert? I don't know. I only see his back.

---

la scienza   SHYEHN-za   noun (fem.)   science
Mi piace andare alla classe di scienza.
I like to go to the science class.

---

la scienziata   noun (fem.)   scientist
shyehn-ZEEA-ta
La scienziata ha fatto una grande scoperta.
The scientist made a great discovery.

---

lo scienziato   noun (masc.)   scientist
shyehn-ZEEA-to
Io vorrei diventare scienziato.
I would like to become a scientist.

---

la scimmia   SHEE-meea   noun (fem.)   monkey
La scimmia mangia una banana.
The monkey eats a banana.

---

sciocco   SHEEO-ko   adjective   silly, foolish, stupid
È una storia sciocca.
It is a silly story.

---

scivolare   verb   to slip, to slide
shee-vo-LA-reh

io scivolo	noi scivoliamo
tu scivoli	voi scivolate
Lei scivola	Loro scivolano

Noi scivoliamo sul ghiaccio d'inverno.
We slip on the ice in winter.

---

scontento   skon-TEHN-to   adjective   unhappy
Lui è scontento perchè non può giocare alla palla.
He is unhappy because he cannot play ball.

---

la scopa SKOH-pa noun (fem.) broom
La Maria pulisce il pavimento con la scopa.
Mary cleans the floor with a broom.

---

la scrivania noun (fem.) desk
skree-va-NEEA
La scrivania della maestra è grande.
The teacher's desk is large.

---

scrivere SKREE-veh-reh verb to write
io scrivo noi scriviamo
tu scrivi voi scrivete
Lei scrive Loro scrivono
La maestra dice, "Scrivi la data alla lavagna."
The teacher says, "Write the date on the
   blackboard."

---

la scuola SKUOH-la noun (fem.) school
Il giovedì non andiamo a scuola.
We do not go to school on Thursdays.

---

scuotere SKUO-teh-reh verb to shake
io scuoto noi scuotiamo
tu scuoti voi scuotete
Lei scuote Loro scuotono
La maestra scuote il dito verso il ragazzo.
The teacher shakes her finger at the child.

157

scuro   SKU-ro   adjective   dark
        Ella porta un vestito azzurro scuro.
        She is wearing a dark blue suit.

scusi   SKU-zee   idiom   pardon me,
                                        excuse me
        Mi scusi! È Sua la borsa, non è vero?
        Pardon me! It's your bag, isn't it?

se   SEH   conjunction   if, whether
        Voglio sapere se vieni o no.
        I want to know whether you're coming or not.

se   SAY   pronoun   herself
        Venne da se.
        She came by herself.
        pronoun   himself
        Lui l'ha fatto da se.
        He did it by himself.

il secchio   SEH-kyo   noun (masc.)   pail, bucket
        Il contadino riempie il secchio di latte.
        The farmer fills the pail with milk.

secondo   seh-KON-do   preposition   according to
        Secondo mio fratello, nevicherà domani.
        According to my brother, it will snow tomorrow.

secondo   seh-KON-do   adjective   second
        Come si chiama il secondo mese dell'anno?
        What is the name of the second month of the
           year?

il secreto   seh-KRE-toh   noun (masc.)   secret
        Dimmi il secreto.
        Tell me the secret.

il sedano   SEH-da-no   noun (masc.)   celery
        La mamma fa un'insalata con il sedano.
        Mother makes a salad with celery.

---

sedersi   seh-DEHR-see   verb   to sit

     io mi siedo   noi ci sediamo
     tu ti siedi   voi vi sedete
     Lei si siede   Loro si siedono
     La nonna si siede su una sedia.
     Grandmother sits on a chair.

---

la sedia   SEH-deea   noun (fem.)   chair

     Questa sedia è troppo grande per me.
     This chair is too large for me.

---

sedici   SEH-dee-chee   adjective   sixteen

     Devo leggere sedici pagine stasera.
     I must read sixteen pages tonight.

---

il sedile   seh-DEE-leh   noun (masc.)   seat

     Il sedile è rotto.
     The seat is broken.

---

seduto   seh-DU-to   adjective   seated

     Lui è seduto in una poltrona.
     He is seated in an armchair.

---

la segretaria   noun (fem.)   secretary
     seh-greh-TA-reea

     Ci è una segretaria in questo ufficio.
     There is a secretary in this office.

159

---

il segreto   seh-GREH-to   noun (masc.)   secret
>Dimmi il segreto.
>Tell me the secret.

---

seguire   seh-GWEE-reh   verb   to follow

io seguo	noi seguiamo
tu segui	voi seguite
Lei segue	Loro seguono

>Gli studenti nella classe seguono la maestra.
>The students in the class follow the teacher.

---

sei   seh-EE   adjective   six
>Quante matite hai tu? Sei.
>How many pencils do you have? Six.

---

selvaggio   sehl-VA-jo   adjective   wild
>Gli animali selvaggi abitano nella foresta.
>The wild animals live in the woods.

---

il semaforo   seh-MA-fo-ro   noun (masc.)   traffic light
>Si attraversa la strada quando si vede il
>   semaforo verde.
>One crosses the street when the traffic light is
>   green.

---

sempre   SEHM-preh   adverb   always
>Le foglie cadono sempre in autunno.
>The leaves always fall in autumn.

---

il sentiero   sehn-TYEH-ro   noun (masc.)   path
>Il sentiero conduce al ponte.
>The path leads to the bridge.

---

sentire   sehn-TEE-reh   verb   to hear

io sento	noi sentiamo
tu senti	voi sentite
Lei sente	Loro sentono

>Io sento suonare il telefono.
>I hear the telephone ring.

sentire l'odore di　idiom　　　　to smell
sen-TEE-reh-loh-DO-reh-dee
　　　Sento l'odore di un fiore.
　　　I smell a flower.

---

sentirsi　sen-TEER-see　verb　　　to feel
　　　io mi sento　　　noi ci sentiamo
　　　tu ti senti　　　voi vi sentite
　　　Lei si sente　　　Loro si sentono
　　　Io non mi sento bene.
　　　I don't feel well.

---

senza　SEHN-za　preposition　　　without
　　　Io vado in classe senza il mio amico. Lui è
　　　　malato.
　　　I go to class without my friend. He is ill.

---

la sera　SEH-ra　noun (fem.)　　　evening
　　　La sera io ascolto la musica.
　　　In the evening I listen to music.

buona sera　idiom　　　　good evening

---

serio　SEH-reeo　adjective　　　serious
　　　C'è un film serio al cinema.
　　　There is a serious film at the movies.

---

la serpe　SEHR-peh　noun (fem.)　　snake

　　　Ci sono serpi in Italia?
　　　Are there snakes in Italy?

---

servire sehr-VEE-reh verb **to serve**
   io servo   noi serviamo
   tu servi   voi servite
   Lei serve   Loro servono
   Io servo il pranzo.
   I serve the dinner.

---

sessanta seh-SAN-ta adjective sixty
   Ci sono sessanta minuti in un'ora.
   There are sixty minutes in an hour.

---

la seta SEH-ta noun (fem.) silk
   Un abito di seta è costoso.
   A silk suit is expensive.

---

la sete SEH-teh noun (fem.) thirst

  avere sete idiom to be thirsty
   Ha sete Lei? Sì, ho sete.
   Are you thirsty? Yes, I am thirsty.

---

settanta seh-TAN-ta adjective seventy
   La nonna di Nunziata ha settant'anni.
   Nancy's grandmother is seventy years old.

---

sette SE-teh adjective seven
   Ci sono sette mele.
   There are seven apples.

---

settembre seh-TEHM-breh noun September
   Noi ritorniamo a scuola il primo settembre?
   Do we return to school on September first?

---

la settimana noun (fem.) week
   seh-tee-MA-na
   Ci sono sette giorni in una settimana.
   There are seven days in a week.

---

sì SEE adverb yes
   Vuole dolci? Sì, certo!
   Do you want any candy? Yes, of course!

---

sicuro   see-KU-ro   adjective   sure, certain
Sono sicuro che il treno arriverà in anticipo.
I am sure the train will arrive early.

---

si deve   see-DEH-veh   idiom   one must
Si deve andare a scuola.
One must go to school.

---

la sigaretta   see-ga-REH-ta   noun (fem.)   cigarette
Fuma le sigarette tuo zio?
Does your uncle smoke cigarettes?

---

la signora   see-*N*O-ra   noun (fem.)   Mrs., madam, the
                                         lady
La signora è molto gentile.
The lady is very kind.

---

il signore   see-*N*O-reh   noun (masc.)   Mr., the man
Il droghiere si chiama Signor Palermo.
The grocer's name is Mr. Palermo.

---

la signorina   noun (fem.)   Miss
see-*n*o-REE-na
Signorina Marino? Lei è una buona maestra.
Miss Marino? You are a good teacher.

---

silenzioso   see-lehn-ZEEO-zo   adjective   silent
Il ragazzo è silenzioso.
The boy is silent.

---

simile   SEE-mee-leh   adjective   similar, alike
Le nostre cravatte sono simili.
Our ties are similar.

---

simpatico   seem-PA-tee-ko   adjective   pleasant
Lui è un uomo simpatico.
He is a pleasant man.

---

la sinistra   see-NEES-tra   adjective   left
Io alzo la mano sinistra.
I raise my left hand.

---

a sinistra a-see-NEES-tra idiom on the left, to the left

L'albero è a sinistra della casa.
The tree is on the left of the house.

---

la slitta SLEE-ta noun (fem.) sled

Il mio cane tira la slitta.
My dog pulls the sled.

---

snello SNEH-lo adjective thin

La ragazza è snella.
The girl is thin.

---

il socio SÒ-cho noun (masc.) member

Lui è l'ultimo socio ad arrivare.
He is the last member to arrive.

---

la soda SO-da noun (fem.) soda

Io bevo la soda.
I drink soda.

---

il soffitto so-FEE-to noun (masc.) ceiling

Il soffitto del castello è molto interessante.
The ceiling of the castle is very interesting.

---

sognare so-NA-reh verb to dream

io sogno	noi sogniamo
tu sogni	voi sognate
Lei sogna	Loro sognano

Io sogno di andare alla luna.
I dream of going to the moon.

---

solamente so-la-MEHN-teh adverb only
Ho solamente una lira.
I have only one lira.

---

il soldato sol-DA-to noun (masc.) soldier
Mio cugino è soldato.
My cousin is a soldier.

---

il sole SOH-leh noun (masc.) sun
A che ora sorge il sole?
At what time does the sun rise?

---

solo SOH-lo adjective alone
Sono solo nel salone.
I am alone in the living room.

---

il sonno SOH-no noun (masc.) sleep
avere sonno idiom to be sleepy
Chi ha sonno?
Who is sleepy?

---

il soprabito noun (masc.) overcoat
so-PRA-bee-to
Lei porta un soprabito caldo nell'inverno.
You wear a warm overcoat in the winter.

le soprascarpe noun (fem.), pl. overshoes
so-pra-SKAR-peh
Piove. Devo mettermi le soprascarpe.
It's raining. I must put on my overshoes.

165

---

soprattutto so-pra-TU-to adverb above all
Mi piace leggere soprattutto.
I like to read above all.

---

la sorella so-REH-la noun (fem.) sister
Mia zia è la sorella di mia madre.
My aunt is my mother's sister.

---

sorprendente adjective surprising
sor-prehn-DEHN-teh
È sorprendente ricevere una lettera da uno
straniero.
It is surprising to receive a letter from a stranger.

---

la sorpresa sor-PREH-sa noun (fem.) surprise
Una sorpresa per me?
A surprise for me?

---

sorridere so-REE-deh-reh verb to smile
io sorrido   noi sorridiamo
tu sorridi   voi sorridete
Lei sorride   Loro sorridono
Tu sorridi sempre quando ti do un pasticcino.
You always smile when I give you a cookie.

---

la sorta SOR-tah noun (fem.) sort
Che sorta di cosa è questa?
What sort of thing is this?

---

sorvegliare sor-veh-LYA-reh verb to look after,
to watch over,
to supervise
io sorveglio   noi sorvegliamo
tu sorvegli   voi sorvegliate
Lei sorveglia   Loro sorvegliano
Lui sorveglia il lavoro.
He supervises the work.

---

sotto SOH-to adverb under
La carota cresce sotto la terra.
The carrot grows under the ground.

---

la spalla SPA-la noun (fem.) shoulder

A Carlo gli fa male la spalla.
Carlo's shoulder hurts.

---

spartire spar-TEE-reh verb to divide, to separate

io sparto   noi spartiamo
tu sparti   voi spartite
Lei sparte   Loro spartono
I ragazzi spartono i dolci.
The children divide the sweets.

---

spaventevole adjective frightening
spa-vehn-TEH-voh-leh

I tuoni sono spaventevoli.
Thunder is frightening.

---

lo spazio SPA-tzyo noun (masc.) space

Gli astronauti viaggiano nello spazio.
Astronauts travel in space.

---

lo spazzino spa-TZEE-no noun (masc.) street cleaner

Lo spazzino porta una scopa.
The street cleaner carries a broom.

---

la spazzola SPA-tzoh-la noun (fem.) brush

la spazzola per capelli noun (fem.) hairbrush

la spazzola da denti noun (fem.) toothbrush

La spazzola per capelli è più grande della
   spazzola da denti.
The hairbrush is larger than the toothbrush.

---

spazzolarsi spa-tzo-LAR-see verb to brush oneself off

io mi spazzolo   noi ci spazzoliamo
tu ti spazzoli   voi vi spazzolate
Lei si spazzola   Loro si spazzolano
Lui si spazzola il vestito ogni giorno.
He brushes off his suit every day.

---

lo spazzolino   noun (masc.)   toothbrush
       spa-tzo-LEE-no
         Lo spazzolino è bianco.
         The toothbrush is white.

---

lo specchio   SPEH-kyo   noun (masc.)   mirror

         Hai uno specchio?
         Do you have a mirror?

---

specialmente   adverb   especially
       speh-chal-MEHN-te
         Mi piace guardare la televisione, specialmente il
           sabato mattina.
         I like to watch television, especially Saturday
           morning.

---

la specie   SPEH-che   noun (fem.)   kind
         Che specie di carne è questa?
         What kind of meat is this?

---

spegnere   SPEH-*n*eh-re   verb   to turn off
         io spengo   noi spegniamo
         tu spegni   voi spegnete
         Lei spegne   Loro spengono
         Io spengo la luce.
         I turn off the light.

---

spendere   SPEHN-deh-reh   verb   to spend (money)
         io spendo   noi spendiamo

tu spendi	voi spendete
Lei spende	Loro spendono

Spendiamo troppo per il divertimento.
We spend too much for entertainment.

---

sperare speh-RA-reh verb to hope

io spero	noi speriamo
tu speri	voi sperate
Lei spera	Loro sperano

Io spero di ricevere un buon voto nella storia.
I hope to receive a good grade in History.

---

spesso SPEH-so adverb often

Vado spesso in autobus.
I often take the bus.

---

la spiaggia spee-A-ja noun (fem.) beach, shore

Andiamo alla spiaggia in estate.
We go to the beach in summer.

---

spiegare spye-GA-reh verb to explain

io spiego	noi spieghiamo
tu spieghi	voi spiegate
Lei spiega	Loro spiegano

Giovanna, mi puoi spiegare questa frase?
Joan, can you explain this sentence to me?

---

lo spillo SPEE-lo noun (masc.) pin

Il sarto usa molti spilli.
The tailor uses many pins.

---

gli spinaci noun (masc.), pl. spinach
spee-NA-chee

Gli spinaci sono verdi.
Spinach is green.

---

spingere SPEEN-jeh-reh verb to push

io spingo	noi spingiamo
tu spingi	voi spingete

Lei spinge   Loro spingono
Lui mi spinge!
He is pushing me!

---

sporco SPOR-ko   adjective   dirty
Le scarpe sono sporche.
The shoes are dirty.

---

lo sport SPORT   noun (masc.)   sport
Qual'è il tuo sport preferito?
What is your favorite sport?

---

sposare spo-ZA-reh   verb   to marry
io sposo   noi sposiamo
tu sposi   voi sposate
Lei sposa   Loro sposano
Il principe sposa la principessa.
The prince marries the princess.

---

la spremuta di arancia   noun (fem.) orange juice
spreh-MU-ta-dee-ARAN-cha
Io bevo la spremuta di arancia ogni mattina.
I drink orange juice every morning.

---

lo spuntino spun-TEE-no   noun (fem.) snack
Ciao, mamma! Avete uno spuntino per noi?
Hello, Mother! Do you have a snack for us?

---

la squadra SKWA-dra   noun (fem.)   team
Siamo tutti membri della stessa squadra.
We are all members of the same team.

---

squisito skwee-ZEE-to   adjective   exquisite,
delicious
La torta è squisita.
The cake is delicious.

---

la stagione sta-JEEOH-neh   noun (fem.) season
La primavera è una bella stagione.
Spring is a beautiful season.

---

stanco STAN-ko   adjective   tired
Dopo due ore di lavoro nel giardino sono stanco.
After two hours of work in the garden I am tired.

---

la stanza STAN-za   noun (fem.)   room
Ci sono due stanze nel nostro appartamento.
There are two rooms in our apartment.

---

stare STA-reh   verb   to stay, to be

io sto	noi stiamo
tu stai	voi state
Lei sta	Loro stanno

Mi dicono sempre, "Stai zitto."
They always tell me, "Be quiet."
Io vorrei stare alla casa della nonna.
I would like to stay at my grandmother's house.

---

stare in piedi   idiom   standing (to be)
STA-reh-een-PYEH-dee
Nella classe la maestra sta in piedi.
The teacher stands in the classroom.

---

stare zitto STA-reh-ZEE-to   idiom   to be quiet
Mi dicono sempre, "Stai zitto."
They always tell me, "Be quiet."

---

lo stato STA-to   noun (masc.)   state
Da quale stato viene Lei?
Which state do you come from?

---

la stazione   noun (fem.)   station
sta-ZEEOH-neh
Quante stazioni ci sono?
How many stations are there?

---

la stella STEH-la   noun (fem.)   star
Quante stelle ci sono nel cielo?
How many stars are there in the sky?

---

stesso STEH-so adjective same
La mia amica ed io portiamo lo stesso vestito.
My friend and I are wearing the same dress.

---

stirare stee-RA-reh verb to iron, to press
io stiro noi stiriamo
tu stiri voi stirate
Lei stira Loro stirano
Mia madre stira la camicia del babbo con un
ferro.
My mother presses my father's shirt with an iron.

---

lo stivale stee-VA-leh noun (masc.) boot
Quando nevica, mi metto gli stivali.
When it snows, I put my boots on.

---

stolto STOL-to adjective foolish, stupid
Il ragazzo è stolto.
The boy is foolish.

---

la storia STOH-reea noun (fem.) history, story
Ti piace studiare la storia?
Do you like to study history?

---

la strada STRA-da noun (fem.) road, street
Come si chiama questa strada?
What is the name of this road?

---

lo straniero noun (masc.) stranger
stra-NYEH-ro

La mamma dice, "Non parlare agli stranieri."
Mother says, "Do not speak to strangers."

---

strano STRA-no adjective odd, strange
Ecco un animale strano.
Here is a strange animal.

---

straordinario adjective extraordinary,
stra-or-dee-NA-reeo great
Noi faremo un viaggio straordinario in un razzo.
We will take an extraordinary trip in a rocket.

---

stretto STREH-to adjective narrow, tight
La strada è stretta.
The road is narrow.

---

lo studente stu-DEHN-te noun (masc.) student
Mio cugino è studente all'università.
My cousin is a student at the university.

la studentessa noun (fem.) student
stu-dehn-TEH-sa
La studentessa è molto intelligente.
The student is very smart.

---

studiare stu-DEEA-reh verb to study
io studio noi studiamo
tu studi voi studiate
Lei studia Loro studiano
Devo studiare stasera.
I must study tonight.

---

la stufa STU-fa noun (fem.) stove
La mamma cucina su una stufa nuova.
Mother cooks on a new stove.

---

stupido STU-pee-do adjective stupid, foolish
L'elefante è stupido o intelligente?
Is the elephant stupid or intelligent?

---

stuzzicare	stu-tzee-KA-reh	verb	to tease

io stuzzico   noi stuzzichiamo
tu stuzzichi   voi stuzzicate
Lei stuzzica   Loro stuzzicano
I ragazzi si stuzzicano.
The boys tease one another.

---

su   SU   preposition   on

La riga è sulla scrivania.
The ruler is on the desk.

---

subito   SU-bee-to   adverb   immediately,
                                             quickly

Vieni qua, subito.
Come here, quickly.

---

succede   su-CHEH-deh   idiom   happens
Che succede?
What is happening?

---

il sud   SUD   noun (masc.)   south
Napoli è nel sud dell'Italia.
Naples is in the south of Italy.

---

il sugo   SU-go   noun (masc.)   juice, sauce

   sugo di mela   apple juice

   sprematura d'arancia   orange juice

Mi piace la sprematura d'arancia.
I like orange juice.
Il sugo è rosso.
The juice is red.

---

suo, Suo	adjective (masc.), sing.	his, your
SU-o		
suoi, Suoi	adjective (masc.), pl.	his, your
SUO-ee		
sua, Sua	adjective (fem.), sing.	her, your
SU-a		

sue, Sue   adjective (fem.), pl.   her, your
    SU-eh

        Dov'è il Suo registratore?
        Where is your tape recorder?
        I Suoi libri sono qui.
        Your books are here.
        La Sua casa è nuova.
        Your house is new.
        Le sue scarpe sono belle.
        Her shoes are pretty.

---

suonare   su-o-NA-reh   verb   to play (an instrument)

        io suono   noi suoniamo
        tu suoni   voi suonate
        Lei suona   Loro suonano

        Il mio amico suona il pianoforte.
        My friend plays the piano.

suonare   verb   to ring

        Il telefono suona.
        The telephone rings.

---

il supermercato   noun (masc.)   supermarket
    su-pehr-mehr-KA-to

        Il supermercato è un gran mercato.
        The supermarket is a large market.

---

la sveglia   SVEH-lya   noun (fem.)   clock
> La sveglia suona troppo forte.
> The clock rings too loudly.

---

svegliarsi   sveh-LYAR-see   verb   to wake up
> io mi sveglio   noi ci svegliamo
> tu ti svegli   voi vi svegliate
> Lei si sveglia   Loro si svegliano
> Noi ci svegliamo presto.
> We wake up early.

---

svelto   SVEHL-to   adverb   quickly, fast
> Mio fratello cammina troppo svelto.
> My brother walks too fast.

T

---

il tacchino   ta-KEE-no   noun (masc.)   turkey
> Ti piace mangiare il tacchino?
> Do you like to eat turkey?

---

tagliare   ta-LYA-reh   verb   to cut
> io taglio   noi tagliamo
> tu tagli   voi tagliate
> Lei taglia   Loro tagliano
> Il babbo taglia il pane con un coltello.
> Father cuts the bread with a knife.

---

il tamburo   tam-BU-ro   noun (masc.)   drum
> Faccio chiasso quando suono il tamburo.
> I make noise when I play the drum.

---

tanto   TAN-to   adverb   so much
> Tanto lavoro!
> So much work!

---

tanti   TAN-tee   adjective   so many
> Tanti libri!
> So many books!

---

il tappeto   ta-PEH-to   noun (masc.)   rug
    Il tappeto è sul pavimento.
    The rug is on the floor.

---

tardi   TAR-dee   adjective   late
    Lui è arrivato tardi.
    He arrived late.

  essere in ritardo   (personal)   to be late
    Sono in ritardo. Devo affrettarmi.
    I am late. I must hurry.

  essere tardi   (impersonal)   to be late
    È tardi. Affrettiamoci.
    It is late. Let's hurry.

---

la tartaruga   noun (fem.)   tortoise, turtle
    tar-ta-RU-ga
    La tartaruga cammina lentamente.
    The turtle walks slowly.

---

la tasca   TAS-ka   noun (fem.)   pocket
    Ho della moneta in tasca.
    I have some money in my pocket.

---

il tassì   ta-SEE   noun (masc.)   taxi
    Mìo fratello porta un tassì.
    My brother drives a taxi.

---

la tavola TA-vo-la noun (fem.) table
Il piatto è sulla tavola.
The dish is on the table.

la tazza TA-tza noun (fem.) cup
Io metto la tazza sul piattino.
I put the cup on the saucer.

il tazzone ta-TZOH-neh noun (masc.) bowl
Il tazzone è giallo.
The bowl is yellow.

il tè TAY noun (masc.) tea
Lei vuole il tè o il caffè?
Would you like tea or coffee?

il teatro teh-A-tro noun (masc.) theatre
Il teatro è grande.
The theatre is large.

il telefono noun (masc.) telephone
teh-LEH-fo-no
Mi piace parlare al telefono.
I like to talk on the telephone.

la televisione noun (fem.) television
teh-leh-vee-ZEEO-neh
Mio fratello e io guardiamo la televisione.
My brother and I watch television.

l'antenna an-TE-na noun (fem.) TV antenna
Le antenne delle televisioni sono sul tetto dell'
edificio.
The TV antennas are on the roof of the building.

il televisore noun (masc.) TV set
teh-leh-vee-SOH-reh
Il televisore non funziona.
The TV set does not work.

---

il temperino   noun (masc.)   pocketknife
tem-peh-REE-no
Hai un temperino?
Do you have a pocketknife?

---

la tempesta tehm-PEHS-ta noun (fem.)   storm
Non ci sono classi a causa della tempesta.
There are no classes because of the storm.

---

il tempo TEHM-po noun (masc.)   weather
Che tempo fa? Il sole splende.
What is the weather? The sun is shining.

---

la tenda TEHN-da noun (fem.)   tent
Quando vado in campeggio, io dormo in una
tenda.
When I go camping, I sleep in a tent.

---

la tendina tehn-DEE-na noun (fem.) curtain
Le tendine nella mia camera sono troppo lunghe.
The curtains in my room are too long.

---

tenero TEH-neh-ro adjective   soft, tender
La carne è tenera.
The meat is tender.

---

la terra TEH-ra noun (fem.)   earth, dirt, soil,
                                     ground
Quando l'astronauta è sulla luna, lui vede la
terra.
When the astronaut is on the moon, he sees the
earth.

---

terribile teh-REE-bee-leh adjective   dreadful, terrible
Ho un cattivo voto. Terribile!
I have a bad grade. Dreadful!

---

la testa TEH-sta noun (fem.)   head
Il soldato gira la testa.
The soldier turns his head.

179

il tetto   TEH-to   noun (masc.)   roof

> Io guardo la città dal tetto della casa.
> I look at the city from the roof of the house.

---

ti   TEE   pronoun   you

> Ti do un po' di latte.
> I give you a little milk.

---

la tigre   TEE-greh   noun (fem.)   tiger

> La tigre è svelta.
> The tiger is swift.

---

il tipo   TEE-po   noun (masc.)   type, kind

> Mi piace questo tipo di macchina.
> I like this type of car.

---

tirare   tee-RA-reh   verb   to pull

io tiro	noi tiriamo
tu tiri	voi tirate
Lei tira	Loro tirano

> Lei tira un sacco di patate.
> You pull a sack of potatoes.

---

toccare   to-KA-reh   verb   to touch

io tocco	noi tocchiamo
tu tocchi	voi toccate
Lei tocca	Loro toccano

> "Vietato Toccare le Pitture."
> "Do Not Touch the Paintings."

---

togliersi to-LYER-see verb to remove, to take off

io mi tolgo noi ci togliamo
tu ti togli voi vi togliete
Lei si toglie Loro si tolgono
Lui si toglie il cappello in casa.
He removes his hat in the house.

---

tondo TON-do adjective round

Il piatto è tondo.
The plate is round.

---

il topo TOH-po noun (masc.) mouse, rat

Ci sono dei topi in questo campo.
There are mice in this field.

---

la torre TOH-reh noun (fem.) tower

La Torre Pendente di Pisa è bella.
The Leaning Tower of Pisa is beautiful.

---

la torta TOR-ta noun (fem.) cake, pie

Ti piace la torta di mele?
Do you like apple pie?

---

torto TOR-to adjective wrong

avere torto idiom to be wrong

Voi dite che fa bel tempo? Avete torto, piove.
You say it's nice weather? You're wrong, it's raining.

---

tossire to-SEE-reh verb to cough

io tossisco   noi tossiamo
tu tossisci   voi tossite
Lei tossisce   Loro tossiscono
Il ragazzo tossisce. Ha un raffreddore.
The boy is coughing. He has a cold.

---

la tovaglia to-VA-lya noun (fem.) tablecloth
Mia zia mette la tovaglia sulla tavola.
My aunt puts the tablecloth on the table.

---

il tovagliolo noun (masc.) napkin
 to-va-LYO-lo
Ci sono quattro tovaglioli sul tavolo.
There are four napkins on the table.

---

il traffico TRA-fee-ko noun (masc.) traffic
Il traffico si ferma per il segnale rosso.
Traffic stops for the red light.

---

tramontare tra-mon-TA-reh verb to set (sun)
io tramonto   noi tramontiamo
tu tramonti   voi tramontate
Lei tramonta   Loro tramontano
Il sole tramonta presto d'inverno.
The sun sets early in winter.

---

tranquillo tran-KWEE-lo adjective tranquil, quiet,
              calm
Mi piace andare a pescare quando l'acqua è
 tranquilla.
I like to go fishing when the water is calm.

---

il transatlantico noun (masc.) ocean liner
tran-zat-LAN-tee-ko
Il transatlantico non funziona più.
The ocean liner does not run anymore.

---

tra poco tra-PO-ko adverb soon
Il postino arriverà tra poco.
The mailman will arrive soon.

182

---

trascinare   tras-chee-NA-reh   verb   to drag
     io trascino   noi trasciniamo
     tu trascini   voi trascinate
     Lei trascina   Loro trascinano
     Lui trascina un sacco di patate.
     He drags a sack of potatoes.

---

tre   TREH   adjective   three
     Ci sono tre bicchieri sulla tavola.
     There are three glasses on the table.

---

tredici   TREH-dee-chee   adjective   thirteen
     Ci sono tredici scalini nella scala.
     There are thirteen steps in the stairs.

---

il treno   TREH-no   noun (masc.)   train
     Giochiamo con il mio treno elettrico.
     Let's play with my electric train.

---

trenta   TREHN-ta   adjective   thirty
     Quali mesi hanno trenta giorni?
     Which months have thirty days?

---

triste   TREE-steh   adjective   sad
     Perchè sei triste?
     Why are you sad?

---

troppo   TROH-po   adverb   too much, too many
     La ragazza dice, "Questo è troppo per me."
     The girl says, "This is too much for me."

---

trovare   tro-VA-reh   verb   to find
     io trovo   noi troviamo
     tu trovi   voi trovate
     Lei trova   Loro trovano
     Dov'è l'altro guanto? Non lo posso trovare.
     Where is the other glove? I cannot find it.

---

tuo	TU-oh	adjective (masc.), sing.	your
tuoi	TUO-ee	adjective (masc.), pl.	your
tua	TU-ah	adjective (fem.), sing.	your
tue	TU-eh	adjective (fem.), pl.	your

Tuo cugino è arrivato.
Your cousin has arrived.
Tua cugina è alta.
Your cousin is tall.
I tuoi cugini sono pronti.
Your cousins are ready.
Le tue cugine sono belle.
Your cousins are pretty.

---

il tuono TUOH-no noun (masc.) thunder
Dopo il fulmine si sente il tuono.
After the lightning, we hear the thunder.

---

il turno TUR-no noun (masc.) turn
È il mio turno.
It is my turn.

---

tutti TU-tee pronoun everybody, all
Tutti sono arrivati.
Everybody has arrived.

tutto TU-to pronoun everything, all
Tutto è pronto.
Everything is ready.

U

ubbidire u-bee-DEE-reh verb to obey

io ubbidisco	noi ubbidiamo
tu ubbidisci	voi ubbidite
Lei ubbidisce	Loro ubbidiscono

Quando sono beneducato, ubbidisco ai miei
    genitori.
When I am well-behaved, I obey my parents.

---

l'uccello u-CHEH-lo noun (masc.) bird

L'uccello canta molto bello.
The bird sings very beautifully.

---

uccidere u-CHEE-deh-reh verb to kill

io uccido noi uccidiamo
tu uccidi voi uccidete
Lei uccide Loro uccidono

La mamma uccide la mosca.
Mother kills the fly.

---

l'ufficio u-FEE-cho noun (masc.) office

Ecco l'ufficio di una grande ditta.
Here is the office of a large company.

---

l'ufficio postale noun (masc.) post office

Tu vai all'ufficio postale per spedire un pacco.
You go to the post office to mail a package.

---

uguale u-GWA-leh adjective equal

Queste due cose sono uguali.
These two things are equal.

---

ultimo UL-tee-mo adjective last

Paolo è l'ultimo a sedersi al tavolo.
Paul is the last one to sit down at the table.

---

umido U-mee-do adjective humid, damp

Il mio costume da bagno è umido.
My bathing suit is damp.

---

un	UN	indefinite article	(masc.)	a, an
un'	UN	indefinite article	(fem.)	a, an
uno	U-no	indefinite article	(mas.)	a, an
una	U-na	indefinite article	(fem.)	a, an

Un gatto è nell'albero.
A cat is in the tree.
Io porto una cravatta.
I am wearing a tie.

uno	U-no	adjective	(masc.)	
una	U-na	adjective	(fem.)	one

C'è soltanto una scimmia sull'albero.
There is only one monkey in the tree.

---

un'altra volta   adverb   once again
u-NAL-tra-VOHL-ta

Vado al cinema un'altra volta.
I go to the movies once again.

---

undici   UN-dee-chee   adjective   eleven
Il contadino ha undici galline.
The farmer has eleven chickens.

---

l'unghia   UN-gya   noun (fem.)   nail (finger)
Le mie unghie sono sporche.
My fingernails are dirty.

---

unito   u-NEE-to   adjective   united
Queste due nazioni sono unite.
These two countries are united.

Le Nazioni Unite   noun (fem.), pl.   United Nations
na-ZEEOH-nee-u-NEE-teh

Il palazzo delle Nazioni Unite è a New York.
The United Nations building is in New York.

Gli Stati Uniti   noun (masc.), pl.   United States
STA-tee-u-NEE-tee

Io sono cittadino degli Stati Uniti.
I am a citizen of the United States.

---

l'università   noun (fem.)   university
    u-nee-vehr-see-TA
        Quest' università è grande.
        This university is large.

---

l'uomo UO-mo   noun (masc.), sing.   man

gli uomini   noun (masc.), pl.   men
    UO-mee-nee
        L'uomo viene ad aggiustare il televisore.
        The man comes to fix the TV set.

---

l'uovo UO-vo   noun (masc.), sing.   egg
        L'uovo è bianco.
        The egg is white.

le uova UO-va   noun (fem.), pl.   eggs
        Le uova sono rotte.
        The eggs are broken.

---

usare u-SA-reh   verb   to use
    io uso   noi usiamo
    tu usi   voi usate
    Lei usa   Loro usano
    Io uso questo libro ogni giorno.
    I use this book every day.

---

utile U-tee-leh   adjective   useful
    Alcuni insetti sono utili.
    Some insects are useful.

---

l'uva U-va   noun (fem.)   grape

    Abbiamo l'uva.
    We have grapes.

V

va bene va-BEH-neh idiom all right, okay
Vuoi giocare con me? Va bene.
Do you want to play with me? All right.

le vacanze va-KAN-zeh noun (fem.), pl. vacation

vacanze estive noun (fem.), pl. summer vacation
Dove vai durante le vacanze estive?
Where do you go during summer vacation?

la vacca VA-ka noun (fem.) cow
La vacca è nel campo.
The cow is in the field.

vaccinare va-chee-NA-reh verb to vaccinate
io vaccino   noi vacciniamo
tu vaccini   voi vaccinate
Lei vaccina   Loro vaccinano
Io ho paura quando il dottore mi vaccina.
I am afraid when the doctor vaccinates me.

la vaccinazione noun (fem.) vaccination
va-chee-na-TSEE-o-neh
Le vaccinazioni sono importanti.
Vaccinations are important.

il vagone va-GOH-neh noun (masc.) wagon, car (train)
Questo treno ha cinque vagoni.
This train has five cars.

la valigia va-LEE-ja noun (fem.) suitcase
Io metto i panni nella valigia.
I put my clothes in the suitcase.

la valle VA-leh noun (fem.) valley
Ci sono molti fiori nella valle.
There are many flowers in the valley.

---

vaniglia va-NEE-lya adjective vanilla

Mi piace il gelato vaniglia.
I like vanilla ice cream.

---

la vasca da pesci noun (fem.) fish tank
VA-sca-da-PE-shee

Ci sono alcuni pesci rossi nella vasca da pesci.
There are some goldfish in the fish tank.

---

vecchio VEH-kyo adjective old

Il libro è vecchio e la penna anche è vecchia.
The book is old and the pen, too, is old.

---

vedere veh-DEH-reh verb to see

io vedo   noi vediamo
tu vedi   voi vedete
Lei vede   Loro vedono

Io vedo l'aeroplano nel cielo.
I see the plane in the sky.

---

veloce veh-LOH-cheh adjective fast

Il cane è veloce quando corre appresso a un
        gatto.
The dog is fast when it runs after a cat.

---

vendere VEHN-deh-reh verb to sell

io vendo   noi vendiamo
tu vendi   voi vendete
Lei vende   Loro vendono

Vendono medicine in questo negozio.
They sell medicine in this store.

---

venerdì veh-nehr-DEE noun (masc.) Friday

Cosa mangiamo il venerdì? Il pesce!
What do we eat on Friday? Fish!

---

venire veh-NEE-reh verb to come

io vengo   noi veniamo
tu vieni   voi venite
Lei viene   Loro vengono

venti

Mio padre viene dal lavoro alle sei.
My father comes home from work at 6 o'clock.

---

venti VEHN-tee   noun   twenty
Dieci più dieci fanno venti.
Ten and ten are twenty.

---

il ventilatore   noun (masc.)   fan
vehn-tee-la-TOH-reh
Quando fa caldo usiamo il ventilatore.
When it is warm we use the fan.

---

il vento VEHN-to   noun (masc.)   wind
Tira vento e io perdo il cappello.
The wind is blowing and I lose my hat.

---

verde VEHR-deh   adjective   green
Quando la banana non è matura, è verde.
When the banana is not ripe, it is green.

---

la verdura vehr-DU-ra   noun (fem.)   vegetables
La verdura è squisita con la carne.
Vegetables are delicious with meat.

---

il verme VEHR-meh   noun (masc.)   worm
C'è un verme nella mela.
There is a worm in the apple.

---

verniciare vehr-nee-CHA-reh   verb   to paint (walls of a
                                           home)

io vernicio	noi verniciamo
tu vernici	voi verniciate
Lei vernicia	Loro verniciano

Mio padre vernicia la cucina.
My father paints the kitchen.

---

vero VEH-ro adjective true

È una storia vera.
It's a true story.

---

versare vehr-SA-reh verb to pour

io verso	noi versiamo
tu versi	voi versate
Lei versa	Loro versano

Margherita versa il caffè in una tazza.
Marguerite pours coffee in a cup.

---

verso VEHR-so preposition toward

Noi andiamo verso l'albergo.
We go toward the hotel.

---

vestirsi vehs-TEER-see verb to dress

io mi vesto	noi ci vestiamo
tu ti vesti	voi vi vestite
Lei si veste	Loro si vestono

Io mi alzo, io mi vesto, io vado a scuola.
I get up, I dress, I go to school.

---

il vestito vehs-TEE-to noun (masc.) dress, suit

Il vestito della mia bambola è sporco.
My doll's dress is dirty.

---

la vetrina veh-TREE-na noun (fem.) store window

Andiamo a vedere le cose nella vetrina.
Let's go and look at the things in the store
window.

---

il vetro VEH-tro noun (masc.) glass

Il vetro è rotto.
The glass is broken.

---

la via VEE-a noun (fem.) street, road, way

La Via Appia Nuova è a Roma.
The New Appian Way is in Rome.

---

via aerea idiom   airmail
    VEE-a-AEH-reea
        La lettera fu spedita via aerea.
        The letter was sent by airmail.

---

viaggiare veea-JA-reh   verb   to travel
        io viaggio   noi viaggiamo
        tu viaggi   voi viaggiate
        Lei viaggia   Loro viaggiano
        Tu viaggi in automobile o in apparecchio?
        Do you travel by car or by plane?

---

il viaggiatore noun (masc.)   traveler
    veea-ja-TOH-reh
        Il viaggiatore è stanco.
        The traveler is tired.

---

il viaggio VEEA-jo   noun (masc.)   trip
        Noi facciamo un viaggio al castello.
        We take a trip to the castle.

il giro noun (masc.)   trip
        Io vorrei fare un giro del mondo.
        I would like to take a trip around the world.

---

il viale VEEA-leh   noun (masc.)   boulevard
        A Firenze, si va a passeggio a Viale
           Michelangelo.
        In Florence, one goes strolling on Michelangelo
           Boulevard.

---

il vicino vee-CHEE-no   noun (masc.)   neighbor
        Il mio vicino Bernardo abita vicino a me.
        My neighbor Bernard lives near me.

---

vicino a adjective   near
    vee-CHEE-no-a
        Milano non è vicino al mare.
        Milan is not near the sea.

è vietato   idiom   it is forbidden
EH-vyeh-TA-to
        È vietato passare qui.
        It is forbidden to pass here.

---

vietato entrare   idiom   no admittance
vyeh-TA-to-ehn-TRA-reh
        "Vietato Entrare." Non possiamo entrare.
        "No Admittance." We cannot enter.

---

vietato fumare   idiom   no smoking
vyeh-TA-to-fu-MA-reh
        Vietato fumare a scuola.
        No smoking in school.

---

il vigile del fuoco   noun (masc.)   fireman
VEE-jee-leh-dehl-FUO-ko
        I vigili del fuoco sono arrivati.
        The firemen have arrived.

---

il villaggio vee-LA-jo   noun (masc.)   village
        Mio cugino abita in un villaggio in campagna.
        My cousin lives in a village in the country.

---

vincere   VEEN-cheh-reh   verb   to win
        io vinco   noi vinciamo
        tu vinci   voi vincete
        Lei vince   Loro vincono
        La nostra squadra vince.
        Our team wins.

---

il vino VEE-no   noun (masc.)   wine
        Il cameriere porta il vino.
        The waiter brings the wine.

---

la violetta   noun (fem.)   violet
vee-o-LEH-ta
        La violetta è un bel fiore.
        The violet is a pretty flower.

---

il violino   noun (masc.)   violin
        vee-o-LEE-no
            Il musicista suona il violino.
            The musician plays the violin.

---

visitare vee-zee-TA-reh   verb   to visit
            io visito   noi visitiamo
            tu visiti   voi visitate
            Lei visita   Loro visitano
            I miei genitori visitano la mia scuola.
            My parents visit my school.

---

la vita VEE-ta   noun (fem.)   waist
            Lei ha una bella cinta alla vita.
            You have a nice belt around your waist.

---

la vita VEE-ta   noun (fem.)   life
            La vita è bella.
            Life is beautiful.

---

vivere VEE-veh-reh   verb   to live
            io vivo   noi viviamo
            tu vivi   voi vivete
            Lei vive   Loro vivono
            Viviamo bene in America.
            We live well in America.

---

il vocabolario   noun (masc.)   dictionary,
                                                  vocabulary
        vo-ka-bo-LA-reeo
            Questo vocabolario è nuovo.
            This dictionary is new.

---

la voce VO-cheh   noun (fem.)   voice
            La voce di mia zia è dolce.
            My aunt's voice is sweet.

    ad alta voce   idiom   aloud, in a loud
                                                  voice

Il ragazzo legge ad alta voce.
The boy reads aloud.

a bassa voce   idiom   softly, in a low
                                                     voice

Il giudice parla a bassa voce.
The judge speaks softly.

---

volare vo-LA-reh   verb   to fly
    io volo   noi voliamo
    tu voli   voi volate
    Lei vola   Loro volano
    Il pilota vola nell'apparecchio.
    The pilot flies in the plane.

---

volere vo-LEH-reh   verb   to want
    io voglio   noi vogliamo
    tu vuoi   voi volete
    Lei vuole   Loro vogliono
    Il bambino piange perchè vuole il suo giocattolo.
    The child cries because it wants its toy.

---

volere dire   verb   to mean
    vo-LEH-reh-DEE-reh
    Che vuol dire questa parola?
    What does this word mean?

---

la volpe VOHL-peh   noun (masc.)   fox

La volpe corre velocemente.
The fox runs quickly.

---

la volta VOHL-ta noun (fem.) time
Bussano alla porta tre volte.
They knock on the door three times.

---

vorrei vo-REH-ee verb I would like
Io vorrei fare una passeggiata.
I would like to take a stroll.

vorrebbe vo-REH-beh verb he, she, you would
like
Vorrebbe Lei venire con me?
Would you like to come with me?

vorrebbero vo-REH-beh-ro verb they would like
Vorrebbero loro provare questo?
Would they like to try this?

---

il voto VO-to noun (masc.) mark (in school)
Tu hai buoni voti?
Do you have good grades?

---

il vulcano vul-KA-no noun (masc.) volcano
L'Italia ha vari vulcani.
Italy has several volcanoes.

---

vuoto VUO-to adjective empty
Il cassetto è vuoto.
The drawer is empty.

Z

---

la zampa ZAM-pa noun (fem.) paw
Il cane ha quattro zampe.
The dog has four paws.

---

la zanzara zan-ZA-ra noun (fem.) mosquito
La zanzara mi ha punto.
The mosquito has bitten me.

---

la zebra ZEH-bra noun (fem.) zebra
La zebra è una bell'animale.
The zebra is a beautiful animal.

---

lo zero   ZEH-ro   noun (masc.)   zero
    C'è uno zero nel numero dieci.
    There is a zero in the number ten.

---

la zia   ZEE-a   noun (fem.)   aunt
    Mia zia è commessa.
    My aunt is a saleslady.

---

lo zio   ZEE-o   noun (masc.)   uncle
    Mio zio è il fratello di mia madre.
    My uncle is my mother's brother.

---

lo zoo   ZOH   noun (masc.)   zoo
    Ai ragazzi piace lo zoo.
    Children like the zoo.

  il giardino zoologico   zoo   noun (masc.)
    Mi piace guardare le tigri al giardino zoologico.
    I like to look at the tigers at the zoo.

---

la zucca   ZU-ka   noun (fem.)   pumpkin
    Questa è una grande zucca.
    This is a large pumpkin.

---

lo zucchero   ZU-keh-ro   noun (masc.)   sugar
    La mamma serve lo zucchero con il tè.
    Mother serves sugar with the tea.

BEGINNING
ITALIAN
BILINGUAL DICTIONARY
A BEGINNER'S GUIDE IN WORDS AND PICTURES

**English-Italian
(Inglese-Italiano)**

Fish

Pesce

CHIAVE ALLA PRONUNCIA INGLESE
(per quelli che parlano italiano)

NOTE

1. Ci sono alcuni suoni in inglese che non esistono in italiano.
2. Generalmente, i vocali in inglese son molto brevi.
3. Quando si indica che un suono inglese suona un po' come un suono italiano, è una approssimazione . . . non è esatto.

VOCALI

L'ortografia inglese	Esempio in inglese	Simbolo fonemico	Suona un po' come la parola italiana
a e u	but	ø	
a	cat	a	
a o	cot	a	anche
a ay	play	ei	bei
a ah	father	ah	casa
ai	air	ehr	
e	get	e	gente
ee ea	feet	i	
i	hit	i	di
i uy o	buy	ai	dai
oa ow oo	boat	oh	bocca
u ou	boot	u	duro
oy	boy	oi	poi
au, ough, o, augh	order	aw	buono
ur	curtain	ur	
ow, ou, ough	how	ow	causa
u, oo	book	auh	

CONSONANTI

L'ortografia inglese	Simbolo fonemico	Suona un po' come la parola italiana
b	b	burro
k	c	casa
ch	ch, tch	ciao
d	d	dente
f	f	freddo
g	g	gallo
h	h, wh	—
dj	j, dge	gelo
k	k	casa
l	l	lavoro
m	m	madre
n	n	nota
ng	ng	—
p	p	padre
kw	qu	—
r	r	ricco
s	s	scala
sh	sh, tion	scienza
t	t	tre
v	v	valle
w	w	—
wh, h	wh	—
ks, gs	x	—
y	y	aiutare
z	z, s	rosa
th	th	
th	th (voiced)	

A

---

a Æ articolo   un (masc.)
> A cat is in the tree.
> Un gatto è nell'albero.

articolo   una (fem.)
> I am wearing a tie.
> Io porto una cravatta.

---

above all ø-bøv-AWL   avverbio   soprattutto
> I like to read above all.
> Mi piace leggere soprattutto.

---

absent AB-sønt   aggettivo   assente
> George is absent today.
> Giorgio è assente oggi.

---

according to   preposizione   secondo
ø-KAWR-ding tu
> According to my brother, it is going to snow
>   tomorrow.
> Secondo mio fratello, nevicherà domani.

---

actor AK-ter   nome   l'attore (masc.)
> The actor is handsome.
> L'attore è bello.

actress   l'attrice (fem.)
> The actress is beautiful
> L'attrice è bella.

---

addition ø-DI-shøn   nome   l'addizione
> Addition is easy.
> L'addizione è facile.

---

address ø-DRES   nome   l'indirizzo
> What is your address?
> Qual'è il vostro indirizzo?

203

---

adventure   ad-VEN-chør   nome   l'avventura
I like to read the adventures of Don Juan.
Mi piace leggere le avventure di Don Giovanni.

---

aerial   EHR-i-øl   nome   l'antenna della
televisione
Television aerials are on the roof of the building.
Le antenne della televisione sono sul tetto dell'
edificio.

---

to be afraid of   expressione   avere paura di
ø-freid   idiomatica
Are you afraid of the lion?
Ha paura del leone?

---

after   AF-tør   avverbio   dopo
September is the month after August.
Settembre è il mese dopo agosto.

---

afternoon   AF-tør-NUN   nome   il pomeriggio

It is 2:00 o'clock in the afternoon.
Sono le due del pomeriggio.

---

again   ø-GEN   avverbio   ancora
Read the letter once again.
Leggi la lettera ancora una volta.

---

against   ø-GENST   preposizione   contra, contro
Henry puts the mirror against the wall.
Enrico mette lo specchio contra il muro.

---

age EIDJ nome età
How old are you? I am eight years old.
Quanti anni ha Lei? Io ho otto anni.
He is big for his age.
È grande per la sua età.

Don't you agree? espressione non è vero?
dohnt-yu-e-GRI idiomatica
She is pretty, don't you agree?
Lei è bella, non è vero?

agreed e-grid interj. d'accordo
We shall go together, agreed?
Andiamo insieme, d'accordo?

---

aid EID verbo aiutare
John helps his sister carry the books.
Giovanni aiuta la sorella a portare i libri.

---

air EHR nome l'aria
The air is clean today.
L'aria è pulita oggi.

---

airplane EHR-PLEIN nome l'apparecchio,
l'aeroplano

The airplane is new.
L'apparecchio è nuovo.

airplane pilot nome il pilota
PAI-løt
My cousin is an airplane pilot.
Mio cugino è pilota.

airport EHR-p<u>aw</u>rt nome l'aeroporto
There are so many airplanes at the airport!
Ci sono tanti apparecchi all'aeroporto!

by airplane in apparecchio
I go to Italy by airplane.
Io vado in Italia in apparecchio.

---

alarm clock   nome   la sveglia
ø-LAHRM KLAK
              The alarm clock rings too loudly.
              La sveglia suona troppo forte.

Alas! What a pity!   expressione   Che peccato!
A-LAS WAT ei PI-ti   idiomatica

alike ø-LAIK   aggettivo   simile
(similar)
              Our ties are alike.
              Le nostre cravatte sono simili.

all AWL   aggettivo   tutto (masc.), tutta
                                                         (fem.)
              It is all finished.
              E tutto finito.

all over (everywhere)   avverbio   dappertutto
              I look everywhere for my watch.
              Cerco il mio orlogio dappertutto.

all right (O.K.)   avverbio   va bene
              Do you want to play with me? All right (O.K.)
              Vuoi giocare con me? Va bene!

almost AWL-mohst   avverbio   quasi
              It is almost six o'clock.
              Sono quasi le sei.

alone ø-LOHN   aggettivo   solo (masc.), sola
                                                         (fem.)
              I am alone in the living room.
              Sono solo nel salone.

alphabet AL-fa-bet   nome   l'alfabeto
              Are there twenty-one letters in the Italian
                  alphabet?
              Ci sono ventun lettere nell'alfabeto italiano?

---

already <u>awl</u>-RE-di   avverbio   già
> He has already arrived.
> Lui è già arrivato.

---

also (too) <u>AWL</u>-s<u>oh</u>   avverbio   anche
> I want some candy too!
> Anch'io voglio dei dolci!

---

always <u>AWL</u>-weiz   avverbio   sempre
> The leaves always fall in autumn.
> Le foglie cadono sempre in autunno.

---

ambulance AM-biu-lans   nome   l'ambulanza
> The ambulance is going to the hospital.
> L'ambulanza va all'ospedale.

American e-MER-<u>i</u>-k<u>ø</u>n   aggettivo   americano (masc.), americana (fem.)
> It's an American airplane.
> È un apparecchio americano.

---

an AN   articolo   un (masc.), una (fem.)
> I am wearing an old tie.
> Io porto una vecchia cravatta.

---

and AND   congiunzione   e
> Andrew and his friend are playing together.
> Andrea e il suo amico giocano insieme.

---

angry ANG-gri   aggettivo   arrabbiato (masc.), arrabbiata (fem.)
> She is angry.
> Lei è arrabbiata.

---

animal AN-<u>i</u>-møl nome la bestia, l'animale
The animals are in the forest.
Gli animali sono nella foresta.

---

anniversary (birthday) nome il compleanno
an-<u>i</u>-VUR-sør-i
Happy birthday!
Buon compleanno!

---

to annoy ø-<u>NOI</u> verbo annoiare
I annoy my mother when I make too much noise.
Annoio mia madre quando faccio troppo
chiasso.

---

another ø-N<u>ETH</u>-ør aggettivo un altro (masc.),
un'altra (fem.)

Here is another pencil.
Ecco un'altra matita.

other ø-TH-er aggettivo l'altro (masc.),
l'altra (fem.)

---

answer AN-sør nome la risposta
I write the correct answer in my notebook.
Io scrivo la risposta corretta nel quaderno.

---

to answer AN-sør verbo rispondere
The little girl cannot answer the question.

La piccola ragazza non può rispondere alla
domanda.

---

ant   ANT   nome   la formica
The ant is very small.
La formica è molto piccola.

---

any   EN-i   pronome   qualche, qualche cosa
anything   EN-i-th-i-ng   pronome
Do you want anything?
Vuole qualche cosa?

---

apartment   ø-PART-mønt   nome   l'appartamento
My apartment is on the third floor.
Il mio appartamento è al terzo piano.

---

appearance (look)   nome   l'apparenza
e-PIR-øns
From his appearance, he seems calm.
Dall'apparenza, sembra calmo.

---

appetite   AP-ø-<u>tait</u>   nome   l'appetito
Hearty appetite!
Buon appetito!

---

apple   AP-øl   nome   la mela
I eat an apple every day.
Io mangio una mela ogni giorno.

apricot A-pri-kat nome l'albicocca
The apricot is sweet.
L'albicocca è dolce.

April EI-prøl nome aprile
It rains a lot in April.
Piove molto in aprile.

apron EI-prøn nome il grembiule
Martha wears an apron at school.
Marta porta un grembiule a scuola.

aquarium (fish tank) nome la peschiera
ø-KWEHR-i-øm
There are some fish in the aquarium.
Ci sono dei pesci nella peschiera.

arm AHRM nome il braccio
The man has a sore arm.
All'uomo (gli) duole il braccio.

armchair AHRM-chehr nome la poltrona
I like to use the red armchair.
Mi piace usare la poltrona rossa.

army AHR-mi nome l'esercito
Soldiers are in the army.
I soldati sono nell'esercito.

around ø-ROWND preposizione intorno
He puts it around the package.
Lui la mette intorno al pacco.

to arrange e-REINDJ verbo mettere in ordine
The teacher arranges his papers.
Il professore mette le carte in ordine.

to arrest ø-REST verbo arrestare
The policeman arrests the man.
Il poliziotto arresta l'uomo.

210

---

to arrive ø-R<u>AI</u>V   verbo   arrivare
    The postman arrives at 10 o'clock.
    Il postino arriva alle dieci.

---

artist AHR-t<u>i</u>st   nome   l'artista
    My brother is an artist.
    Mio fratello è artista.

---

as AZ   avverbio   come
    As it happens, I will explain it.
    Come succede, io lo spiegherò.

---

to be ashamed   espressione   avere vergogna
  ø-SHEIMD   idiomatica
    I am ashamed of Mary.
    Io ho vergogna di Maria.

---

to ask ASK   verbo   domandare
    I ask Dad, "May I go to the fair?"
    Io domando al Papa, "Posso andare alla fiera?"

---

astronaut AS-tr<u>e</u>-n<u>aw</u>t   nome   l'astronauta
    The astronaut walks on the moon.
    L'astronauta cammina sulla luna.

at

---

at AT preposizione   a, di

At what time are you coming?
A che ora vieni?

at night   di notte

At night you can see the stars.
Di notte si possono vedere le stelle.

---

to attend (to go) ø-TEND verbo   assistere

We attend a soccer game.
Noi assistiamo a una partita di calcio.

---

at the side of   preposizione   al lato di

It is at the side of that table.
Si trova al lato di quel tavolo.

August AW-gøst nome   agosto

In August it is hot.
In agosto fa caldo.

---

aunt ANT nome   la zia

My aunt is a salesperson.
Mia zia è commessa.

---

auto(mobile) (car)   nome   l'automobile
  AW-toh

The automobile goes along the road.
L'automobile va per la strada.

---

autumn AW-tøm nome autunno
In autumn it is cool.
In autunno fa fresco.

---

avenue (way) AV-ø-nyu nome la via
The New Appian Way is in Rome.
La Via Appia Nuova è a Roma.

B

---

baby BEI-bi nome il bambino
Mary plays with the baby.
Maria gioca con il bambino.

---

baby carriage bei-bi-KA-rig nome la carrozzina
The baby carriage is blue.
La carrozzina è azzurra.

---

back BAK nome la schiena
Is it Robert? I don't know. I see only his back.
È Roberto? Non lo so. Vedo solamente la schiena.

---

to give back GI-v-bak verbo restituire
He gives back the money.
Lui restituisce il denaro.

---

bad BAD aggettivo cattivo (masc.), cattiva (fem.)
The weather is bad today.
Fa cattivo tempo oggi.

---

bag BAG nome la borsa
The bag is new.
La borsa è nuova.

---

baggage BAG-idj nome il bagaglio
The baggage is ready for the trip.
Il bagaglio è pronto per il viaggio.

---

baker BEC-kər nome il panettiere
> The baker makes bread.
> Il panettiere fa il pane.

bakery nome la panetteria

> You go to the bakery to buy bread.
> Si va alla panetteria per comprare il pane.

ball BAWL nome la palla
> The ball is round.
> La palla è tonda.

to play ball verbo giocare alla palla
> He wants to play ball.
> Lui vuole giocare alla palla.

balloon bə-LUN nome il pallone
> The girl's balloon is red.
> Il pallone della ragazza è rosso.

ballpoint pen nome la penna a sfera
BAWL-point PEN
> The ballpoint pen is useful.
> La penna a sfera è utile.

banana bə-NAN-ə nome la banana
> The banana is ripe when it is yellow.
> La banana è matura quando è gialla.

bank BANK nome la banca
> Do you have any money in the bank?
> Ha denaro in banca?

---

baseball BEIS-ba<u>w</u>l   nome   il "baseball"
My cousin plays baseball.
Mio cugino gioca al baseball.

---

basement BEIS-mønt   nome   lo scantinato
There are several packages in the basement.
Ci sono alcuni pacchi nello scantinato.

---

basket BAS-k<u>i</u>t   nome   cestino
There is much paper in the basket.
C'è molta carta nel cestino.

---

basketball BAS-kit-ba<u>w</u>l   nome   la pallacanestro
My friend plays basketball.
Il mio amico gioca a pallacanestro.

---

bath BATH   nome   il bagno
Mother is giving the baby a bath.
La mamma fa il bagno al bambino.

---

bathroom BATH-rum   nome   la sala da bagno
The bathroom sink is in the bathroom.
Il bacino (lavandino) si trova nella sala da bagno.

sunbath SUN-bath   nome   bagno di sole
I take a sunbath.
Mi faccio un bagno di sole.

bathing suit BA-th-i-ng-sut   nome   costume da bagno
Do you like my new bathing suit?
Ti piace il mio nuovo costume da bagno?

---

to be BI   verbo   essere
Dad, where are we?
Papà, dove siamo?

---

to be able bi-El-bøl   verbo   potere
I am not able to do my homework.
Non posso fare il compito.

---

beach BICH nome la spiaggia

In summer we go to the beach.
Andiamo alla spiaggia in estate.

to be acquainted with verbo conoscere
ø-KEINT-ød-with

Do you know (are you acquainted with) my teacher?
Conosci il mio maestro?

to be afraid of verbo avere paura di
ø-FREID-øv

Are you afraid of the storm?
Hai paura della tempesta?

beak BIK nome il becco

The bird has a yellow beak.
L'uccello ha il becco giallo.

bear BEHR nome l'orso

Bears are dangerous animals.
Gli orsi sonno animali pericolosi.

beard Bɪ-e-rd nome la barba

My brother has a beard.
Mio fratello ha la barba.

to be ashamed verbo avere vergogna
ø-SHEIMD

He is ashamed because he is naughty.
Ha vergogna perche è cattivo.

---

beast (animal) BIST   nome   la bestia
       The lion is a wild animal.
       Il leone è una bestia selvaggia.

---

beautiful BYU-tø-føl   aggettivo   bello (masc.), bella
                                           (fem.)
       The flower is beautiful.
       Il fiore è bello.

---

to be called (name is . . .)   verbo   chiamarsi
       What is your name? My name is Henry.
       Come ti chiami? Mi chiamo Enrico.

---

be careful KEHR-føl   espressione   attenzione
                           idiomatica
       Be careful or you will hurt yourself.
       Attenzione o ti fai male.

---

because bi-KAWZ   congiunzione   perchè
       I am not going to the movies because I do not
          have any money.
       Non vado al cinema perchè non ho soldi.

    because of   espressione   a causa di
                     idiomatica
       I have to stay home because of the snow.
       Devo restare a casa a causa della neve.

---

to become bi-KEM   verbo   divenire
       She would like to become a doctor.
       Vorrebbe divenire medico.

---

bed BED   nome   il letto
       The cat is on my bed.
       Il gatto è sul mio letto.

    to go to bed   verbo   andare a letto
       I go to bed at nine o'clock.
       Io vado a letto alle nove.

bedroom BED-rum   nome   camera da letto
This apartment has three bedrooms.
Questo appartamento ha tre camere da letto.

---

bee BI   nome   l'ape
The bee likes the flower.
All'ape piace il fiore.

---

beefsteak (steak)   nome   la bistecca
BIF-steik
The steak is good.
La bistecca è buona.

---

before bi-FAWR   avverbio   prima di
The teacher arrives before the students.
Il professore arriva prima degli studenti.

---

to be frightened   verbo   avere paura
FRAI-tønd
She is frightened to be alone.
Lei ha paura di stare sola.

---

to begin bi-gin   verbo   cominciare
The Italian class begins at 9 o'clock.
La classe d'italiano comincia alle nove.

---

to behave bi-HEIV   verbo   comportarsi
The children are not behaving well.
I ragazzi non si comportano bene.

---

behind bi-HAIND   preposizione   dietro a
One boy is behind the others.
Un ragazzo è dietro agli altri.

---

to be hungry   verbo   avere fame
HÆNG-ri
Are you hungry? Yes, I'm hungry.
Ha fame Lei? Sì, ho fame.

---

to believe   bi-LIV   verbo   credere
        I believe I can go to the movies.
        Credo di potere andare al cinema.

---

bell   BEL   nome   la campana
        The bell rings at noon.
        La campana suona a mezzogiorno.

doorbell   DAWR-bel   nome   il campanello
        The doorbell does not ring.
        Il campanello non suona.

---

belt   BELT   nome   la cintura
        The man has a blue belt.
        L'uomo ha una cintura azzurra.

lifebelt   nome   cintura di
                        salvataggio
        The lifebelt is red.
        La cintura di salvataggio è rossa.

---

to be quiet   KWAI-ɇt   verbo   stare zitto
        They always tell me, "Be quiet!"
        Mi dicono sempre, "Stai zitto!"

---

to be right   RAIT   verbo   avere ragione
        Grandmother is always right.
        La nonna ha sempre ragione.

---

to be sleepy   SLIP-i   verbo   avere sonno
        Who is sleepy?
        Chi ha sonno?

---

to be successful (to succeed)   verbo   riuscire
   sɇk-SES-fɇl
        He succeeds in catching a fish.
        Lui riesce a prendere un pesce.

---

to be thirsty   THURS-ti   verbo   avere sete
        Are you thirsty? Yes, I'm thirsty.
        Ha sete Lei? Si, ho sete.

---

better BET-ør aggettivo migliore
I think that cherries are better than strawberries.
Io credo che le ciliege sono migliori delle fragole.

between bi-TWIN preposizione fra
What is the number between fourteen and sixteen?
Qual è il numero fra quattordici e sedici?

to be wrong RAWG verbo avere torto
You say that the weather is good? You are wrong.
Voi dite che fa bel tempo? Avete torto.

bicycle (bike) nome la bicicletta
BAI-sik-øl (BAIK)
When the weather is good Bernard rides his bicycle.
Quando fa bel tempo Bernardo va in bicicletta.

to ride a bicycle verbo andare in bicicletta
I ride a bicycle every day.
Io vado in bicicletta ogni giorno.

big BIG aggettivo grande, grosso (masc.), grossa (fem.)
The house is big.
La casa è grande.

bigger   BIG/r   avverbio   più grande
                He is bigger than I.
                Lui è più grande di me.

---

bill (money)   BIL   nome   il biglietto
                I am rich. I have a one-thousand lire note.
                Sono ricco. Ho un biglietto da mille lire.

---

bird   BURD   nome   l'uccello
                The bird sings beautifully.
                L'uccello canta molto bello.

---

birthday   BURTH-dei   nome   la festa del
                                                    compleanno
                The birthday party is July eighteenth?
                Il giorno della festa del compleanno è il diciotto
                luglio?

Happy birthday   Buon compleanno
                Happy birthday, John!
                Buon compleanno, Giovanni!

---

to bite   BAIT   verbo   mordere
                Cats do not bite.
                I gatti non mordono.

---

to bite (insect)   verbo   pungere, pizzicare
                The mosquitoes like to bite me.
                Alle zanzare piace pizzicarmi.

---

black   BLAK   aggettivo   nero (masc.), nera
                                                    (fem.)
                I am wearing my black shoes.
                Porto le scarpe nere.

---

blackboard (chalkboard)   nome   la lavagna
        BLAK-bawrd

                The pupil writes on the blackboard.
                L'alunno scrive alla lavagna.

---

blanket   BLANG-kit   nome   la coperta
       In winter I like a warm blanket on my bed.
       D'inverno mi piace una coperta calda sul letto.

---

blind   BLAIND   aggettivo   cieco
       This man is blind.
       Quest'uomo è cieco.

---

blonde   BLAND   aggettivo   biondo (masc.),
                                             bionda (fem.)
       Do you have blond hair?
       Avete voi i capelli biondi?

---

blood   BLED   nome   il sangue
       My knee hurts. Look at the blood!
       Mi fa male il ginocchio. Guarda il sangue!

---

blue   BLU   nome   azzurro (masc.),
                                             azzurra (fem.)
       The sky is blue, isn't it?
       Il cielo è azzurro, non è vero?

---

boat   BOHT   nome   la barca, la
                                             barchetta, il
                                             battello
       I see a boat in the water.
       Vedo una barca nell'acqua.

---

book   BAUHK   nome   il libro
       We are looking for some interesting books.
       Cerchiamo dei libri interessanti.

---

boot BUT nome lo stivale
When it snows I put on my boots.
Quando nevica mi metto gli stivali.

born BAWRN aggettivo nato (masc.), nata (fem.)
I was born on March second.
Io sono nato il due marzo.

to borrow BAR-oh verbo prestare
May I borrow the eraser?
Mi puoi prestare la gomma?

bottle BAT-l nome la bottiglia
Be careful! The bottle is made of glass.
Attenzione! La bottiglia è di vetro.

bowl BOHL nome il tazzone
Here is a bowl of soup.
Ecco un tazzone di minestra.

box BAKS nome la scatola
There is candy in the box.
Ci sono dolci nella scatola.

letter box LE-tr-BAKS nome la buca per le lettere
The letter box is white.
La buca per le lettere è bianca.

boy BOI nome il ragazzo
The boy is playing with his sister.
Il ragazzo gioca con la sorella.

branch BRANCH nome il ramo
The tree has many branches.
L'albero ha molti rami.

brave	BREIV	aggettivo	coraggioso (masc.), coraggiosa (fem.)

The policeman is brave.
Il poliziotto è coraggioso.

bread	BRED	nome	il pane

The bread is on the table.
Il pane è sulla tavola.

to break	BREIK	verbo	rompere

Be careful! Don't break the plate.
Attenzione! Non rompere il piatto.

breakfast	BREK-føst	nome	la piccola colazione

I have orange juice for breakfast.
Prendo succo d'arancia per la piccola colazione

bridge	BRIDJ	nome	il ponte

Where is the Bridge of Sighs?
Dov'è il Ponte dei Sospiri?

briefcase	BRIF-keis	nome	la borsa

John, don't forget your briefcase.
Giovanni, non dimenticare la borsa.

to bring	BRING	verbo	portare

They bring their luggage to the airport.
Portano le loro valige all'aeroporto.

broom	BRUM	nome	la scopa

The boy cleans the floor with the broom.
Il ragazzo pulisce il pavimento con la scopa.

brother	BRETH-ør	nome	il fratello

I am little, but my brother is big.
Io sono piccolo, ma mio fratello è grande.

brown	BROWN	aggettivo	marrone

The rug is brown.
Il tappeto è marrone.

brush	BRESH	nome	la spazzola

The brush is new.
La spazzola è nuova.

to brush	verbo	spazzolarsi

He brushes his suit every day.
Lui si spazzola il vestito ogni giorno.

hairbrush	HEHR-brøsh	nome	la spazzola per i capelli

The hairbrush is mine.
La spazzola per i capelli è mia.

toothbrush	nome	lo spazzolino da denti

The toothbrush is blue.
Lo spazzolino da denti è azzurro.
The hairbrush is bigger than the toothbrush.
La spazzola per i capelli è più grande dello spazzolino da denti.

bucket	BEK-it	nome	la secchia

The farmer fills the bucket with milk.
Il contadino riempie la secchia di latte.

---

building BIL-ding nome l'edificio
The buildings are very tall in the city.
Gli edifici sono molto alti in città.

---

burglar BUR-glør nome il ladro
They are looking for the burglar at the bank.
Cercano il ladro alla banca.

---

to burn BURN verbo bruciare
We burn wood in the fireplace.
Noi bruciamo il legno nel focolare.

---

bus BÆS nome l'autobus
The children go to school by bus.
I ragazzi vanno a scuola in autobus.

---

busy BIZ-i aggettivo occupato (masc.),
occupata (fem.)
My father is always busy.
Mio padre è sempre occupato.

---

but BÆT congiunzione ma
I want to go to the park but Dad says "No."
Io voglio andare al parco ma il babbo dice "No."

---

butcher BAUHCH-ør nome il macellaio
The butcher sells meat.
Il macellaio vende la carne.

---

butcher shop nome la macelleria
BAUHCH-ør-shop
The butcher shop is closed.
La macelleria è chiusa.

---

butter BÆT-ør nome il burro
Pass the butter, please.
Passi il burro, per piacere.

---

button BÆT-øn nome il bottone
This coat has only three buttons.
Questo soprabito ha solamente tre bottoni.

---

to buy B<u>AI</u>   verbo   comprare

The man is buying an orange.
L'uomo compra un' arancia..

---

by BAI   preposizione   per

For dessert, she is having chocolate ice cream.
Per dolce, lei prende gelato di cioccolato .

by air	espressione idiomatica	in apparecchio
by airmail	espressione idiomatica	via aerea
by car	espressione idiomatica	in automobile
by sea	espressione idiomatica	per mare

You travel by air.
Lei viaggia in apparecchio
I send the letter by airmail.
Io mando la lettera via aerea.
You travel by car.
Lei viaggia in automobile.
You travel by sea.
Lei viaggia per mare.

C

cabbage KAB-idj nome il cavolo
Do you prefer cabbage or carrots?
Preferisci il cavolo o le carote?

cafe ka-FEI nome il caffè
Shall we stop at this cafe?
Ci fermiamo a questo caffè?

cake KEIK nome la torta
Mom makes a pretty cake for me.
La mamma mi fa una bella torta.

  cookies KAUHK-ie nome pasticcini

calendar KAL-ən-dər nome il calendario
According to the calendar, today is March twelfth.
Secondo il calendario, oggi è il dodici maggio.

to call KAWL verbo chiamare
I call my friend.
Io chiamo il mio amico.

calm KAHM aggettivo calmo (masc.), calma (fem.)
I like to go fishing when the sea is calm.
Mi piace andare a pescare quando il mare è calmo.

camera KAM-rə nome la macchina fotografica
Look at my camera. It is new.
Guarda la mia macchina fotografica. È nuova.

camp KAMP nome la colonia
My cousin spends eight weeks at camp.
Il mio cugino passa otto settimane in colonia.

---

can (to be able to)   KAN   verbo   potere
> I am not able to do my homework. The lessons are too difficult.
> Non posso fare il compito. Le lezioni sono troppo difficili.

---

candy   KAN-di   nome   i dolci
> Children like candy.
> Ai ragazzi piacciono i dolci.

---

capital   KAP-i-tøl   nome   la capitale
> Do you know the name of the capital of Italy?
> Sai il nome della capitale d'Italia?

---

car   KAHR   nome   l'automobile
> The car goes along the road.
> L'automobile va per la strada.

nome   la macchina
> The car is in the garage.
> La macchina è nell'autorimessa.

---

car (railroad)   KAHR   nome   il vagone, la carrozza
> This train has five cars.
> Questo treno ha cinque vagoni.

---

card   KAHRD   nome   la carta
> Do you know how to play cards?
> Sai giocare alle carte?

229

---

carefully KEHR-fø-li   avverbio

con cura,
diligentemente

Paul pours water into the glass carefully.
Paolo versa l'acqua nel bicchiere con cura.

---

carrot KAR-øt   nome

la carota

Rabbits eat carrots.
I conigli mangiano le carote.

---

to carry KAR-i   verbo

portare

She is carrying the package.
Lei porta il pacchetto.

---

castle KAS-øl   nome

il castello

The king lives in a large castle.
Il re vive in un gran castello.

---

cat KAT   nome

il gatto

Cats like milk.
Ai gatti piace il latte.

---

kitten KI-ten   nome

il gattino

The kitten is white.
Il gattino è bianco.

---

to catch KACH   verbo

afferrare

Hurray, John catches the ball.
Bravo, Giovanni afferra la palla.

---

ceiling SI-ling   nome

il soffitto

The ceiling of the castle is very interesting.
Il soffitto del castello è molto interessante.

---

celery SEL-ri nome il sedano
Mother makes a salad with celery.
La mamma fa un'insalata con il sedano.

---

cellar SEL-ør nome lo scantinato
There are several packages in the cellar.
Ci sono alcuni pacchi nello scantinato.

---

certain (sure) SU̲R-tøn aggettivo certo (masc.),
certa (fem.),
sicuro (masc.),
sicura (fem.)
I am certain the train will come soon.
Sono sicuro che il treno arriverà presto.

---

chair CHEHR nome la sedia
This chair is too big for me.
Questa sedia è troppo grande per me.

---

chalk CHA̲W̲K nome il gesso
The boy is writing on the blackboard with chalk.
Il ragazzo scrive alla lavagna con il gesso.

---

chalkboard CHAWK-bawrd nome la lavagna
There is no chalkboard here.
Non c'è lavagna qui.

---

to change CHEINDJ verbo cambiare
We have to change to another train.
Noi dobbiamo cambiare a un altro treno.

---

cheap CHIP aggettivo a buon mercato
Bread is cheap: it is not expensive.
Il pane si vende a buon mercato: non è caro.

---

to cheat, to deceive CHIT verbo imbrogliare
In the film, the robber deceives the policeman.
Nel film, il ladro imbroglia il poliziotto.

---

check (in restaurant) CHEK nome il conto
> After dinner, Dad asks for the check.
> Dopo il pranzo, il babbo chiede il conto.

---

to play checkers verbo giocare a dama
> He plays checkers well.
> Lui gioca bene a dama.

---

cheerful CHIR-føl aggettivo allegro (masc.), allegra (fem.)
> My sister is always cheerful.
> Mia sorella è sempre allegra.

---

cheese CHIZ nome il formaggio
> My sister eats the cheese.
> Mia sorella mangia il formaggio.

---

cherry CHER-i nome la ciliegia
> I am going to pick cherries.
> Vado a cogliere le ciliege.

---

to play chess verbo giocare a scacchi
> He plays chess well.
> Lui gioca bene a scacchi.

---

chicken CHIK-ǝn nome il pollo

> What are we eating this evening? Chicken or fish?
> Che si mangia stasera? Pollo o pesce?

---

child CHAILD nome il ragazzo
> la ragazza
> The child is big.
> Il ragazzo è grande.

children CHIL-drøn   nome   i ragazzi
                                      le ragazze
        The children are in bed.
        I ragazzi sono a letto.

---

chimney CHIM-ni   nome   il camino
        The shoes are near the chimney.
        Le scarpe sono vicino al camino.

---

chin CHIN   nome   il mento
        Here is the doll's chin.
        Ecco il mento della bambola.

---

chocolate CHAW-klit   nome   il cioccolato
        What? You don't like chocolates?
        Come? Non ti piacciono i cioccolatini?

---

to choose CHUZ   verbo   scegliere
        In the examination, choose the correct answer.
        Nell'esame, scegliete la risposta corretta.

---

chop CHAP   nome   la cotoletta
        Do you prefer a veal cutlet or a lamb chop?
        Preferisce Lei una cotoletta di vitello o di
           agnello?

---

church CHURCH   nome   la chiesa
        There is a big church in the city.
        C'è una grande chiesa in città.

---

cigarette sig-ø-RET   nome   la sigaretta
        Does your uncle smoke cigarettes?
        Fuma le sigarette tuo zio?

---

circle SUR-køl   nome   il circolo
        The boys form a circle to play.
        I ragazzi formano un circolo per giocare.

---

circus SUR-køs   nome   il circo
        There are many animals at the circus.
        Ci sono molti animali al circo.

---

city SIT-i nome la città
The city of Rome is big.
La città di Roma è grande.

class KLAS nome la classe
The class is large.
La classe è grande.

classroom KLAS-rum nome l'aula
We are in the classroom.
Siamo nell'aula.

to clean KLIN verbo pulire
Do you help your mother clean the house?
Aiuti tua madre a pulire la casa?

clean KLIN aggettivo pulito (masc.),
pulita (fem.)

My hands are clean.
Le mie mani sono pulite.

cleaning woman nome la cameriera
The cleaning woman cleans the house.
La cameriera pulisce la casa.

streetcleaner nome lo spazzino
The street cleaner is old.
Lo spazzino è vecchio.

---

clear KLIR aggettivo   chiaro (masc.), chiara (fem.)

What a beautiful clear day!
Che bella giornata chiara!

---

clever KLEV-ør aggettivo   intelligente
He is clever.
Lui è intelligente.

---

to climb KLAIM verbo   arrampicarsi
The cat climbs the tree.
Il gatto si arrampica sull'albero.

---

clock KLAK nome   l'orologio
The clock strikes twice. It is 2 o'clock.
L'orologio suona due volte. Sono le due.

---

to close KLOHZ verbo   chiudere
Please close the window.
Chiudete la finestra, per piacere.

---

close friend KLOHS-frend nome   amico intimo
My close friend and I are going to the park to
    play.
Il mio amico intimo ed io andiamo al parco a
    giocare.

---

close to (near) preposizione   vicino a
    KLOHS-tø
Milan is not close to the sea.
Milano non è vicino al mare.

---

closet KLAHZ-it nome   l'armadio
The closet is closed.
L'armadio è chiuso.

---

clothes KLOHZ nome   abiti, vestiti
My clothes are on the bed.
I miei vestiti suono sul letto.

---

cloud KL<u>OW</u>D   nome   la nuvola

The sun is behind a cloud.
Il sole è dietro a una nuvola.

clown KL<u>OW</u>N   nome   il buffone

When I am at the circus, I say "Hello" to the clown.
Quando io sono al circo, dico "Buon giorno" al buffone.

coat K<u>O</u>HT   nome   il soprabito

She wears a warm coat in winter.
Lei porta un soprabito caldo nell'inverno.

coffee KAWF-i   nome   il caffè

Do you want some coffee?
Vuole del caffè Lei?

cold K<u>O</u>HLD   nome   il freddo

When the cold comes, I no longer go out.
Quando arriva il freddo, non esco più.

cold (illness)   nome   il raffreddore

I have a terrible cold.
Ho un terribile raffreddore.

to be cold   espressione   avere freddo
                idiomatica

When it is cold in winter, I feel cold.
Quando fa freddo d'inverno, io ho freddo.

| **It is cold** | espressione-idiomatica | fa freddo |

---

color KEL-ør   nome   il colore
What color is the banana?
Di che colore è la banana?

---

comb KOHM   nome   il pettine
Where is my comb?
Dov'è il mio pettine?

---

to comb (one's hair) KOHM   verbo   pettinarsi
I comb my hair before leaving the house.
Prima di partire dalla casa, mi pettino.

---

to come KEM   verbo   arrivare
The postman comes at 10 o'clock.
Il postino arriva alle dieci.

   verbo   venire
My father comes from work at 6 o'clock.
Mio padre viene dal lavoro alle sei.

---

to come into   verbo   entrare
They come into the house.
Loro entrano nella casa.

---

comfortable   aggettivo   comodo
KEM-før-tø-bøl

My couch is very comfortable.
Il mio divano è molto comodo.

---

to command kø-MAND   verbo   comandare
In the army, the general commands.
Nell'esercito, il generale comanda.

company KEM-pø-ni nome la compagnia
The Marotti company is located on the corner of the street.
La compagnia Marotti si trova all'angolo della strada.

to complain verbo riflessivo lamentarsi
køm-PLEIN
My friend says that I always complain.
(La mia amica) Il mio amico dice che io mi lamento sempre.

completely køm-PLIT-li avverbio completamente
The wound is completely healed.
La ferita è completamente guarita.

to continue køn-TIN-yu verbo continuare
I will continue to play the piano until 5 o'clock.
Io continuerò a suonare il pianoforte fino alle cinque.

to cook KAUHK verbo cucinare
I do not cook well.
Io non cucino bene.

cookie KAUHK-i nome il pasticcino
The cookie is good.
Il pasticcino è buono.

cool KUL aggettivo fresco
It is cool.
Fa fresco.

to copy KAP-i verbo copiare
We have to copy the sentences that are on the blackboard.
Dobbiamo copiare le frasi che sono alla lavagna.

---

corn KA̱WRN nome il granturco

MMM, the corn is good.
MMM, il granturco è buono.

---

corner KA̱WR-nør nome l'angolo

You must cross the street at the corner.
Si deve attraversare la strada all'angolo.

---

correct kø-REKT aggettivo corretto

The teacher says, "Write the correct answer."
La maestra dice, "Scrivete la risposta corretta."

---

to cost KA̱WST verbo costare

How much does this comb cost?
Quanto costa questo pettine?

---

cotton KA̱T-øn nome il cotone

He is wearing a cotton shirt.
Lui porta una camicia di cotone.

---

to cough KA̱WF verbo tossire

The woman is coughing.
La donna tossisce.

---

to count KO̱WNT verbo contare

He knows how to count from five to one: five,
    four, three, two, one.
Lui sa contare da cinque a uno: cinque, quattro,
    tre, due, uno.

---

country KEN-tri nome il paese

> What is the name of the country to the east of Italy?
>
> Come si chiama il paese all' est d'Italia?

countryside KEN-tri-said nome la campagna

> It's nice weather. Let's go to the country!
>
> Fa bel tempo. Andiamo in campagna!

courageous kø-REI-djøs aggettivo coraggioso (masc.), coraggiosa (fem.)

> She is courageous.
>
> Lei è coraggiosa.

cousin KEZ-øn nome il cugino (masc.), la cugina (fem.)

> My cousin Paul is ten years old and my cousin Mary is eighteen.
>
> Mio cugino Paolo ha dieci anni e mia cugina Maria ha diciotto anni.

cover KEV-ør nome la coperta

> In the winter I like a cover on the bed.
>
> D'inverno mi piace una coperta sul letto.

to cover KEV-er verbo coprire

> He wants to cover the box.
>
> Lui vuole coprire la scatola.

covered	KÆV-ørd	aggettivo	coperto

The tree is covered with snow.
L'albero è coperto di neve.

---

cow KOW nome — la vacca
The cow is in the field.
La vacca è nel campo.

---

cradle KREID-l nome — la culla
The cradle is new.
La culla è nuova.

---

crazy KREI-zi aggettivo — matto, pazzo, folle, matta, pazza

The man is crazy.
L'uomo è matto.

---

to cross KRAWS verbo — attraversare
Can we cross the lake?
Possiamo attraversare il lago?

---

to cry KRAI verbo — piangere
I cry when somebody teases me.
Io piango quando qualcuno mi fa dispetti.

---

cunning KÆN-ing aggettivo — furbo (masc.), furba (fem.)
The thief is cunning; he climbs a tree.
Il ladro è furbo; sale su un albero.

---

cup KÆP nome — la tazza
I put the cup on the saucer.
Io metto la tazza sul piattino.

---

cupboard KÆB-ørd nome — la credenza
There are plates in the cupboard.
Ci sono piatti nella credenza.

---

curious KYUR-yøs aggettivo — curioso (masc.), curiosa (fem.)

She is curious. She would like to open the package.
È curiosa. Vorrebbe aprire il pacco.

---

curtain KU̱R-tøn nome la tendina
The curtains in my room are too long.
Le tendine nella mia camera sono troppo lunghe.

---

to cut KE̱T verbo tagliare
Dad cuts the bread with a knife.
Il babbo taglia il pane con un coltello.

---

cute KYUT aggettivo attraente, grazioso (masc.), graziosa (fem.)
She is cute.
Lei è attraente.

---

cutlet KE̱T-løt nome la cotoletta
Do you prefer a veal cutlet or a lamb chop?
Preferisce Lei una cotoletta di vitello o una di agnello?

D

Dad, Daddy DAD, DAD-i nome il papà, il babbo
Daddy, I'm afraid!
Babbo, ho paura!

---

damp DAMP aggettivo umido (masc.), umida (fem.)
My bathing suit is damp.
Il mio costume da bagno è umido.

---

to dance DANS verbo ballare
My sister likes to dance.
A mia sorella piace ballare.

---

dangerous DEIN-djør-øs   aggettivo   pericoloso, pericolosa

It is dangerous to run into the street.

È pericoloso correre nella strada.

---

dark DAHRK   aggettivo   scuro, scura

She is wearing a dark blue dress.

Ella porta un vestito azzurro scuro.

---

darling DAHR-ling   aggettivo   caro, cara

The baby is darling.

Il bambino è caro.

---

date DEIT   nome   la data

What is the date?

Qual'è la data?

---

daughter DAW-tø   nome   la figlia

I would like to present my daughter, Mary.

Vorrei presentare mia figlia, Maria.

---

day DEI   nome   la giornata

I am going to spend the day at my house.

Passerò la giornata a mia casa.

---

day DEI   nome   il giorno

What day of the week is it?

Che giorno della settimana è?

---

    day off   nome   giorno di riposo

Thursday is a day off for French students.

Giovedì è un giorno di riposo per gli studenti francesi.

January first is New Year's Day.
Il primo gennaio è Capo d'Anno.

every day	adverb	ogni giorno

I read every day.
Io leggo ogni giorno.

---

dead	DED	aggettivo	morto, morta

You're crying? Yes, my turtle is dead.
Lei piange? Si, la mia tartaruga è morta.

---

dear	DIR	aggettivo	caro, cara

She is my dear friend.
Lei è la mia cara amica.

dear (expensive)	aggettivo	caro, cara

The dress is very expensive.
Il vestito è molto caro.

---

to deceive	di-SIV	verbo	ingannare

The boy deceives the teacher.
Il ragazzo inganna il maestro.

December	di-SEM-bər	nome	dicembre

It is cold in December.
Fa freddo in dicembre.

---

to decorate	DEK-oh-reit	verbo	decorare

He is decorating his room.
Lui decora la sua camera.

---

deep	DIP	aggettivo	profondo, profonda

Is the pool deep?
È profonda la piscina?

---

delicious	di-LISH-əs	aggettivo	delizioso, squisito; deliziosa, squisita

The cake is delicious.
La torta è deliziosa.

---

delighted (happy)   aggettivo   incantato
    di-LAI-tæd   incantata
                                         contento
                                         contenta

        Everyone is happy at a party.
        Ognuno è contento a una festa.

---

dentist   DEN-tist   nome   il dentista
        She dreams of being a dentist.
        Lei sogna di essere dentista.

---

desert   DEZ-ært   nome   il deserto
        The desert is very dry.
        Il deserto è molto secco.

---

to desire (to want)   verbo   desiderare
    dæ-ZAIR
        I want to see the new film.
        Io desidero vedere il nuovo film.

---

desk   DESK   nome   la scrivania
        The teacher's desk is big.
        La scrivania della maestra è grande.

---

dessert   di-ZURT   nome   il dolce
                        expressione   "alla frutta"
                        idiomatica
        I would like to have a strawberry tart for dessert.
        Vorrei una torta di fragole come dolce.

---

to detest   di-TEST   verbo   detestare, odiare
                He detests spinach.
                Lui detesta gli spinaci.

dictionary   DIK-shøn-ehr-i   nome   il dizionario
                                                          il vocabolario
                The dictionary is very heavy.
                Il dizionario è molto pesante.

different   DIF-rønt   aggettivo   differente
                                                          diverso
                                                          diversa
                These loaves of bread are different.
                Questi pani sono differenti.

difficult   DIF-ø-kølt   aggettivo   difficile
                It is difficult to read this letter.
                È difficile leggere questa lettera.

dining room   DAIN-ing-rum   nome   la sala da pranzo
                The dining room is crowded.
                La sala da pranzo è affollata.

dinner   DIN-ør   nome   il pranzo
                We eat dinner at 8 o'clock.
                Facciamo pranzo alle otto.

to direct	di-REKT	verbo	dirigere

My brother is directing the game.
Mio fratello dirige la partita.

dirty	DUR-ti	aggettivo	sporco
			sporca

My shirt is dirty.
La mia camicia è sporca.

dish	DISH	nome	il piatto

Do you wash the dishes at your house?
Lavi tu i piatti a casa tua?

dishwasher	DISH-wa-shør	nome	la lavastoviglie

The dishwasher does not work.
La lavastoviglie non funziona.

displeased (angry)	aggettivo	dispiaciuto
dis-PLIZD		annoiato
		offeso
		dispiaciuta
		offesa
		annoiata

Mom is displeased with me.
La mamma è annoiata con me.

distant	DIS-tønt	aggettivo	distante
			lontano
			lontana

The river is at a distance.
Il fiume è lontano.

to do	DU	verbo	fare

He does his homework.
Lui fa i compiti.

doctor	DAK-tør	nome	il medico
			(il dottore)

The doctor treats the illness.
Il medico cura la malattia.

dog

---

dog D<u>AW</u>G nome il cane
Do you have a dog?
Hai un cane?

puppy nome il cagnolino
The puppy is white.
Il cagnolino è bianco.

---

doll D<u>A</u>L nome la bambola
My doll's name is Sylvia.
La mia bambola si chiama Silvia.

doll's house nome la casa di bambola
The doll's house is made of wood.
La casa di bambola è di legno.

---

dollar D<u>A</u>L-ør nome il dollaro
Here is a dollar for you.
Ecco un dollaro per te.

---

dominoes D<u>A</u>M-ø-n<u>oh</u>z nome il domino
My cousin plays dominoes well.
Mio cugino gioca bene ai domini.

---

donkey D<u>E</u>NG-ki nome l'asino
The donkey has two long ears.
L'asino ha due lunghe orecchie.

---

door D<u>AW</u>R nome la porta
Please close the door.
Per piacere, chiuda la porta.

---

doorbell D<u>AW</u>R-bel nome il campanello
Here we are at Jean's house. Where is the
doorbell?
Eccoci alla casa di Gina. Dov'è il campanello?

---

doorknob D<u>AW</u>R-nob nome il pomo
The doorknob is made of glass.
Il pomo è di vetro.

---

dozen   D<u>E</u>-zen   nome   la dozzina

She is buying a dozen eggs.
Lei compra una dozzina di uova.

---

to drag   DRAG   verbo   trascinare
He is dragging a bag of potatoes.
Lui trascina un sacco di patate.

---

to draw   DR<u>AW</u>   verbo   disegnare
She goes to the blackboard and draws a house.
Lei va alla lavagna e disegna una casa.

---

drawer   DR<u>AW</u>R   nome   il cassetto
I put the camera in the drawer.
Io metto la macchina fotografica nel cassetto.

---

dreadful   DRED-føl   aggettivo   terribile
I have a bad mark. Dreadful!
Ho un cattivo voto. Terribile!

---

to dream   DRIM   verbo   sognare
I dream of going to the moon.
Io sogno di andare alla luna.

---

to dress   DRES   verbo riflessivo   vestirsi
I get up, I get dressed, I go to school.
Io mi alzo, io mi vesto, io vado a scuola.

249

dress	DRES	nome	il vestito

My doll's dress is dirty.
Il vestito della mia bambola è sporco.

to drink	DRINGK	verbo	bere

The child is drinking milk.
Il ragazzo beve il latte.

to drive	DRAIV	verbo	guidare

Too bad. I am too young to drive the car.
Peccato. Sono troppo giovane per guidare la
   macchina.

driver	DRAI-vør	nome	l'autista

The driver stops when the light is red.
L'autista si ferma quando il semaforo è rosso.

drugstore	DREG-stawr	nome	la farmacia

The drugstore is located close to the park.
La farmacia si trova vicino al parco.

drum	DREM	nome	il tamburo

I make noise when I play the drum.
Faccio chiasso quando suono il tamburo.

dry	DRAI	aggettivo	asciutto
			asciutta

Is the floor dry, Mom?
È asciutto il pavimento, Mamma?

duck	DEK	nome	l'anitra

There are some ducks on the lake.
Ci sono delle anitre nel lago.

during	DUR-ing	preposizione	durante

I sleep during the night.
Io dormo durante la notte.

E

---

each   ICH   aggettivo   ogni
I put a fork at each place.
Io metto una forchetta a ogni posto.

---

each one   ICH-wøn   pronome   ciascuno
Here are five girls: each one has a flower.
Ecco cinque ragazze: ciascuna ha un fiore.

---

ear   IR   nome   l'orecchio
The wolf's ears are long.
Le orecchie del lupo sono lunghe.

---

early   UR-li   avverbio   presto
We get up early to go to the city.
Noi ci alziamo presto per andare in città.

---

to earn   URN   verbo   guadagnare
He earns a lot of money.
Lui guadagna molto denaro.

---

earth   URTH   nome   la terra
When the astronaut is on the moon, he sees the earth.
Quando l'astronauta è sulla luna, vede la terra.

---

east   IST   nome   l'est
When I go from Milan to Venice, I go toward the east.
Quando vado da Milano a Venezia, vado verso l'est.

---

easy I-zi aggettivo   facile

It is easy to do my homework.
È facile fare i miei compiti.

---

to eat IT verbo   mangiare

On Sundays we eat Turkey.
La domenica noi mangiamo il tacchino.

---

edge EDJ nome   il bordo
                                                            l'orlo
                                                            il margine

The edge (border) of the handkerchief is torn.
L'orlo del fazzoletto è stracciato.

---

egg EG nome   l'uovo

The egg is broken.
L'uovo è rotto.

---

eight EIT aggettivo   otto

Here are eight buttons.
Ecco otto bottoni.

---

eighteen ei-TIN aggettivo   diciotto

She is eighteen years old.
Lei ha diciotto anni.

---

eighty EI-ti aggettivo   ottanta

I have eighty books.
Io ho ottanta libri.

---

electric i-LEK-trik aggettivo   elettrico
                                                            elettrica

Look! They sell electric typewriters.
Guarda! Loro vendono macchine da scrivere
   elettriche.

---

elephant EL-ø-fønt nome   l'elefante

There is a big elephant in the zoo.
C'è un grand'elefante nel giardino zoologico.

---

eleven i-LEV-øn aggettivo undici

> The farmer has eleven chickens.
> Il contadino ha undici galline.

---

empty EMP-ti aggettivo vuoto
  vuota

> The drawer is empty.
> Il cassetto è vuoto.

---

end END nome la fine

> It is the end of the lesson.
> È la fine della lezione.

---

engineer en-dji-NIR nome l'ingegnere

> I would like to be an engineer.
> Vorrei essere ingegnere.

English IN-glish nome l'inglese

> English is spoken in the United States.
> Si parla inglese negli Stati Uniti.

---

enough i-NÆF aggettivo abbastanza

> Did you have enough wine?
> Hai avuto abbastanza vino?

---

to enter EN-tør verbo entrare

> They enter the house.
> Loro entrano nella casa.

---

envelope EN-vø-lohp nome la busta

> The mailman gives me an envelope.
> Il postino mi dà una busta.

---

equal I-kwøl aggettivo uguale

> These boxes are equal.
> Queste scatole sono uguali.

---

to erase   i-REIS   verbo   raschiare
                                                 cancellare

Oh, a mistake! I have to erase this word.
Ah, uno sbaglio! Devo cancellare questa parola.

---

eraser   i-REI-sør   nome   la gomma
I have to erase this sentence with the eraser.
Devo cancellare questa frase con la gomma.

---

error   ER-ør   nome   lo sbaglio
I make errors when I write in Italian.
Faccio degli sbagli quando scrivo in italiano.

---

especially   es-PESH-ø-li   avverbio   specialmente
I like to watch TV, especially on Saturday
   mornings.
Mi piace guardare la televisione, specialmente il
   sabato mattina.

---

even   I-vøn   avverbio   anche
She cries even when she is happy.
Lei piange anche quando è contenta.

---

evening   IV-ning   nome   la sera
I listen to music in the evening.
La sera io ascolto la musica.

   Good evening   espressione   Buona sera
                         idiomatica

Good evening, John.
Buona sera, Giovanni.

every EV-ri   aggettivo   ogni
Every child is here.
Ogni ragazzo è qui.

every day EV-ri-dai   aggettivo   ogni giorno
I go to school every day.
Vado a scuola ogni giorno.

everybody Ev-ri-bodi   pronome   ognuno
                                         tutti
Everybody likes Saturday night.
Ognuno ama il sabato sera.

everyone Ev-ri-won   pronome   ognuno
                                         tutti
Everyone is here.
Tutti sono qui.

everywhere Ev-ri-wair   avverbio   ovunque
                                         dappertutto
I look everywhere for my watch.
Cerco dappertutto il mio orologio.
Everywhere I look, I see books.
Ovunque guardo, vedo libri.

examination eg-zam-i-NEI-shən   nome   l'esame
Do you have a good mark on the examination?
Hai un buon voto all'esame?

excellent EK-səl-lənt   aggettivo   eccellente
The teacher says, "This work is excellent."
Il maestro dice, "Questo lavoro è eccellente."

excuse me   espressione   scusi
ek-SKYUZ-mi   idiomatica   permesso
Excuse me! May I enter?
Permesso! Posso entrare?
Excuse me! It's your pocketbook, isn't it?
Scusi! È la sua borsa, non è vero?

---

expensive ek-SPEN-siv aggettivo caro
costoso
cara
costosa

This bicycle is too expensive.
Questa bicicletta è troppo cara.

---

to explain ek-SPLEIN verbo spiegare

Joan, can you explain this sentence to me?
Giovanna, mi puoi spiegare questa frase?

---

extraordinary aggettivo straordinario
ek-STRAWR-di-ner-i straordinaria

We are going to take an extraordinary trip in a
rocket ship.
Noi faremo un viaggio straordinario in un razzo.

---

eye AI nome l'occhio

What color are your eyes?
Di che colore sono i tuoi occhi?

F

face FEIS nome la faccia

She is washing her face.
Lei si lava la faccia.

---

factory FAK-tø-ri nome la fabbrica

My father works in the factory.
Mio padre lavora nella fabbrica.

---

fair FEHR aggettivo giusto
giusta

But it's my turn. It isn't fair.
Ma è il mio turno. Non è giusto.

---

fair FEHR nome la fiera

We are going to the fair to have a good time.
Noi andiamo alla fiera per divertirci.

---

fairy FEHR-i   nome   la fata
        The fairy appears in dreams.
        La fata appare nei sogni.

  fairy tale   nome   la fiaba
        Read me this fairy tale.
        Leggimi questa fiaba.

---

fall (autumn) FAWL   nome   l'autunno

        In the fall it is cool.
        Fa fresco nell'autunno.

---

to fall FAWL   verbo   cadere
        I fall when I skate.
        Io cado quando pattino.

---

false FAWLS   aggettivo   falso
                                       falsa
        He is six years old, true or false?
        Lui ha sei anni, vero o falso?

---

family FAM-ø-li   nome   la famiglia
        How many people are there in your family?
        Quante persone ci sono nella tua famiglia?

---

famous FEI-møs   aggettivo   celebre
                                       famoso
                                     famosa

The President of the United States is famous.
Il presidente degli Stati Uniti è famoso.

---

fan FAN nome il ventilatore

We use the fan when it is hot.
Usiamo il ventilatore quando fa caldo.

---

far FAHR aggettivo lontano
lontana

Is Rome far from Washington?
Roma è lontano da Washington?

---

farm FAHRM nome la masseria

There are cows and horses on the farm.
Ci sono delle vacche e dei cavalli alla masseria.

---

farmer FAHR-mər nome l'agricoltore

My grandfather is a farmer.
Il mio nonno è agricoltore.

---

fast FAST aggettivo veloce
rapido
rapida

The dog is fast when he runs after a cat.
Il cane è veloce quando corre appresso a un
gatto.

---

fast FAST avverbio svelto

My brother walks too fast.
Mio fratello cammina troppo svelto.

---

fat FAT aggettivo grasso
grassa
grande

The pig is fat.
Il maiale è grasso.

---

father FAH-thər nome il padre

My father is a mailman.
Mio padre è postino.

---

favorite FEI-vør-ịt aggettivo preferito
  preferita
  What is your favorite toy?
  Qual'è il tuo giocattolo preferito?

---

fear FIR nome la paura
  Fear is terrible.
  La paura è terribile.

  to be afraid espressione idiomatica avere paura
  Are you afraid of the storm?
  Ha paura della tempesta?

February FEB-ru-er-i nome febbraio
  How many days are there in February?
  Quanti giorni ci sono in febbraio?

---

to feel FIL verbo riflessivo sentirsi
  I do not feel well.
  Io non mi sento bene.

---

ferocious fø-ROH-shøs aggettivo feroce
  Who is afraid of a ferocious tiger?
  Chi ha paura di una tigre feroce?

---

fever FI-vør nome la febbre
  I have to stay in bed. I have a fever.
  Devo stare a letto. Ho la febbre.

---

field FILD nome il campo
  It is a field of wheat, isn't it?
  È un campo di frumento, non è vero?

---

fierce FIRS aggettivo feroce
  Who is afraid of a ferocious tiger?
  Chi ha paura di una tigre feroce?

---

fifteen fịf-TIN aggettivo quindici
  There are fifteen students here.
  Ci sono quindici studenti qui.

---

fifty   F<u>I</u>F-ti   aggettivo   cinquanta

There are fifty states in the United States.
Ci sono cinquanta stati negli Stati Uniti.

---

to fill   F<u>I</u>L   verbo   riempire

Stephen fills the box with paper.
Stefano riempie la scatola di carta.

---

film   F<u>I</u>LM   nome   il "film"
                                           la pellicola

They made a new film in Hollywood.
Hanno girato un nuovo film a Hollywood.
The film is beautiful.
La pellicola è bella.

---

finally   F<u>AI</u>-nøl-i   avverbio   finalmente

It is good weather, finally!
Fa bel tempo, finalmente!

---

to find   F<u>AI</u>ND   verbo   trovare

I like to find shells.
Mi piace trovare le conchiglie.

---

finger   F<u>I</u>N-gør   nome   il dito

The baby has ten little fingers.
Il bambino ha dieci piccole dita.

   fingernail   nome   l'unghia

I am ashamed. My fingernails are dirty.
Mi vergogno. Le mie unghie sono sporche.

---

to finish   FIN-ish   verbo   finire
    I finish my work before going out.
    Finisco il mio lavoro prima di uscire.

---

fire   F<u>AI</u>R   nome   il fuoco
    The fire is hot.
    Il fuoco è caldo.

---

  fireman   nome   il vigile del fuoco
    The fireman is very strong.
    Il vigile del fuoco è molto forte.

---

  fireplace   nome   il focolare
    The fire burns in the fireplace.
    Il fuoco brucia nel focolare.

---

  fire truck   nome   la pompa
                                      antincendio
    The fire truck makes a lot of noise.
    La pompa antincendio fa molto rumore.

---

first   F<u>U</u>RST   aggettivo   primo
                                          prima
    Breakfast is the first meal of the day.
    La piccola colazione è il primo pasto del giorno.

---

fish   F<u>I</u>SH   nome   il pesce
    There are many fish in this lake.
    Ci sono molti pesci in questo lago.

---

  fish tank   nome   la vasca da pesci
    There are some goldfish in the fish tank.
    Ci sono alcuni pesci rossi nella vasca da pesci.

goldfish nome pesce rosso
I have five goldfish.
Io ho cinque pesci rossi.

to go fishing verbo andare a pescare
We are going fishing.
Noi andiamo a pescare.

five F<u>AI</u>V aggettivo cinque
I have five books.
Io ho cinque libri.

to fix F<u>I</u>KS verbo riparare
My brother is fixing the phonograph.
Mio fratello ripara il giradischi.

flag FLAG nome la bandiera
There are two flags in the classroom.
Ci sono due bandiere nella classe.

flat FLAT aggettivo piano
piana
The field is flat.
Il campo è piano.

floor FL<u>AW</u>R nome il pavimento
The pen falls on the clean floor.
La penna cade sul pavimento pulito.

floor of a building nome il piano
On what floor is your apartment?
A che piano è il vostro apartamento?

flower FL<u>OW</u>-ør nome il fiore
We have many flowers in the garden.
Noi abbiamo molti fiori nel giardino.

fly FL<u>AI</u> nome la mosca
There are flies in the kitchen.
Ci sono delle mosche nella cucina.

---

to fly FL<u>AI</u> verbo volare
The pilot flies in the airplane.
Il pilota vola nell'apparecchio.

---

fog F<u>A</u>G nome la nebbia
It is difficult to see because of the fog.
È difficile vedere a causa della nebbia.

---

to follow F<u>A</u>L-<u>oh</u> verbo seguire
The pupils in the class follow the teacher.
Gli studenti nella classe seguono la maestra.

---

foolish FU-lish aggettivo sciocco
stolto
stupido
sciocca
stolta
stupida
He did a foolish thing.
Ha fatto una cosa sciocca.

---

foot FAUGHT nome il piede
My foot hurts.
Mi duole il piede.

to walk (to go on foot) verbo andare a piedi
We walk to the museum.
Noi andiamo al museo a piedi.

---

for fawr preposizione per
For dessert she has chocolate ice cream.
Per dolce lei prende gelato di cioccolato.

---

forest F<u>A</u>R-ist nome il bosco
la foresta.
There are a hundred trees in the forest.
Ci sono cento alberi nella foresta.

---

forever fawr-EV-ər avverbio per sempre
He said "good-bye" forever.
Lui disse "addio" per sempre.

---

to forget fawr-GET verbo dimenticare
She always forgets her ticket.
Lei dimentica sempre il suo biglietto.

---

fork FAWRK nome la forchetta
I eat meat with a fork.
Io mangio la carne con una forchetta.

---

to form FAWRM verbo formare
I form a club at school.
Io formo un circolo a scuola.

---

forty FAWR-ti aggettivo quaranta
Do you know the story of the forty thieves?
Conosce Lei il racconto dei quaranta briganti?

---

four FAWR aggettivo quattro
There are four people in my family.
Ci sono quattro persone nella mia famiglia.

---

fourteen fawr-TIN aggettivo quattordici
I have fourteen dollars.
Io ho quattordici dollari.

---

fox FAKS nome la volpe
The fox runs very fast.
La volpe corre velocemente.

France   FRANS   nome   la Francia
             Here is a map of France.
             Ecco una carta geografica della Francia.

French   FRENCH   aggettivo   francese
             I am reading a French book.
             Io leggo un libro francese.

---

fresh   FRESH   aggettivo   fresco, fresca
             The bread is fresh.
             Il pane è fresco.

Friday   FR<u>AI</u>-dei   nome   il venerdì
             What do we eat on Friday? Fish!
             Cosa mangiamo il venerdì? Il pesce!

---

friend   FREND   nome   l'amico
                                               l'amica
             I am your friend.
             Io sono il tuo amico.

---

frightening   aggettivo   spaventevole
      FR<u>AI</u>T-ning

The snake is frightening.
La serpe è spaventevole.

---

frog   FR<u>A</u>G   nome   la rana
           The frog is green.
           La rana è verde.

---

from	FR<u>A</u>M	preposizione	da

He has come from school.
Lui è venuto da scuola.

fruit	FRUT	nome	la frutta

Here is some fruit.
Ecco della frutta.

full	F<u>AUH</u>L	aggettivo	pieno (masc.)
			piena (fem.)

The suitcase is full of clothes.
La valigia è piena di panni.

funny	F<u>Æ</u>N-i	aggettivo	comico
			comica

The clown is funny.
Il buffone è comico.

future	FYU-ch<u>ø</u>r	nome	il futuro

In the future I am going to visit Italy.
In futuro visiterò l'Italia.

G

game	GEIM	nome	il giuoco

Which game do you prefer?
Quale giuoco preferisce Lei?

garage	g<u>ø</u>-RAHZH	nome	l'autorimessa

Where is the car? It isn't in the garage.
Dov'è la macchina? Non è nell'autorimessa.

garden	GAHR-d<u>ø</u>n	nome	il giardino

The garden is full of flowers in June.
Il giardino è pieno di fiori in giugno.

gas	GAS	nome	il gas

You have a gas stove? We have an electric
  stove!

Voi avete un fornello a gas? Noi abbiamo un fornello elettrico!

---

gasoline gas-ø-LIN nome la benzina
Daddy says, "We don't have enough gasoline."
Il babbo dice, "Non abbiamo abbastanza benzina."

---

to gather GA-thør verbo cogliere
He is going to gather some apples.
Lui va a cogliere delle mele.

---

gay GEI aggettivo allegro (masc.)
                          allegra (fem.)
The music is gay.
La musica è allegra.

---

gentle DJEN-tøl aggettivo gentile
The mother is gentle with her baby.
La mamma è gentile con il suo bambino.

---

gently DJENT-lee avverbio piano
                                  gentilmente
Walk gently. Mother has a headache.
Cammina piano. La mamma ha dolor di testa.

---

geography nome la geografia
          dji-AG-rø-fi
I like to study geography.
Mi piace studiare la geografia.

---

to get GET verbo ricevere
I receive a postcard from my sister.
Io ricevo una cartolina da mia sorella.

to get dressed verbo riflessivo vestirsi
        get-DREST
I get up, I get dressed, I go to school.
Io mi alzo, io mi vesto, io vado a scuola.

267

to get up   verbo riflessivo   alzarsi
   get-ƏP

Get up, John. You're late.
Alzati, Giovanni. Sei in ritardo.

giant   DJAI-ənt   nome   il gigante

Read me the story about a giant.
Leggimi la storia di un gigante.

girl   GURL   nome   la ragazza
   la ragazzina

The little girl plays with her doll.
La ragazzina gioca con la bambola.
The girl wears black shoes.
La ragazza porta le scarpe nere.

to give   GIV   verbo   dare

Please give me the camera.
Dammi la macchina fotografica, per piacere.

to give back   verbo   restituire

He returns my roller skates.
Mi restituisce i pattini a rotelle.

glad, happy   GLAD   aggettivo   contento (masc.)
   contenta (fem.)
   felice

The little girl is not happy.
La ragazzina non è contenta.

---

glass GLAS nome il bicchiere

I put the glass on the table.
Io metto il bicchiere sul tavolo.

---

glasses (eyeglasses) nome gli occhiali
GLAS-øs

Be careful. You are going to break your glasses.
Attenzione. Tu ti rompi gli occhiali.

---

glove GLƗV nome il guanto

She is wearing white gloves.
Lei porta i guanti bianchi.

---

glue GLU nome la colla

The bottle of glue is empty.
La bottiglia di colla è vuota.

to glue verbo incollare

I glue a picture to a page of my notebook.
Io incollo una fotografia a una pagina del mio
    quaderno.

---

to go GOH verbo partire

My aunt is leaving at five o'clock.
Mia zia parte alle cinque.

---

to go GOH verbo andare

Where are you going? I'm going home.
Dove vai? Vado a casa.

---

to go back GOH-BAK verbo ritornare
He goes to the blackboard and then returns to his seat.
Lui va alla lavagna e poi ritorna al suo posto.

to go down GOH-DAWN verbo scendere
I go down to buy the paper.
Io scendo per comprare il giornale.
The man goes down the stairs.
L'uomo scende le scale.

to go into GOH in-tu verbo entrare
They go into the house.
Loro entrano in casa.

to go to bed GOH tu-bed verbo andare a letto
I do not like to go to bed early.
Non mi piace andare a letto presto.

to go up GOH-up verbo salire
The kite goes up to the sky.
L'aquilone sale al cielo.

goat GOHT nome la capra
The farmer has a goat.
L'agricoltore ha una capra.

gold GOHLD nome l'oro
I would like to have a gold ring.
Vorrei avere un anello di oro.

good GAUHD aggettivo buono
buona
It is an interesting book; it is a good book.
È un libro interessante; è un buon libro.

Good afternoon espressione Buon
idiomatica pomeriggio
"Good afternoon children," says the teacher.
"Buon pomeriggio ragazzi," dice la maestra.

Goodbye   espressione   Arrivederci
                    idiomatica

In the morning father says "Goodbye" to his
family.
La mattina il padre dice "Arrivederci" alla
famiglia.

Good evening   espressione   Buona sera
                    idiomatica

When father returns home at 9 o'clock, he
says "Good evening."
Quando il padre ritorna a casa alle nove, dice
"Buona sera."

Good luck   espressione   Buona fortuna
                    idiomatica

Good luck, John.
Buona fortuna, Giovanni.

Good morning   espressione   Buon giorno
                    idiomatica

"Good morning children," says mother.
"Buon giorno ragazzi," dice la mamma.

---

granddaughter   nome   la nipote
GRAND-d<u>aw</u>-t<u>er</u>

Carl's granddaughter is five years old.
La nipote di Carlo ha cinque anni.

---

grandfather   nome   il nonno
GRAND-fah-<u>th</u>er

My grandfather likes to drive the car.
Al mio nonno piace guidare la macchina.

---

grandmother   nome   la nonna
GRAND-m<u>eth</u>-<u>er</u>

We are going to my grandmother's house on
Sunday.
Andiamo dalla nonna domenica.

271

grandson	GRAND-sǝn	nome	il nipote

My grandson is tall.
Mio nipote è alto.

grape	GREIP	nome	l'uva

We have grapes.
Abbiamo l'uva.

grapefruit	GREIP-frut	nome	il pompelmo

The grapefruit is not sweet.
Il pompelmo non è dolce.

grass	GRAS	nome	l'erba

Grass is green.
L'erba è verde.

grasshopper	nome	la cavalletta

GRAS-hap-ǝr

The boy tries to catch the grasshopper.
Il ragazzo tenta di prendere la cavalletta.

gray	GREI	aggettivo	grigio
			grigia

The mouse is gray.
Il topo è grigio.

great	GREIT	aggettivo	fantastico
			meraviglioso
			straordinario
			fantastica
			meravigliosa
			straordinaria

You're going to the circus? Great!
Tu vai al circo? Fantastico!

great	GREIT	aggettivo	grande

Madame Curie was a great scientist.
Madama Curie era una grande scienziata.

---

green   GRIN   aggettivo   verde
> When the banana is not ripe, it is green.
> Quando la banana non è matura, è verde.

---

grocer   GR<u>OH</u>-sør   nome   il droghiere
> The grocer sells jam.
> Il droghiere vende la marmellata.

---

ground   GR<u>OW</u>ND   nome   la terra
> The ground is soft.
> La terra è morbida.

---

ground floor   nome   pianterreno
> Our apartment is on the ground floor.
> Il nostro appartamento è al pianterreno.

---

to grow   GR<u>OH</u>   verbo   crescere
> The child grows fast.
> Il ragazzo cresce rapidamente.

---

guard   GAHRD   nome   la guardia
> The guard is at his post.
> La guardia è al suo posto.

---

to guard   GAHRD   verbo   custodire
proteggere
difendere
> He guards the money.
> Lui custodisce i soldi.
> The man guards (protects) the lady.
> L'uomo protegge la donna.
> The soldier guards (defends) his country.
> Il soldato difende la patria.

---

to guess   GES   verbo   indovinare
> Can you guess how much money I have?
> Puoi indovinare quanti soldi ho?

---

guitar   gi-TAHR   nome   la chitarra
> I know how to play the guitar.
> Io so suonare la chitarra.

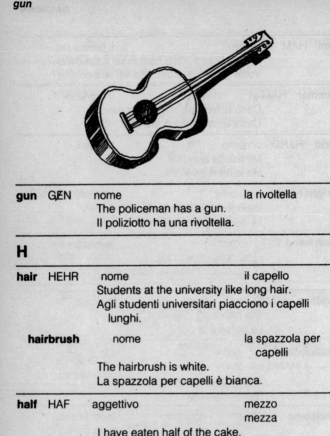

---

gun GŒN   nome   la rivoltella
The policeman has a gun.
Il poliziotto ha una rivoltella.

H

---

hair HEHR   nome   il capello
Students at the university like long hair.
Agli studenti universitari piacciono i capelli
   lunghi.

  hairbrush   nome   la spazzola per
                                     capelli
The hairbrush is white.
La spazzola per capelli è bianca.

---

half HAF   aggettivo   mezzo
                                 mezza
I have eaten half of the cake.
Io ho mangiato mezza la torta.

  half an hour   nome   mezz'ora
I have been waiting for you for half an hour!
Ti aspetto da mezz'ora!

---

half HAF   nome   la metà
Give me half of the pear, please.
Dammi la metà della pera, per piacere.

---

ham HAM	nome		il prosciutto

Will you have some ham in your sandwich?
Vuole un po' di prosciutto nel suo panino?

---

hammer HAM-ør   nome   il martello

Carlo is working with a hammer.
Carlo lavora con un martello.

---

hand HAND   nome   la mano

My hands are dirty.
Ho le mani sporche.

---

right hand   nome   la mano destra

My right hand hurts.
Mi duole la mano destra.

---

left hand   nome   la mano sinistra

I write with my left hand.
Io scrivo con la mano sinistra.

---

handbag HAND-bag   nome   la borsa

The handbag is leather.
La borsa è di cuoio.

---

handkerchief   nome   il fazzoletto
HANG-kør-chif

This handkerchief is mine.
Questo fazzoletto è mio.

---

handsome HAN-søm   aggettivo   bello (masc.)
bella (fem.)

The artist is handsome.
L'artista è bello.

---

happen HAP-ǝn verbo

avviene, accade, succede

It happens every day.
Succede ogni giorno.

What is happening espressione idiomatica

Che succede?

What is happening tonight, John?
Che succede stasera, Giovanni?

---

happy HAP-i aggettivo

contento, allegro, felice, contenta, allegra

He is happy to be here.
Lui è contento di essere qui.

Happy birthday espressione
HAP-i-B<u>UR</u>TH-dei idiomatica

Buon Compleanno

Happy birthday, John.
Buon Compleanno, Giovanni.

---

hard HAHRD aggettivo

duro (masc.)
dura (fem.)

This apple is too hard.
Questa mela è troppo dura.

---

hat HAT nome

il cappello

What a pretty hat!
Che bel cappello!

---

to hate HEIT verbo

odiare

He hates spinach.
Lui odia gli spinaci.

---

to have HAV verbo

avere

She has a pencil.
Lei ha una matita.

to have a good time   verbo riflessivo   divertirsi

     I have a good time at the theater.
     Io mi diverto al teatro.

to have a headache   espressione idiomatica   avere un dolor di testa

     I am sick. I have a headache.
     Sono malato. Ho un dolor di testa.

to have a stomachache   espressione idiomatica   avere un mal di stomaco

     Do you have a stomachache?
     Hai un mal di stomaco?

to have (food)   verbo   prendere

     Mom has toast for breakfast.
     La mamma prende il pane tostato per prima
     colazione.

to have to ("must")   verbo   dovere

     I have to wash my hands.
     Mi devo lavare le mani.

---

hay   HEI   nome   il fieno
                                      la paglia

     The farmer gives hay to the horses.
     L'agricoltore dà il fieno ai cavalli.

---

he   HI   pronome   lui

     He has arrived.
     Lui è arrivato.

---

head   HED   nome   la testa

     The soldier turns his head.
     Il soldato gira la testa.

---

health   HELTH   nome   la salute

     Mother says, "Candy is not good for your health."
     La mamma dice, "I dolci non sono buoni per la
     salute."

---

to hear   HIR   verbo   sentire
I hear the telephone ringing.
Io sento suonare il telefono.

---

heart   HAHRT   nome   il cuore
Look at all the hearts on the playing card!
Quanti cuori sulla carta!

---

heavy   HEV-i   aggettivo   pesante
The suitcase is very heavy.
La valigia è molto pesante.

---

helicopter   nome   l'elicottero
HEL-i-kap-tɘr
What is it? A helicopter.
Ch'è? Un elicottero.

Hello   he-LOH   expressione   Buon Giorno
idiomatica
"Hello, children," says the teacher.
"Buon giorno, ragazzi," dice la maestra.

---

to help   HELP   verbo   aiutare
John helps his sister carry the books.
Giovanni aiuta la sorella a portare i libri.

---

help   HELP   nome   l'aiuto
When I fall I cry, "Help!"
Quando io cado grido, "Aiuto!"

---

her H<u>UR</u> adjective suo
sua

Her handbag is new.
La sua borsa è nuova.

here HIR avverbio qui
presente

My friend Joan is here.
La mia amica Giovanna è presente.

here are avverbio ecco
Here are my toys!
Ecco i miei giocattoli!

here is avverbio ecco
Here is my toy!
Ecco il mio giocattolo!

herself hur-SELF pronome se
She came by herself.
Venne da se.

to hide H<u>AI</u>D verbo nascondere
The boy is hiding the flowers behind him.
Il ragazzo nasconde i fiori dietro di se.

to play hide and seek espressione giocare a
H<u>AI</u>D-n-SIK idiomatica rimpiattino

high (tall) H<u>AI</u> aggettivo alto (masc.)
alta (fem.)

The building is high.
L'edificio è alto.

highway H<u>AI</u>-wei nome l'autostrada

279

What is the name of this highway?
Come si chiama quest'autostrada?

---

him HIM pronome lui
lo

I like him.
Lui mi piace.
I see him.
Io lo vedo.

---

himself him-SELF pronome se

He did it by himself.
Lui l'ha fatto da se.

---

history HIS-tø-ri nome la storia

Do you like to study history?
Ti piace studiare la storia?

---

to hit HIT verbo battere

He's hitting me!
Lui mi batte!

---

hole HOHL nome il buco

I have a hole in my sock.
Io ho un buco nella calza.

---

holiday HAL-i-dei nome la festa

I like holidays.
Mi piacciono le feste.

---

home HOHM nome la casa

Here is my uncle's house.
Ecco la casa di mio zio.

---

homework HOHM-wurk nome i compiti

We are going to do our homework together.
Noi facciamo i compiti insieme.

---

hoop HUP nome il cerchio

The boy is rolling a big hoop.
Il ragazzo rotola un gran cerchio.

---

to hope HO̲HP verbo sperare

I hope to get a good mark in history.
Io spero di ricevere un buon voto in istoria.

---

horse HA̲WRS nome il cavallo

The horse is big.
Il cavallo è grande.

---

hospital HA̲S-pi-tɘl nome l'ospedale

The nurse works at the hospital.
L'infermiera lavora all'ospedale.

---

hot HA̲T aggettivo caldo (masc.)
  calda (fem.)

It is hot.
Fa caldo.

to be hot expressione avere caldo
  idiomatica

The sun is shining and I am hot.
Il sole brilla ed io ho caldo.

---

hotel ho̲h-TEL nome l'albergo

What is the name of this hotel?
Come si chiama quest'albergo?

---

hour O̲WR nome l'ora

What time is it?
Che ora è?

---

house   HO̱WS   nome   la casa
　　　　Here is my uncle's house.
　　　　Ecco la casa di mio zio.

---

how   HO̱W   avverbio   come
　　　　How are you?
　　　　Come stai?

---

however   ho̱w-E-vør   avverbio   comunque
　　　　He will come; however, I will not come.
　　　　Lui viene; comunque, io no vengo.

---

how many   HO̱W MEN-i   aggettivo   quanti
　　　　How many toys do you have?
　　　　Quanti giocattoli hai?

how much   HO̱W MÆCH   aggettivo   quanto

　　　　How much work you have done!
　　　　Quanto lavoro ha fatto!

---

humid   HYU-mi̱d   aggettivo   umido
　　　　　　　　　　　　　　　　　　umida
　　　　It is very humid today.
　　　　È molto umido oggi.

---

to be hungry   HÆNG-ri   verbo   avere fame
　　　　I am hungry.
　　　　Io ho fame.

---

hunter   HÆN-tør   nome   il cacciatore
　　　　The hunter goes into the forest.
　　　　Il cacciatore va nella foresta.

---

hurray   hø-REI   interiezione   bravo
　　　　"Hurray," shout the spectators.
　　　　"Bravo," gridano gli spettatori.

---

to hurry HŒ-ri verbo affrettarsi
They hurry because they are late.
Si affrettano perchè sono in ritardo.

---

hurt HURT nome la ferita
il male
il dolore

The hurt is serious.
La ferita è grave.

---

husband HŒZ-bønd nome il marito
My aunt's husband is my uncle.
Il marito di mia zia è mio zio.

I

I AI pronome io
I am speaking to my friends.
Io parlo ai miei amici.

---

ice AIS nome il ghiaccio
Let's go ice skating!
Andiamo a pattinare sul ghiaccio!

---

ice cream AIS KRIM nome il gelato
Do you like vanilla ice cream?
Ti piace il gelato vaniglia?

---

to ice skate verbo pattinare sul
ghiaccio

I like to ice skate.
Mi piace pattinare sul ghiaccio.

---

ice skates AIS-SKEITS nome i pattini a ghiaccio
The ice skates are new.
I pattini a ghiaccio sono nuovi.

---

idea ai-DI-ø nome l'idea
What a good idea it is to go to the pool!
Che buona idea d'andare alla piscina!

if

If IF congiunzione   se
      If he comes, I'll take him with me.
      Se viene, lo porto con me.

---

immediately i-MI-di-it-li   avverbio   immediatamente
      He did it immediately.
      Lui lo ha fatto immediatamente.

---

important im-PAWR-tønt   aggettivo   importante
      It is important to eat vegetables.
      È importante mangiare la verdura.

---

impossible im-PAS-i-bøl   aggettivo   impossibile
      It is impossible to roll this rock.
      È impossibile rotolare questo macigno.

---

in IN   preposizione   in
      They go into town.
      Vanno in città.

  in front of   preposizione   davanti a
      in-FRENT-øv
          There is a table in front of the sofa.
          C'è un tavolo davanti al divano.

  in honor of   expressione   in onore di
      in-AHN-ør-øv   idiomatica
          We are dining in a restaurant in honor of my
          daughter.
          Pranziamo al ristorante in onore di mia figlia.

  in the middle of   expressione   in mezzo a
      in-thø-MID-øl-øv   idiomatica
          Mom puts the candy in the middle of the table.
          La mamma mette i dolci in mezzo al tavolo.

  in order to   preposizione   per
      in-AWD-ør-tu

She is going to the store (in order) to buy stockings.

Va al negozio per comprare le calze.

(in) this way avverbio così
in THIS-WEI

The little marionettes dance this way.

Le piccole marionette ballano così.

This way the road is longer.

Così il camino è più lungo.

---

to indicate IN-di-keit verbo indicare

The policeman indicates that we must go by this road.

Il poliziotto indica che dobbiamo andare per questa strada.

---

inexpensive espressione a buon mercato
in-ik-SPEN-siv idiomatica

Bread is inexpensive; it does not cost much.

Il pane si vende a buon mercato; non costa molto.

---

insect IN-sekt nome l'insetto

I dislike insects.

Gli insetti non mi piacciono.

---

intelligent in-TEL-i-djønt aggettivo intelligente

The teacher says, "What an intelligent class!"

La maestra dice, "Che classe intelligente!"

---

intentionally (on purpose) avverbio intenzionalmente
in-TEN-shøn-øl-li

My brother teases me intentionally.

Mio fratello mi fa dispetti intenzionalmente.

---

interesting IN-tør-øs-ting aggettivo interessante

Do you think the film is interesting?

Lei trova che il film è interessante?

---

into   IN-tu   preposizione   in
They go into the city.
Vanno in città.

---

to introduce   in-trø-DUS   verbo   presentare
I would like to introduce my grandson to you.
Ti vorrei presentare il mio nipote.

---

to invite   in-VAIT   verbo   invitare
My aunt invites me to her house.
Mia zia mi invita a casa sua.

---

to iron   AI-ørn   verbo   stirare
My mother irons Daddy's shirt with an iron.
Mia madre stira la camicia del babbo col ferro.

---

iron (appliance)   AI-ørn   nome   il ferro
The iron is not working. I can't iron this dress.
Il ferro non funziona. Non posso stirare questo
vestito.

iron (metal)   AI-ørn   nome   il ferro
This stove is made of iron.
Questa stufa è di ferro.

---

island   AI-lønd   nome   l'isola
Capri is an Italian island.
Capri è un'isola italiana.

Isn't that true?   espressione   non è vero?
  IZNT that-TRU   idiomatica

  Isn't that so?   IZNT that-SOH

  Don't you agree?   DONT u a-GREE
The weather is bad, isn't it?
Fa cattivo tempo, non è vero?
My teacher is handsome, don't you agree?
Il mio professore è bello, non è vero?

It IT   pronome   lo, li, la, le

Here is the pencil! Do you want it?
Ecco il lapis! Lo vuoi?

Do you want them?
Li vuoi?

Here they are!
Eccole!

it is forbidden to   espressione   è vietato, è proibito
idiomatica

It is forbidden to enter this room.
È proibito entrare in questa stanza.

it is necessary   espressione   è necessario
idiomatica

It is necessary to go to school.
È necessario andare a scuola.

it is raining   verb   piove

It rains a lot in the month of April.
Piove molto nel mese di aprile.

it is snowing   verb   nevica

Look out the window. It is snowing.
Guarda dalla finestra. Nevica.

J

jacket   DJAK-it   nome   la giacca
My grandfather wears pants and a jacket.
Il mio nonno porta pantaloni e giacca.

jackknife   DJAK-naif   nome   il coltello a
serramanico
A jackknife is dangerous.
Un coltello a serramanico è pericoloso.

---

jam DJAM   nome   la marmellata

Please give me a piece of bread with strawberry jam.

Per piacere mi dia una fetta di pane con marmellata di fragole.

January DJAN-yu-er-i   nome   gennaio

JANUARY						
S	M	T	W	T	F	S
1	2	3	4	5	6	7
8	9	10	11	12	13	14
15	16	17	18	19	20	21
22	23	24	25	26	27	28
29	30	31				

January 6 is a holiday in Italy.

Il sei gennaio è festa in Italia.

---

jet plane DJET-PLEIN   nome   l'aviogetto

The jet plane has arrived.

L'aviogetto è arrivato.

---

jewel DJU-øl   nome   il gioiello

This jewel is magnificent.

Questo gioiello è magnifico.

---

jewelry DJU-øl-ri   nome   i gioielli

There is a lot of jewelry in the trunk.

Ci sono molti gioielli nel baule.

---

juice DJUS   nome   il sugo
                                        la spremuta

I like orange juice and apple juice.

Mi piacciono la spremuta d'arancia e il sugo di mela.

July dju-LAI   nome   luglio

In July it is very hot in Italy.

Nel mese di luglio fa molto caldo in Italia.

---

to jump DJEMP　verbo　　　　　　　　　saltare
　　　The boy jumps from the stairs.
　　　Il ragazzo salta dalle scale.

June DJUN　nome　　　　　　　　　giugno
　　　How many days are there in June?
　　　Quanti giorni ci sono nel mese di giugno?

K

---

kangaroo kang-gø-RU　nome　　　il canguro
　　　The kangaroo is a strange animal.
　　　Il canguro è un animale strano.

---

to keep KIP　verbo　　　　　　　　　conservare
　　　I keep the list at home.
　　　Io conservo l'elenco a casa.

---

key KI　nome　　　　　　　　　la chiave
　　　Where is my key?
　　　Dov'è la mia chiave?

---

to kick KIK　verbo　　　　　　　dare un calcio a
　　　He kicked me.
　　　Lui mi diede un calcio.

---

to kill KIL　verbo　　　　　　　　　uccidere
　　　Mother kills the fly.
　　　La mamma uccide la mosca.

---

kilometer KIL-ø-mi-tør nome il chilometro
I live five kilometers from the school.
Io abito a cinque chilometri dalla scuola.

---

kind KAIND aggettivo gentile
The lady is kind.
La donna è gentile.

---

kind KAIND nome il tipo
la specie
What kind of meat is this?
Che specie di carne è questa?

---

king KING nome il re
Is there a king in Italy? No, there is a president.
C'è un re in Italia? No, c'è un presidente.

---

kiss KIS nome il bacio
Mother is kissing the child.
La mamma da un bacio al ragazzo.

---

kitchen KICH-øn nome la cucina
Mother prepares meals in the kitchen.
La mamma prepara i pasti nella cucina.

---

kite KAIT nome l'aquilone
Good, it's windy. Let's play with a kite.
Bene, tira vento. Giochiamo con l'aquilone.

---

kitten KIT-øn nome il gattino
The kitten is cute.
Il gattino è carino.

---

knee NI nome il ginocchio
You have a sore knee? That's too bad!
Ti fa male il ginocchio? Che peccato!

---

knife NAIF nome il coltello
il temperino

He has a knife.
Lui ha un temperino.

to knit NIT	verbo	lavorare a maglia

I am learning how to knit.
Sto imparando a lavorare a maglia.

to knit socks	verbo	fare la calza

I am knitting socks.
Faccio la calza.

knob NAB	nome	il pomo

The knob is made of wood.
Il pomo è di legname.

to knock NAK	verbo	bussare

Mommy, someone is knocking at the door.
Mamma, qualcuno bussa alla porta.

to know NOH	verbo	conoscere

Do you know my teacher?
Conosci il mio maestro?

to know (how to) NOH	verbo	sapere

I know how to ride a bicycle.
Io so andare in bicicletta.

L

lady LEI-di	nome	la donna

Who is the lady?
Chi è la donna?

lake LEIK	nome	il lago

I go fishing at the lake shore.
Io vado a pescare in riva al lago.

lamp LAMP	nome	la lampada

The lamp is in the living room.
La lampada è nel salone.

large	LAHRDJ	aggettivo	grande

The house is large.
La casa è grande.

last	LAST	aggettivo	ultimo (masc.)
			ultima (fem.)

Paul is the last one to sit down at the table.
Paolo è l'ultimo a sedersi al tavolo.

late	LEIT	avverbio	tardi

He arrived late.
Lui è arrivato tardi.

to be late   expressione   essere tardi
(impersonale)   idiomatica

It is late. Let's hurry.
È tardi. Affrettiamoci.

to be late   expressione   essere in ritardo
(personale)   idiomatica

I am late. I must hurry.
Sono in ritardo. Devo affrettarmi.

to laugh	LAF	verbo	ridere

She laughs when she looks at the clown.
Lei ride quando guarda il buffone.

lawyer	LAW-yør	nome	l'avvocato

My uncle is a lawyer.
Mio zio è avvocato.

---

lazy LEI-zi aggettivo pigro
                                                    pigra
My teacher says I am lazy.
Il mio maestro dice che io sono pigro.

---

to lead LID verbo condurre
He leads his dog outside.
Lui conduce a spasso il suo cane.

---

leader LI-dør nome il capo
No! You're always playing the leader.
No! Tu fai sempre da capo.

---

leaf LIF nome la foglia
The leaves are green in summer.
Le foglie sono sempre verdi d'estate.

---

to leap LIP verbo saltare
I leap over the wall.
Io salto il muro.

**to play
leapfrog** espressione
idiomatica giocare a
cavalletta
The children play leapfrog.
I ragazzi giocano a cavalletta.

---

to learn LURN verbo imparare
She likes to learn French.
A lei piace imparare il francese.

---

leather LETH-ør nome il cuoio
My brother's jacket is made of leather.
La giacca di mio fratello è di cuoio.

---

to leave LIV verbo lasciare
I often leave my books at Michael's house.
Io lascio spesso i miei libri a casa di Michele.

---

to leave LIV verbo partire
My aunt is leaving at 5 o'clock.
Mia zia parte alle cinque.

---

left LEFT aggettivo   sinistra
I raise my left hand.
Io alzo la mano sinistra.

  to the left   espressione   a sinistra
idiomatica
The tree is to the left of the house.
L'albero è a sinistra della casa.

leg LEG nome   la gamba
Man has two legs; animals have four paws.
L'uomo ha due gambe; gli animali hanno quattro
zampe.

lemon LEM-ǝn nome   il limone
Lemons are yellow.
I limoni sono gialli.

to lend LEND verbo   prestare
Can you lend me your bicycle?
Mi puoi prestare la (tua) bicicletta?

leopard LEP-ǝrd nome   il leopardo
The leopard is in the forest.
Il leopardo è nella foresta.

less LES avverbio   meno
You gave me less than you said.
Mi ha dato meno di quel che ha detto.

---

lesson LES-ǿn   nome   la lezione
Today's lesson is difficult, isn't it?
La lezione di oggi è difficile, non è vero?

---

to let (to allow)   LET   verbo   permettere
My brother lets me go with him.
Mio fratello mi permette di andare con lui.

---

letter LET-ǿr   nome   la lettera
I put the letter in the envelope.
Io metto la lettera nella busta.

---

letter box LET-ǿr-b<u>a</u>ks   nome   la buca delle
                                              lettere
The letter box is to the left of the door.
La buca delle lettere è a sinistra della porta.

---

lettuce LET-i̱s   nome   la lattuga
Mom makes a salad with lettuce.
La mamma fa l'insalata con la lattuga.

---

library L<u>A</u>I-brer-i   nome   la biblioteca
There are so many books in the library!
Ci sono tanti libri nella biblioteca!

---

lie L<u>A</u>I   nome   la bugia
                                          la menzogna
He tells lies.
Lui dice bugie.

---

light L<u>A</u>IT   nome   la luce
The moon does not give much light.
La luna non dà molta luce.

light (traffic)   nome   il semaforo
You cross the street when you see the green
    traffic light.
Si attraversa la strada quando si vede il
    semaforo verde.

light switch   L<u>AI</u>T SW<u>I</u>CH   nome   l'interruttore
The light switch is broken.
L'interruttore è rotto.

---

light   L<u>AI</u>T   aggettivo   leggiero (masc.)
leggiera (fem.)

This box is light.
Questa scatola è leggiera.

---

lightning   L<u>AI</u>T-n<u>i</u>ng   nome   il fulmine
I am afraid of lightning.
Ho paura dei fulmini.

---

to like   L<u>AI</u>K   verbo   amare
A mother likes her children.
Una mamma ama i figli.

to like   L<u>AI</u>K   verbo   piacere
(to be pleasing to)
The man likes wine. (The wine is pleasing to the man.)
All'uomo piace il vino.

---

lion   L<u>AI</u>-øn   nome   il leone
The lion is not a gentle animal.
Il leone non è un animale gentile.

---

lip   L<u>I</u>P   nome   il labbro
My lip hurts.
Mi duole il labbro.

---

to listen   LIS-ən   verbo   ascoltare
    The boy is listening to the radio.
    Il ragazzo ascolta la radio.

---

little   LIT-l   aggettivo   piccolo (masc.)
                                                          piccola (fem.)
    The boy is little.
    Il ragazzo è piccolo.

---

little   LIT-l   nome   un poco
                                                          un po'
    Do you want any bread? A little, please.
    Vuole del pane? Un po', per piacere.

---

to live   LIV   verbo   abitare
    Where do you live?
    Dove abita Lei?

---

to live   LIV   verbo   vivere
    We live well in America.
    Viviamo bene in America.

---

to live (reside)   LIV   verbo   risiedere
    Where do you live?
    Dove risiede Lei?

---

living room   LIV-ing rum   nome   il salotto
    Who is in the living room?
    Chi è nel salotto?

---

loaf (of bread)   LOHF   nome   il pane
    You see many loaves of bread in the bakery.
    Si vedono molti pani nella panetteria.

  roll   ROHL   nome   il panino
    A roll, please.
    Un panino, per piacere.

  toast   TOHST   nome   il pane tostato
    My sister prefers toast.
    Mia sorella preferisce il pane tostato.

long	LAWNG	aggettivo	lungo (masc.)
			lunga (fem.)

She is wearing a long dress.
Porta un vestito lungo.

---

look (appearance) LAUHK   nome   l'apparenza
The father has an angry look.
Il babbo ha un'apparenza irritata.

---

to look after   verbo   badare a
                                           sorvegliare
I look after the kittens.
Io bado ai gattini.

---

to look at   LAUHK   verbo   guardare
I like to watch television.
Mi piace guardare la televisione.

---

to look for   verbo   cercare
Father is always looking for his keys.
Il babbo cerca sempre le sue chiavi.

---

to lose   LUZ   verbo   perdere
John always loses his hat.
Giovanni perde sempre il cappello.

---

lot of (many)   LAT   aggettivo   molto
                                           molta
Mary has a lot of books.
Maria ha molti libri.

---

loud   LOWD   aggettivo   forte
He has a loud voice.
Lui ha una voce forte.

---

  in a loud voice   espressione   ad alta voce
                                 idiomatica
He speaks in a loud voice.
Lui parla ad alta voce.

---

loudly   avverbio   forte
He plays the drum loudly.
Lui suona il tamburo forte.

---

to love L*Æ*V   verbo   amare
The mother loves her children.
La mamma ama i figli.

---

love L*Æ*V   nome   l'amore
The boy has a great love for his family.
Il ragazzo ha un grande amore per la sua
famiglia.

---

to lower LOH-*ø*r   verbo   abbassare
The sailor lowers the sail.
Il marinaio abbassa la vela.

---

luck L*Æ*K   nome   la fortuna
Before the exam my friend says, "Good luck!"
Prima dell'esame il mio amico dice, "Buona
fortuna!"

  to be lucky   verbo   essere fortunato
The boy wins a prize. He is lucky.
Il ragazzo vince un premio. Lui è fortunato.

---

luggage L*Æ*G-idj   nome   il bagaglio
The luggage is ready for the trip.
Il bagaglio è pronto per il viaggio.

---

lunch L*Æ*NCH   nome   la colazione
I eat lunch at noon.
Io faccio colazione a mezzogiorno.

M

---

machine m*ø*-SHIN   nome   la macchina
The machine does not work.
La macchina non funziona.

washing machine	nome	la lavatrice

Mother wants a washing machine.
La mamma vuole una lavatrice.

---

mad (crazy)	MAD	aggettivo	matto
			pazzo
			matta, pazza

He is mad.
Lui è matto.

---

made of	MEID-øv	espressione	di (fatto di)
		idiomatica	

The door is made of wood.
La porta è di legno.

---

maid	MEID	nome	la cameriera

The maid is young.
La cameriera è giovane.

---

cleaning lady	nome	la donna di servizio

The cleaning lady cleans the house.
La donna di servizio pulisce la casa.

---

to mail a letter	verbo	imbucare una lettera
MEIL ø LET ør		

I mail a letter every day.
Io imbuco una lettera ogni giorno.

---

mailbox	MEIL-BAKS	nome	la buca delle lettere

The mailbox is on the right.
La buca delle lettere è a destra.

---

mailman	MEIL-man	nome	il postino

The mailman brings letters and packages.
Il postino porta le lettere e i pacchi.

---

to make	MEIK	verbo	fare

He makes the trip in an hour.
Lui fa il viaggio in un'ora.

---

mama	MA-mǝ	nome	la mamma

Mama, where are my socks?
Mamma, dove sono le calze?

man	MAN	nome	l'uomo

The man comes to fix the TV set.
L'uomo viene ad aggiustare il televisore.

man	MAN	nome	signore

The man arrived at four o'clock.
Il signore è arrivato alle quattro.

many	MEN-i	aggettivo	molto
			molta

There are many books in the library.
Ci sono molti libri alla biblioteca.

map	MAP	nome	la carta geografica

Do you have a map of Italy?
Ha Lei una carta geografica dell'Italia?

road map	ROHD MAP	nome	carta stradale

The road map is new.
La carta stradale è nuova.

March	MAHRCH	nome	marzo

It is windy in March.
Tira vento in marzo.

---

marionette ma-ryan-ET   nome   la marionetta
The marionettes are funny.
Le marionette sono comiche.

---

mark (in school) MAHRK   nome   il voto
Do you have good marks?
Tu hai buoni voti?

---

market MAHR-kit   nome   il mercato
What do they sell at the market?
Che vendono al mercato?

---

to marry MAR-i   verbo   sposare
My sister marries the teacher.
Mia sorella sposa il maestro.

---

marvelous MAHR-vø-løs   aggettivo   meraviglioso
meravigliosa
You are going to the circus? Marvelous!
Tu vai al circo? Meraviglioso!

---

match MACH   nome   il fiammifero
Matches are dangerous for children.
I fiammiferi sono pericolosi per i ragazzi.

May MEI   nome   maggio
There are 31 days in May.
Ci sono trentun giorni in maggio.

---

maybe MEI-bi   avverbio   forse
può darsi
Are we going horseback riding this morning?
Maybe!
Andiamo a cavallo stamani? Può darsi!
Maybe we will come too.
Forse verremo anche noi.

---

me MI   pronome   mi, io
He gives me some bread.
Lui mi dà del pane.

Who is knocking at the door? It's me, Michael.
Chi bussa alla porta? Sono io, Michele.

---

meal MIL   nome   il pasto
Which meal do you prefer?
Quale pasto preferisce Lei?

---

to mean MIN   verbo   volere dire
What does this word mean?
Che vuol dire questa parola?

---

meat MIT   nome   la carne
The woman goes to the butcher shop to buy meat.
La donna va alla macelleria per comprare la carne.

---

mechanic mø-KAN-ik   nome   il meccanico
I would like to become a mechanic.
Io vorrei diventare meccanico.

---

medicine MED-i-sin   nome   la medicina

The medicine is good for you.
La medicina è buona per lei.

---

to meet MIT   verbo   incontrare
We meet our friends at the park.
Noi incontriamo i nostri amici al parco.

---

member   MEM-ber   nome   il socio
                                          il membro
            He is a member of our team.
            Lui è membro della nostra squadra.

---

menu   MEN-yu   nome   la lista
            Every restaurant has a menu.
            Ogni ristorante ha una lista.

---

merry-go-round   nome   la giostra
      MER-i-goh-rownd   il carosello
            Look at the horses on the merry-go-round!
              Guarda i cavalli della giostra!

---

midnight   MID-nait   nome   la mezzanotte
            It is midnight. Why aren't you sleeping?
            È mezzanotte. Perchè non dormi?

---

mile   MAIL   nome   il miglio
            My friend lives one mile from here.
            Il mio amico abita a un miglio da qui.

---

milk   MILK   nome   il latte
            I drink milk and Daddy drinks coffee with milk.
            Io bevo il latte e il babbo beve il caffè con latte.

---

million   MIL-yen   nome   il milione
            How many records do you have? A million!
            Quanti dischi hai tu? Un milione!

---

minute   MIN-it   nome   il minuto
            How many minutes are there in an hour?
            Quanti minuti ci sono in un'ora?

---

mirror   MIR-er   nome   lo specchio
            Do you have a mirror?
            Hai uno specchio?

miss	MIS	nome	la signorina

Miss Marino? She is a good teacher.
La signorina Marino? Lei è una buona
maestra.

mistake	mis-TEIK	nome	lo sbaglio

I make mistakes when I write in Italian.
Faccio degli sbagli quando scrivo in italiano.

to mix	MIKS	verbo	mescolare

When you play cards, you mix the cards.
Quando si gioca alle carte, si mescolano.

moist	MOIST	aggettivo	umido
			umida

My bathing suit is damp.
Il mio costume da bagno è umido.

Mom, Mommy	MAM, MA-mi	nome	la mamma

Mom, where are my socks?
Mamma, dove sono le calze?

moment	MOH-mønt	nome	il momento

I am going into the post office for a moment.
Io entro nell'ufficio postale per un momento.

Monday	MEN-dei	nome	il lunedì

What do you do on Monday?
Che fai tu il lunedì?

305

money	MEN-i	nome	il denaro

He doesn't have enough money.
Lui no ha abbastanza denaro.

monkey	MENG-ki	nome	la scimmia

The monkey is eating a banana.
La scimmia mangia una banana.

month	MENTH	nome	il mese

We have two months of vacation.
Abbiamo due mesi di vacanze.

moon	MUN	nome	la luna

The moon is bright.
La luna è chiara.

morning	MAWR-ning	nome	la mattina

What do you eat in the morning?
Che mangi tu la mattina?

Good morning		espressione idiomatica	Buon giorno

mosquito	mes-KI-toh	nome	la zanzara

A mosquito bit me.
Una zanzara mi ha punto.

mother	METH-er	nome	la madre

Today is my mother's birthday.
Oggi è il compleanno di mia madre.

mountain	MOWN-tøn	nome	la montagna

The mountains north of Italy are the Alps.
Le montagne al nord dell'Italia sono le Alpi.

mouse	MOWS	nome	il topo
mice	MAIS	nome	i topi

There are mice in this field.
Ci sono dei topi in questo campo.

mouth	MOWTH	nome	la bocca

The child opens his mouth when he cries.
Il bambino apre la bocca quando piange.

to move	MUV	verbo	muovere

She moves her fingers quickly when she plays
   the piano.
Lei muove rapidamente le dita quando suona il
   pianoforte.

movie	MU-vi	nome	il film
			la pellicola

They made a new film in Hollywood.
Hanno girato un nuovo "film" a Hollywood.
The film is new.
La pellicola è nuova.

movies		nome	il cinema

There is a good film at the movies.
C'è un buon "film" al cinema.

Mr.	MIS-tør	nome	il signore

"This way, please, sir."
"Di qua, per piacere, signore."

Mrs.	MIS-øs	nome	la signora

Say "Good Morning" to the lady.
Di "Buon giorno" alla signora.

much	MECH	aggettivo	molto
			molta

I have much to do.
Ho molto da fare.

---

mud MƏD nome il fango
My hands are covered with mud.
Ho le mani coperte di fango.

---

museum myu-ZI-əm nome il museo
The museum is open from 2 to 5.
Il museo è aperto dalle due alle cinque.

---

music MYU-zik nome la musica
Do you know how to read musical notes?
Sai leggere le note musicali?

---

musician myu-ZISH-ən nome il musicista
The boy wants to become a musician.
Il ragazzo vuole diventare musicista.

---

my MAI pronome mio, miei
mia, mie

My brother is handsome.
Mio fratello è bello.
My sister is pretty.
Mia sorella è bella.
My brothers are here.
I miei fratelli sono qui.
My sisters have gone out.
Le mie sorelle sono uscite.

---

myself mai-SELF pronome me stesso
I made it myself.
Io l'ho fatto da me stesso.

N

---

nail (fingernail) NEIL nome l'unghia
My fingernail is broken.
L'unghia è rotta.

nail (metal) NAIL nome il chiodo

My brother plays with nails and a hammer.
Mio fratello gioca con chiodi e un martello.

---

name NEIM nome il nome
What is the name of this thing?
Qual'è il nome di questa cosa?

   ... name is verbo riflessivo chiamarsi
What is your name? My name is Henry.
Come ti chiami? Io mi chiamo Enrico.

---

napkin NAP-kin nome il tovagliolo
There are four napkins on the table.
Ci sono quattro tovaglioli sul tavolo.

---

narrow NAR-oh aggettivo stretto
 stretta
The road is narrow.
La strada è stretta.

---

nation NEI-shen nome la nazione
This is a great nation.
Questa è una grande nazione.

---

national NASH-en-el aggettivo nazionale
July 4 is the national holiday of the United States.
Il quattro luglio è la festa nazionale degli Stati
   Uniti.

---

naughty NAW-ti aggettivo cattivo
 cattiva
Robert cannot go out. He is naughty.
Roberto non può uscire. È cattivo.

---

near NIR avverbio vicino a
Milan is not close to the sea.
Milano non è vicino al mare.

---

neck NEK nome il collo
My grandmother says, "My neck hurts."
La nonna dice, "Mi fa male il collo."

---

to need	NID	verbo	avere bisogno di

The fish needs water.
Il pesce ha bisogno d'acqua.

needle	NID-l	nome	l'ago

Here is a sewing needle.
Ecco un ago da cucire.

neighbor	NEI-bør	nome	il vicino

My neighbor Bernard lives near me.
Il mio vicino Bernardo abita vicino a me.

nephew	NEF-yu	nome	il nipote

He is Mr. Napoli's nephew.
Lui è il nipote del signor Napoli.

nest	NEST	nome	il nido

How many eggs do you see in the nest?
Quante uova vedi tu nel nido?

never	NEV-ør	avverbio	non . . . mai

I never want to play with you.
Non voglio mai giocare con te.

new	NU	aggettivo	nuovo (masc.)
			nuova (fem.)

My bicycle is new.
La mia bicicletta è nuova.

---

newspaper NUZ-pei-pər nome il giornale

After dinner my uncle reads the newspaper.

Dopo pranzo mio zio legge il giornale.

---

next NEKST aggettivo prossimo (masc.)

prossima (fem.)

The teacher says, "Next week we will have an examination."

La maestra dice, "La prossima settimana faremo un esame."

---

next to avverbio accanto a

At the restaurant Peter sits next to Caroline.

Al ristorante Pietro si siede accanto a Carolina.

---

nice NAIS aggettivo piacevole

bello (masc.)

bella (fem.)

Spring is a nice season.

La primavera è una bella stagione.

---

niece NIS nome la nipote

She is the lawyer's niece.

È la nipote dell'avvocato.

---

night NAIT nome la notte

At night you can see the stars.

Di notte si possono vedere le stelle.

---

night (evening) NAIT nome la sera

I watch television in the evening.

Io guardo la televisione di sera.

---

nine NAIN aggettivo nove

There are nine children here.

Ci sono nove ragazzi qui.

---

nineteen nain-TIN aggettivo diciannove

I have nineteen books.

Io ho diciannove libri.

311

ninety NAIN-ti   aggettivo   novanta
>>> There are ninety people here.
>>> Ci sono novanta persone qui.

---

no NOH   no
>>> Get up! No, I don't want to get up.
>>> Alzati! No, non voglio alzarmi.

  no admittance   espressione   vietato entrare
   nOH-ad-MIT-éns   idiomatica
>>> No admittance. We cannot enter.
>>> Vietato entrare. Non possiamo entrare.

  no longer   avverbio   non . . . più
   noh LAWNG-gør
>>> My brother no longer goes to school.
>>> Mio fratello non va più a scuola.

  no matter   espressione   non importa
   noh-MAT-ør   idiomatica
>>> You don't have a pencil? No matter. Here is a
>>> pen.
>>> Non hai una matita? Non importa. Ecco una
>>> penna.

  no smoking   espressione   vietato fumare
   nOH-SMOH-king   idiomatica
>>> No smoking in school.
>>> Vietato fumare a scuola.

---

noise NOIZ   nome   il rumore
>>> Thunder makes a loud noise.
>>> I tuoni fanno un gran rumore.

---

noon NUN   nome   il mezzogiorno
>>> It is noon. It's time for lunch.
>>> È mezzogiorno. È ora di colazione.

---

north NAWRTH   nome   il nord
>>> When I go from Rome to Milan, I go toward the
>>> north.

Quando vado da Roma a Milano, vado verso il nord.

---

nose NOHZ   nome   il naso
My doll's nose is cute.
Il naso della mia bambola è carino.

---

not NAT   avverbio   non
My grandfather does not go to work.
Il mio nonno non va a lavorare.

---

note NOHT   nome   il biglietto
I am rich. I have a thousand lire note.
Son ricco. Ho un biglietto da mille lire.

   note (musical) NOHT   nome   la nota
I know the musical notes.
Io conosco le note musicali.

---

notebook NOHT-bauhk   nome   il quaderno
She writes her homework in a notebook.
Lei fa i suoi compiti in un quaderno.

---

nothing NETH-ing   nome   niente
                                             nulla
What do you have in your pocket? Nothing!
Che hai nella tasca? Nulla!
There is nothing to do.
Non c'è niente da fare.

November noh-VEM-bər   nome   novembre
November is not the last month of the year.
Novembre non è l'ultimo mese dell'anno.

313

---

now N<u>OW</u>   avverbio   ora

                                                  adesso

         You have to take a bath now!

         Devi fare un bagno adesso!

---

number N<u>E</u>M-bør   nome   il numero

         What is your telephone number?

         Qual'è il suo numero di telefono?

---

nurse N<u>URS</u>   nome   l'infermiera

         My neighbor is a nurse.

         La mia vicina è infermiera.

---

nylon N<u>AI</u>-l<u>a</u>n   nome   il nailon

         A nylon rope is very strong.

         Una fune di nailon è molto forte.

O

---

to obey <u>oh</u>-BEI   verbo   ubbidire

         When I am well-behaved, I obey my parents.

         Quando sono ben educato, io ubbidisco ai miei

         genitori.

---

occupied (busy)   aggettivo   occupato

  <u>A</u>K-yu-pa<u>i</u>d   occupata

         My brother is occupied now; he is doing his

         homework.

         Mio fratello è occupato adesso; fa i suoi compiti.

---

ocean <u>OH</u>-shøn   nome   l'oceano

         Is the Atlantic Ocean to the west of France?

         L'Oceano Atlantico è all'ovest della Francia?

    ocean liner   nome   il transatlantico

         The ocean liner is no longer in service.

         Il transatlantico non è più in servizio.

October ak-TOH-bɚr   nome   ottobre
           It is cool in October.
           Fa fresco in ottobre.

---

odd AD   aggettivo   strano
                               strana
           Here is an odd animal.
           Ecco un animale strano.

---

office A-fis   nome   l'ufficio
           Here is the office of a large company.
           Ecco l'ufficio di una grande ditta.

   post office   nome   l'ufficio postale
           You go to the post office to mail a package.
           Tu vai all'ufficio postale per spedire un pacco.

---

often A-fɚn   avverbio   spesso
           I often go by bus.
           Vado spesso in autobus.

---

oil OIL   nome   l'olio
           Mother, are you putting oil in the salad?
           Mamma, tu metti l'olio nell'insalata?

---

okay oh-KEI   espressione   d'accordo
                 idiomatica   va bene
           Do you want to play with me? Okay.
           Tu vuoi giocare con me? D'accordo!

---

old OHLD   aggettivo   vecchio (masc.)
                               vecchia (fem.)
           The book is old and the pen is old.
           Il libro è vecchio e la penna è vecchia.

---

on AN   preposizione   su
           The ruler is on the desk.
           La riga è sulla scrivania.

   on purpose an-PUR-pɚs   avverbio   di proposito

My brother teases me on purpose.
Mio fratello mi annoia di proposito.

---

once again wøns ø-GEN avverbio di nuovo
ancora
un'altra volta

He will do it once again.
Lui lo farà di nuovo.

---

one WEN aggettivo uno
un
una

One tree is small.
Un albero è piccolo.

---

one hundred aggettivo cento
WEN HUN-dred

There are one hundred people at the fair!
Ci sono cento persone alla fiera!

---

one must WEN-MEST espressione si deve
idiomatica

One must go to school.
Si deve andare a scuola.

---

one that (who) pronome quello
WEN that (whu) quella

Here is a red pen. My father's is yellow.
Ecco una penna rossa. Quella di mio padre è
gialla.

---

onion EN-yøn nome la cipolla

I am going to the store to buy some onions.
Vado al negozio a comprare delle cipolle.

---

only OHN-li aggettivo solo
sola

Only I am here.
Solo io sono qui.

---

only <u>OH</u>N-li avverbio solamente

I have only one dollar.
Ho solamente un dollaro.

---

open <u>OH</u>-pøn aggettivo aperto (masc.)
aperta (fem.)

The window is open.
La finestra è aperta.

---

to open <u>OH</u>-pøn verbo aprire

I open my desk to look for an eraser.
Io apro la mia scrivania per cercare una gomma.

---

to operate <u>A</u>-pør-eit verbo funzionare

This lamp is not operating.
Questa lampada non funziona.

---

or <u>AW</u>R congiunzione o

Would you like peaches or apples?
Vuole delle pesche o delle mele?

---

orange <u>AR</u>-indj nome l'arancia

What color is the orange?
Di che colore è l'arancia?

orange (color) aggettivo arancio
arancia

The orange dress is pretty.
Il vestito arancio è bello.

orange juice nome spremuta di
arancia

I like orange juice.
La spremuta di arancia mi piace.

---

to order <u>AW</u>R-dør verbo ordinare

In the restaurant Father orders dinner.
Nel ristorante il babbo ordina il pranzo.

to order (command)

to order (command)	verbo	commandare

The general commands the troops.
Il generale comanda le truppe.

in order to	preposizione	per
in <u>AW</u>R-d<u>ø</u>r t<u>ø</u>		

In order to win, we must hurry.
Per vincere, dobbiamo affrettarci.

other <u>E</u>TH-<u>ø</u>r	aggettivo	altro

Where is the other pencil?
Dov'è l'altro lapis?

our <u>OW</u>R	aggettivo possessivo	nostro (masc.)
		nostra (fem.)

Our teacher is scolding us today.
La nostra maestra ci rimprovera oggi.

out of <u>OW</u>T-<u>ø</u>v	preposizione	da

My grandfather looks out of the window.
Il nonno guarda dalla finestra.

outside <u>ow</u>t-SAID	avverbio	fuori

My friend is waiting for me outside.
Il mio amico mi aspetta fuori.

over there <u>oh</u>-v<u>ø</u>r-THEHR	avverbio	là

Do you see your brother over there at the station?
Vedi tuo fratello là alla stazione?

to overturn oh-vər-TURN verbo rovesciare
  The baby overturns the plate.
  Il bambino rovescia il piatto.

owl OWL nome il gufo
  The owl is heard during the night.
  Il gufo si sente di notte.

own OHN aggettivo proprio
  propria
  It is not my sister's book; it is my own book.
  Non è il libro di mia sorella; è il mio proprio libro.

to own OHn verbo possedere
  I'm glad to own a car.
  Mi piace possedere una macchina.

P

package PAK-idj nome il pacco
  What's in the package?
  Che c'è nel pacco?

page PEIDJ nome la pagina
  The map of Italy is on page ten.
  La carta geografica dell'Italia è a pagina dieci.

pail PEIL nome il secchio
  The pail is full of water.
  Il secchio è pieno d'acqua.

---

to paint   PEINT   verbo   dipingere
> My sister is an artist. She likes to paint.
> Mia sorella è artista. Le piace dipingere.

---

to paint (walls of a house)   verbo   verniciare
  PEINT
> My father is painting the kitchen.
> Mio padre vernicia la cucina.

---

pair   PEHR   nome   il paio
> I would like to buy a pair of gloves.
> Io vorrei comprare un paio di guanti.

---

pajamas pø-DJAH-møz   nome   i pigiama
> I put on my pajamas at 10 o'clock at night.
> Io mi metto i pigiama alle dieci di sera.

---

palace PAL-is   nome   il palazzo
> The king arrives at the palace.
> Il re arriva al palazzo.

---

pants   PANTS   nome   i pantaloni
> The boy's pants are dirty.
> I pantaloni del ragazzo sono sporchi.

Papa   PA-pø   nome   il babbo
> Papa, I'm afraid!
> Babbo, ho paura!

---

paper   PEI-pør   nome   la carta
> There is some paper in my notebook.
> C'è della carta nel mio quaderno.

  sheet of paper   nome   il foglio di carta
> The sheet of paper is dirty.
> Il foglio di carta è sporco.

---

parachute PAR-ø-shut   nome   il paracadute
> Is it dangerous to jump from a plane with a
> parachute?

> È pericoloso saltare da un apparecchio in
> paracadute?

---

parade pø-REID   nome   la parata
> We walk in the parade.
> Noi marciamo nella parata.

---

parakeet PAR-ø-kit   nome   il parrocchetto
> We have two pretty parakeets.
> Noi abbiamo due bei parrocchetti.

---

pardon me   espressione   scusa (familiare)
  PAHR-døn-MI   idiomatica   scusi (formale)
> Pardon me! It's your pocketbook, isn't it?
> Mi scusi! È Sua borsa, non è vero?

---

parents PEHR-ønts   nome   i genitori
> My parents go to work in the morning.
> I miei genitori vanno al lavoro la mattina.

---

park PAHRK   nome   il parco
> The park is nearby.
> Il parco è qui vicino.

---

parrot PAR-øt   nome   il pappagallo
> My pet is a parrot.
> Un pappagallo è il mio animale favorito.

---

part (role) PAHRT   nome   la parte
> I want to play the part of the prince.
> Voglio interpretare la parte del principe.

---

party PAHR-ti   nome   la festa
> The party is July 18th?
> La festa è il diciotto luglio?

---

to pass PAS   verbo   passare
> He passed without speaking.
> Lui è passato senza parlare.

---

to paste	PEIST	verbo	incollare

I paste a picture to a page of my notebook.
Io incollo un ritratto a una pagina del mio
    quaderno.

path	PATH	nome	il sentiero

The path leads to the bridge.
Il sentiero conduce al ponte.

paw	P<u>AW</u>	nome	la zampa

The lion has four paws.
Il leone ha quattro zampe.

to pay (to pay for)	PEI	verbo	pagare

Mother pays the butcher for the meat.
La mamma paga la carne al macellaio.

peach	PICH	nome	la pesca

Peaches are eaten in summer.
Le pesche si mangiano d'estate.

peanut	PI-nøt	nome	l'arachide

The elephant likes to eat peanuts.
All'elefante piace mangiare le arachidi.

pear	PEHR	nome	la pera

Is the pear ripe?
È matura la pera?

peas PIZ nome i piselli
I like peas.
Mi piacciono i piselli.

pen PEN nome la penna
I always leave my pen at home.
Io lascio sempre la penna a casa.

ballpoint pen nome la penna a sfera
I am writing with a ballpoint pen.
Io scrivo con una penna a sfera.

pencil PEN-sil nome la matita
il lapis
Please give me a pencil.
Per piacere mi dia un lapis.
I do not like this pencil.
Non mi piace questa matita.

people PI-pøl nome la gente
Many people are in the store.
C'è molta gente nel negozio.

people (persons) PI-pøl nome la persona
There are seven people in my family.
Ci sono sette persone nella mia famiglia.

perhaps pør-HAPS avverbio può essere
forse
Are we going horseback riding this morning?
Perhaps.
Andiamo a cavallo questa mattina? Forse.
Perhaps he will come also.
Può essere che verrà anche lui.

permission pør-MISH-øn nome il permesso
Do you have permission to go to the country?
Hai il permesso di andare in campagna?

---

to permit (to allow) pu<u>r</u>-MIT   verbo   permettere
I permit you to pass.
Io ti permetto di passare.

---

person PU<u>R</u>-s<u>ø</u>n   nome   la persona
There are many persons in my school.
Ci sono molte persone nella mia scuola.

---

pet PET   nome   l'animale favorito
The cat is my pet.
Il gatto è il mio animale favorito.

---

pharmacy FAHR-m<u>ø</u>-si   nome   la farmacia
The pharmacy is located close to the park.
La farmacia si trova vicino al parco.

---

phonograph FOH-n<u>ø</u>-graf   nome   il fonografo, il giradischi
I have a new phonograph.
Io ho un nuovo fonografo.

---

photograph FOH-t<u>ø</u>-graf   nome   la fotografia
Look at my photograph. It's funny, isn't it?
Guarda la mia fotografia. È comica, non è vero?

---

piano PYA-n<u>oh</u>   nome   il pianoforte
Who plays the piano in your family?
Chi suona il pianoforte nella tua famiglia?

---

to pick PIK   verbo   cogliere
I pick the apples.
Io colgo le mele.

---

picture (photograph) PIK-ch<u>ø</u>r   nome   la fotografia
I like the picture.
Mi piace la fotografia.

---

picture PIK-ch<u>ø</u>r   nome   il ritratto
There are many pictures in this book.
Ci sono molti ritratti in questo libro.

324

pie PAI nome		la torta

Do you like apple pie?
Ti piace la torta di mele?

piece PIS nome		il pezzo

I want a piece of cheese.
Voglio un pezzo di formaggio.

pig PIG nome		il maiale

The farmer has three pigs.
L'agricoltore ha tre maiali.

pillow PIL-oh nome		il guanciale

The pillow is soft.
Il guanciale è morbido.

pilot (airplane) PAI-løt nome		il pilota

The pilot is intelligent.
Il pilota è intelligente.

pin PIN nome		lo spillo

The tailor uses many pins.
Il sarto usa molti spilli.

pineapple PAI-na-pøl nome		l'ananasso

The pineapple is big.
L'ananasso è grande.

pink PINGK aggettivo		rosa

You look good in pink.
Il colore rosa ti sta bene.

place (at a table) PLEIS nome		il posto

My cousin puts a knife at each setting.
Mio cugino mette un coltello a ogni posto.
This is my place at the table.
Questo è il mio posto al tavolo.

planet PLAN-it nome		il pianeta

Do you know the names of all the planets?
Conosci tu i nomi di tutti i pianeti?

plant	PLANT	nome	la pianta

There are five plants in the classroom.
Ci sono cinque piante nell'aula.

plate	PLEIT	nome	il piatto

The plate is on the table.
Il piatto è sulla tavola.

to play (a game)	PLEI	verbo	giocare

Let's play ball.
Giochiamo all palla.

to play (an instrument)		verbo	suonare

My friend plays the piano.
Il mio amico suona il pianoforte.

playing card		nome	la carta (da giuoco)

Do you know how to play cards?
Sai giocare alle carte?

playground		nome	parco di ricreazione

The playground is near my house.
Il parco di ricreazione é vicino a casa mia.

---

pleasant PLEZ-ənt aggettivo gradevole

Spring is a pleasant season.

La primavera è una stagione gradevole.

---

please PLIZ espressione idiomatica per piacere

Please give me a pencil, Mr. Romano.

Per piacere mi dia un lapis, Signor Romano.

---

pleasure PLEZH-ər nome il piacere

Are you coming with us? With pleasure!

Viene con noi? Con piacere!

---

pocket PAK-it nome la tasca

I have some money in my pocket.

Ho della moneta in tasca.

---

pocketbook PAK-it-bauhk nome la borsa

I am buying a pocketbook for Mother.

Io compro una borsa per la mamma.

---

pocketknife PAK-it-naif nome il temperino

Do you have a pocketknife?

Hai tu un temperino?

---

to point to (out) POINT-OWT verbo indicare

The policeman points out the road we must take.

Il poliziotto indica la strada che dobbiamo fare.

---

polite pə-LAIT aggettivo cortese garbato gentile educato

Mother says, "A polite child does not speak with a full mouth."

La mamma dice, "Un ragazzo educato non parla con la bocca piena."

---

pool (swimming) PUL nome la piscina

The pool is large.

La piscina è grande.

---

poor PUR aggettivo povero
  povera

This poor boy does not have much money.
Questo ragazzo povero non ha molto denaro.

---

postcard POHST-kahrd nome la cartolina postale

He received a postcard.
Lui ha ricevuto una cartolina postale.

---

postman POHST-man nome il postino

The postman brings letters and packages.
Il postino porta lettere e pacchi.

---

post office POHST aw-fis nome l'ufficio postale

The post office is closed.
L'ufficio postale è chiuso.

---

potato pø-TEI-toh nome la patata

Do you like potatoes?
Ti piacciono le patate?

---

to pour PAWR verbo versare

Margaret pours coffee into a cup.
Margherita versa il caffè in una tazza.

---

to prefer prø-FUR verbo preferire

Do you prefer the city or the country?
Preferisci la città o la campagna?

---

to prepare prø-PEHR verbo preparare

My sister prepares the salad.
Mia sorella prepara l'insalata.

---

present PREZ-ønt nome il regalo

Here is a birthday present.
Ecco un regalo per il tuo compleanno.

---

present PREZ-ønt aggettivo presente

The boy is present.
Il ragazzo è presente.

---

president	PREZ-i-dənt	nome	il presidente

Who is the president of Italy?
Chi è il presidente d'Italia?

---

pretty	PRIT-i	aggettivo	bello
			carino
			bella, carina

The cat is pretty.
Il gatto è bello.
The little girl is pretty.
La ragazzina è carina.

---

prince	PRINS	nome	il principe

princess	PRIN-səs	nome	la principessa

The prince and the princess are in the garden.
Il principe e la principessa sono nel giardino.

---

to promise	PRAM-is	verbo	promettere

I promise to do my homework.
Io prometto di fare i miei compiti.

---

to pull	PAUHL	verbo	tirare

He is pulling a bag of potatoes.
Lui tira un sacco di patate.

---

pumpkin	PEMP-kin	nome	la zucca

This is a big pumpkin.
Questa è una grande zucca.

---

to punish	PEN-ish	verbo	punire

The teacher punishes the student.
La maestra punisce lo studente.

---

pupil	PYU-pil	nome	l'alunno
			l'alunna

The pupils are in the classroom.
Gli alunni sono nell'aula.

---

puppy	PÆP-i	nome	il cucciolo
			il cagnolino

I like the puppy.
Mi piace il cucciolo.

purple	PUR-pøl	aggettivo	porporino

My favorite color is purple.
Il mio colore preferito è porporino.

purse	PURS	nome	il borsellino

The girl has a purse.
La ragazza ha un borsellino.

to push	PAUHSH	verbo	spingere

He's pushing me!
Lui mi spinge!

to put	PAUHT	verbo	mettere

I put the book on the table.
Io metto il libro sulla tavola.

to put down (lower)	verbo	abbassare

He lowers the blinds.
Lui abbassa le persiane.

to put on	verbo riflessivo	mettersi

My sister puts on her gloves.
Mia sorella si mette i guanti.

Q

quality	KWA-li-ti	nome	la qualità

This material is of good quality.
Questa stoffa è di buona qualità.

quantity	KWAN-ti-ti	nome	la quantità

He has a large quantity of books at home.
Lui ha una gran quantità di libri a casa.

to quarrel	KWAR-øl	verbo	litigare

> My father sometimes has a quarrel with my
> mother.
> Mio padre qualche volta litiga con mia madre.

---

quarter KW<u>AW</u>-t_er nome il quarto
> I have finished one quarter of the work.
> Ho finito un quarto del lavoro.

---

queen KWIN nome la regina
> The queen is seated near the king.
> La regina è seduta vicino al re.

---

question KEWSH-ch_en nome la domanda
> The teacher asks, "Are there any questions?"
> La maestra chiede, "Ci sono domande?"

---

quickly KW<u>I</u>K-li avverbio presto
svelto
> My brother walks too quickly.
> Mio fratello cammina troppo svelto.

---

quiet KW<u>AI</u>-_et aggettivo quieto
quieta
tranquillo
tranquilla
> I like to go fishing when the water is quiet.
> Mi piace andare a pescare quando l'acqua è
> tranquilla.
> He is very quiet.
> Lui è molto quieto.

R

---

rabbit RAB-it nome il coniglio
> The rabbit is fast.
> Il coniglio è svelto.

---

radio REI-di-<u>oh</u> nome la radio
> The radio is not working.
> La radio non funziona.

---

railroad   REIL-r<u>oh</u>d   nome   la ferrovia
          To go from Milan to Rome, I use the railroad.
          Per andare da Milano a Roma, io uso la ferrovia.

---

to rain   REIN   verbo   piovere
          Do you think it's going to rain?
          Crede Lei che pioverà?

  it is raining   REI-n<u>i</u>ng   verbo   Piove.

---

rainbow   REIN-b<u>oh</u>   nome   l'arcobaleno
          I like the colors of the rainbow.
          Mi piacciono i colori dell'arcobaleno.

---

raincoat   REIN-k<u>oh</u>t   nome   l'impermeabile

          He is wearing his raincoat because it is raining.
          Lui porta l'impermeabile perchè piove.

---

to raise   REIZ   verbo   alzare
          The policeman raises his right hand.
          Il poliziotto alza la mano destra.

---

rapid   RAP-<u>i</u>d   aggettivo   rapido
          The train is very rapid.
          Il treno è molto rapido.

---

rat   RAT   nome   il topo
          I am afraid of rats.
          Ho paura dei topi.

---

to read RID verbo leggere

We are going to the library to read.
Noi andiamo a leggere nella biblioteca.

---

ready RED-i aggettivo pronto
pronta

Are you ready? We are late.
È pronto Lei? Noi siamo in ritardo.

---

to receive ri̱-SIV verbo ricevere

I receive a postcard from my sister.
Io ricevo una cartolina postale da mia sorella.

---

record REK-ərd nome il disco

We love this record.
Ci piace questo disco.

record player nome il giradischi
il fonografo

My record player is working well.
Il mio giradischi funziona bene.

---

red RED aggettivo rosso
rossa

The cars stop when the light is red.
Le automobili se fermano quando il semaforo è
rosso.

---

refrigerator   nome   il frigorifero
     ri-FRIDJ-ø-rei-tør
       The refrigerator is in the kitchen.
       Il frigorifero è nella cucina.

---

to remain rø-MEIN   verbo   restare
       We remain at home today.
       Noi restiamo a casa oggi.

to remain rø-MEIN   verbo   rimanere
       He remains at school until late.
       Lui rimane a scuola fino a tardi.

---

to remember ri-MEM-bør   verbo   ricordare
       I cannot remember the name of this building.
       Io non posso ricordare il nome di quest'edificio.

---

to remove rø-MUV   verbo riflessivo   togliersi
       He removes his hat in the house.
       Lui si toglie il cappello in casa.

to remove rø-MUV   verbo   rimuovere
       He removes the package.
       Lui rimuove il pacco.

---

to repair rø-PEHR   verbo   riparare
       He is repairing the wall.
       Lui ripara il muro.

---

to repeat ri-PIT   verbo   ripetere
       The teacher says, "Repeat the sentence."
       La maestra dice, "Ripetete la frase."

---

to reply (answer) rø-PLAI   verbo   rispondere
       The little girl cannot reply to the question.
       La ragazzina non può rispondere alla domanda.

---

reply rø-PLAI   nome   la risposta
       He gives the incorrect reply.
       Lui da la risposta sbagliata.

---

to represent rep-ri-ZENT   verbo   rappresentare
       He represents the government.
       Lui rappresenta il governo.

---

to rescue RES-kyu   verbo   salvare
       My uncle rescues me when I fall in the water.
       Lo zio mi salva quando io cado nell'acqua.

---

to rest REST   verbo riflessivo   riposarsi
       The child runs. He does not want to rest.
       Il ragazzo corre. Lui non vuole riposarsi.

---

restaurant RES-tør-ønt   nome   il ristorante
       The waiter works in this restaurant.
       Il cameriere lavora in questo ristorante.

---

to return ri-TURN   verbo   ritornare
       He goes to the blackboard and then returns to
          his seat.
       Lui va alla lavagna e poi ritorna al suo posto.

to return (to give back)   verbo   restituire
    ri-TURN
       He returns my book.
       Lui mi restituisce il libro.

---

ribbon RIB-øn   nome   il nastro
       She is wearing a pretty ribbon in her hair.
       Lei porta un bel nastro nei capelli.

---

rice RAIS   nome   il riso
       The rice is delicious.
       Il riso è delizioso.

---

rich RICH   aggettivo   ricco (masc.)
                              ricca (fem.)
       The rich lady wears jewels.
       La donna ricca porta i gioielli.

---

to ride	RA̲ID	verbo	cavalcare

He has learned to ride a horse well.
Lui ha imparato a cavalcare bene.

right	RA̲IT	aggettivo	giusto
			corretto
			giusta
			corretta

This is right.
Questo è giusto.

the right		aggettivo	la destra

I raise my right hand.
Io alzo la mano destra.

to the right		espressione idiomatica	alla destra

Turn to the right at the corner.
Gira alla destra all'angolo.

ring	RI̲NG	nome	l'anello

What a pretty ring!
Che bell'anello!

to ring	RI̲NG	verbo	suonare

The telephone is ringing.
Il telefono suona.

ripe	RA<u>I</u>P	aggettivo	maturo (masc.)
			matura (fem.)

When the banana is yellow it is ripe.
Quando la banana è gialla è matura.

---

river	R<u>I</u>V-ør	nome	il fiume

How can we cross the river?
Come possiamo attraversare il fiume?

---

road	R<u>O</u>HD	nome	la strada

What is the name of this road?
Come si chiama questa strada?

---

roast beef	R<u>O</u>HST-BIF	nome	manzo arrostito
			il rosbif (popular)

I would like a roll with roast beef, please.
Io vorrei un panino con rosbif, per piacere.

---

robber	R<u>A</u>B-ør	nome	il ladro

They are looking for the robber at the bank.
Cercano il ladro alla banca.

---

rock	R<u>A</u>K	nome	la pietra

What a big rock that is over there!
Che pietra grande lì!

---

rocket ship	R<u>A</u>K-it-ship	nome	il razzo

They go to the moon in a rocket ship.
Vanno alla luna in un razzo.

---

role   R<u>OH</u>L   nome   la parte
I want to play the role of the prince.
Voglio interpretare la parte del principe.

---

roll   R<u>OH</u>L   nome   il panino
The roll is hard.
Il panino è duro.

---

to roll   R<u>OH</u>L   verbo   rotolare
He rolls a barrel along the road.
Lui fa rotolare un barile lungo la strada.

---

roller skates   nome   i pattini a rotelle
R<u>OH</u>L-ər-skeits
I like roller skates.
Mi piacciono i pattini a rotelle.

---

roof   RUF   nome   il tetto
I look at the city from the roof of the house.
Io guardo la città dal tetto della casa.

---

room   RUM   nome   la stanza
There are two rooms in our apartment.
Ci sono due stanze nel nostro appartamento.

bathroom   nome   la sala da bagno
The bathroom is large.
La sala da bagno è grande.

bedroom   nome   la camera da letto
The bedroom is blue.
La camera da letto è azzurra.

classroom   nome   l'aula
The classroom is small.
L'aula è piccola.

dining room   nome   la sala da pranzo
The dining room is pretty.
La sala da pranzo è bella.

living room	nome	il salone
		il salotto

The living room is dark.
Il salone è scuro.

---

rooster	RUS-tør	nome	il gallo

The rooster gets up early.
Il gallo si alza presto.

---

rope	ROHP	nome	la fune

The rope is not long enough.
La fune non è abbastanza lunga.

---

round	ROWND	aggettivo	tondo
			tonda

The plate is round.
Il piatto è tondo.

---

route	RUT	nome	la rotta

What route did Columbus take to reach the New World?
Che rotta fece Colombo per arrivare al Nuovo Mondo?

---

row	ROH	nome	la fila

There are four rows of seats in the room.
Ci sono quattro file di posti nella stanza.

---

rubbers (overshoes)	nome	le soprascarpe
RÆB-ørs		

It is raining. I have to put on my overshoes.
Piove. Devo mettermi le soprascarpe.

---

rug	RÆG	nome	il tappeto

The rug is on the floor.
Il tappeto è sul pavimento.

---

rule	RUL	nome	la regola

We must obey the rules.
Dobbiamo obbedire le regole.

---

ruler	RUL-ør	nome	la riga

The ruler is long.
La riga è lunga.

to run	RÆN	verbo	correre

They are running to the station because they are late.
Loro corrono alla stazione perchè sono in ritardo.

S

sack	SAK	nome	il sacco

The sack is full.
Il sacco è pieno.

sad	SAD	aggettivo	triste

Why are you sad?
Perchè sei triste?

safe and sound		aggettivo	sano e salvo
	SEIF-n-SOWND		sana e salva

I come home safe.
Io ritorno a casa sano e salvo.

salad	SAL-ød	nome	l'insalata

I like salad.
Mi piace l'insalata.

salesman	SEILZ-man	nome	il commesso
saleswoman		nome	la commessa

The salesman shows us some shoes.
Il commesso ci mostra delle scarpe.

---

salt S<u>AW</u>LT   nome   il sale
Please pass me the salt.
Mi passi il sale, per piacere.

---

same SEIM   aggettivo   stesso
                                    stessa
My friend and I are wearing the same dress.
La mia amica ed io portiamo lo stesso vestito.

---

sand SAND   nome   la sabbia
At the beach, I sit on the sand.
Alla spiaggia, io mi siedo sulla sabbia.

---

sandwich SAND-w<u>i</u>ch   nome   il panino
                               il panino imbottito
I like a ham sandwich.
Mi piace un panino di prosciutto.

Saturday SAT-ɚr-dei   nome   sabato
Let's have a picnic Saturday.
Facciamo un "pic-nic" sabato.

---

saucer S<u>AW</u>-sɚr   nome   il piattino
The woman puts the cup on the saucer.
La donna mette la tazza sul piattino.

  flying saucer   nome   il disco volante
I have never seen a flying saucer.
Io non ho mai visto un disco volante.

---

to save SEIV   verbo   salvare
My uncle saves me when I fall into the water.
Mio zio mi salva quando io cado nell'acqua.

---

to say SEI   verbo   dire
The teacher says, "Good morning" each
    morning.
La maestra dice, "Buon giorno" ogni mattina.

---

school   SKUL   nome   la scuola
   We don't go to school on Thursdays.
   Il giovedì non andiamo a scuola.

---

science   S<u>AI</u>-øns   nome   la scienza
   I like to go to my science class.
   Mi piace andare alla classe di scienza.

---

scientist   S<u>AI</u>-en-t<u>i</u>st   nome   lo scienziato
                                              la scienziata
   I would like to become a scientist.
   Io vorrei diventare scienziato.

---

scissors   SIZ-ørz   nome   le forbici
   I cut paper with scissors.
   Io taglio la carta con le forbici.

---

to scold   SK<u>OH</u>LD   verbo   rimproverare
   He is ashamed because his mother is scolding
      him.
   Lui si vergogna perchè la madre lo rimprovera.

---

to scream, to shout   SKRIM, SH<u>OW</u>T   verbo   gridare
   Mom screams, "Come quickly!"
   La mamma grida, "Vieni·subito!"

---

sea   SI   nome   il mare
   Are there many fish in the sea?
   Ci sono molti pesci nel mare?

---

season   SI-zøn   nome   la stagione
   How many seasons are there?
   Quante stagioni ci sono?

---

seat (place)   SIT   nome   il posto
   I go to the blackboard and I return to my seat.
   Io vado alla lavagna e io ritorno al mio posto.

---

seat   SIT   nome   il sedile
   The seat is broken.
   Il sedile è rotto.

---

seated SIT-ød aggettivo seduto
seduta

He is seated in an armchair.
Lui è seduto in una poltrona.

---

second SEK-ønd aggettivo secondo
seconda

What is the name of the second month of the year?
Come si chiama il secondo mese dell'anno?

---

secret SI-kr<u>i</u>t nome il secreto

Tell me the secret.
Dimmi il secreto.

---

secretary SEK-rø-ter-i nome la segretaria

There are three secretaries in this office.
Ci sono tre segretarie in quest'ufficio.

---

to see SI verbo vedere

I see the airplane in the sky.
Io vedo l'apparecchio nel cielo.

---

to see again SI-ø-GEN verbo rivedere

I want to see the film again.
Io voglio rivedere il film.

343

seesaw   SI-s<u>aw</u>   nome   l'altalena

In the park the children are having a good time on the seesaws.

Nel parco, i ragazzi si divertono sulle altalene.

---

to sell   SEL   verbo   vendere

They sell medicine in this store.

Vendono medicine in questo negozio.

---

to send   SEND   verbo   mandare

My uncle is going to send me a present.

Mio zio mi manda un regalo.

---

sentence   SEN-tøns   nome   la frase

I am writing a sentence in my notebook.

Io scrivo una frase nel mio quaderno.

September   sep-TEM-bør   nome   settembre

Do we go back to school on the first of September?

Noi ritorniamo a scuola il primo settembre?

---

serious   SIR-i-øs   aggettivo   serio
                                         seria

There is a serious film at the movies.

C'è un film serio al cinema.

---

to serve   S<u>UR</u>V   verbo   servire

I serve the dog his dinner.

Io servo il pranzo al cane.

---

to set (the table)   SET   verbo   apparecchiare

My mother sets the table.

Mia madre apparecchia la tavola.

---

to set (put)   SET   verbo   mettere

I set the vase on the table.

Io metto il vaso sulla tavola.

to set (sun)   SET   verbo   tramontare
The sun sets early in winter.
Il sole tramonta presto d'inverno.

---

setting (table)   SET-ing   nome   il posto
My cousin puts a knife at each setting.
Mia cugina mette un coltello a ogni posto.

---

seven   SEV-ǝn   aggettivo   sette
There are seven apples.
Ci sono sette mele.

---

seventeen   sev-ǝn-TIN   aggettivo   diciassette
There are seventeen boys in the room.
Ci sono diciasette ragazzi nella stanza.

---

seventy   SEV-ǝn-ti   aggettivo   settanta
Seventy people came to the party.
Settanta persone vennero alla festa.

---

several   SEV-rǝl   aggettivo   alcuni
alcune
There are several chairs in the living room.
Ci sono alcune sedie nel salotto.

several   SEV-rǝl   aggettivo   qualche
There are several chairs in the living room.
C'è qualche sedia nel salotto.

several   SEV-rǝl   aggettivo   parecchi
There are several cars on the road.
Ci sono parecchie macchine sulla strada.

---

to sew   SOH   verbo   cucire
My mother sews with a needle.
Mia madre cuce con un ago.

---

shadow SHAD-<u>oh</u> nome l'ombra

My shadow dances with me.
La mia ombra balla con me.

---

to shake SHEIK verbo scuotere

The teacher shakes her finger at the child.
La maestra scuote il dito verso il ragazzo.

---

to shake hands verbo dare la mano

John, shake hands with your cousin.
Giovanni, dai la mano a tuo cugino.

---

to share SHEHR verbo dividere
spartire

Let's share the cake!
Dividiamo la torta!
Let's share the cake!
Spartiamo la torta!

---

she SHI pronome lei
ella

She will come home.
Lei verrà a casa.

---

sheep SHIP nome la pecora

The sheep is in the field.
La pecora è nel campo.

---

sheet (of paper)   nome   il foglio (di carta)
      SHIT-øv-PEI-pør
          Give me a sheet of paper, please.
          Dammi un foglio di carta, per piacere.

---

shell   SHEL   nome   la conchiglia
          I am looking for shells at the beach.
          Io cerco le conchiglie sulla spiaggia.

---

ship   SHIP   nome   la nave
          You cross the ocean by ship.
          Si attraversa l'oceano in nave.

---

shirt   SHURT   nome   la camicia
          The shirt is white.
          La camicia è bianca.

---

shoe   SHU   nome   la scarpa
          My shoes are wet.
          Le mie scarpe sono bagnate.

---

shop   SHAP   nome   la bottega
          Excuse me. Where is Mr. Napoli's shop?
          Mi scusi. Dov'è la bottega del Signor Napoli?

to go shopping   verbo   andare a fare le
      SHAP-ing   spese
          We go shopping every day.
          Noi andiamo a fare le spese ogni giorno.

---

shore   SHAWR   nome   la spiaggia
          I go to the shore for my vacation.
          Io vado alla spiaggia per le vacanze.

---

short (length)   SHAWRT   aggettivo   corto (masc.)
                                   corta (fem.)
          One ruler is short, the other is long.
          Una riga è corta, l'altra è lunga.

---

short (height)   SHAWRT   aggettivo   basso (masc.)
                                   bassa (fem.)

The tree at the left is short; the tree on the right is tall.

L'albero a sinistra è basso; l'albero a destra è alto.

---

shoulder SHOHL-der   nome   la spalla

Carl's shoulder hurts.

A Carlo gli fa male la spalla.

---

to shout SHOWT   verbo   gridare

Mom shouts, "Come quickly!"

La mamma grida, "Vieni subito!"

---

shovel SHÆV-øl   nome   la pala

My brother plays with a shovel.

Mio fratello gioca con una pala.

---

to show SHOH   verbo   mostrare

Show me your new pen.

Mostrami la tua nuova penna.

---

shower SHOW-ør   nome   la doccia

I take a shower every morning.

Mi faccio una doccia ogni mattina.

---

sick SIK   aggettivo   malato
                                             malata

What's the matter? I am sick.

Che hai tu? Io sono malato.

---

sidewalk SAID-wawk   nome   il marciapiede

The sidewalk is very narrow.

Il marciapiede è molto stretto.

---

silent SAIL-ønt   aggettivo   silenzioso
                                           silenziosa

The night is silent.

La notte è silenziosa.

---

silly SIL-i   aggettivo   sciocco (masc.)
                                           sciocca (fem.)

sixteen

It is a silly story.
È una storia sciocca.

---

silver SIL-vør nome l'argento
Silver is a precious metal.
L'argento è un metallo prezioso.

---

similar SIM-i-lør aggettivo simile
These two things are similar.
Queste due cose sono simili.

---

to sing SING verbo cantare
I am singing and the birds are singing.
Io canto e gli uccelli cantano.

---

sink (bathroom) SINGK nome il lavandino
The sink is large.
Il lavandino è grande.

---

sister SIS-tør nome la sorella
My aunt is my mother's sister.
Mia zia è la sorella di mia madre.

---

to sit SIT verbo riflessivo sedersi
Grandmother sits on a chair.
La nonna si siede su una sedia.

---

six SIKS aggettivo sei

I have six cookies.
Io ho sei pasticcini.

---

sixteen siks-TIN aggettivo sedici
I have to read 16 pages this evening.
Devo leggere sedici pagine stasera.

---

sixty SIKS-ti aggettivo sessanta
There are 60 minutes in an hour.
Ci sono sessanta minuti in un'ora.

---

size SAIZ nome la misura
In a store I am asked, "What is your size?"
In un negozio mi domandano, "Che misura ha
 Lei?"

---

to skate SKEIT verbo pattinare
Let's go skating!
Andiamo a pattinare!

---

skates SKEITZ nome i pattini
The skates are new.
I pattini sono nuovi.

  ice skates nome i pattini a ghiaccio
I have ice skates.
Io ho i pattini a ghiaccio.

  roller skates nome i pattini a rotelle
Why don't you buy roller skates?
Perchè non compra i pattini a rotelle?

---

skin SKIN nome la pelle
The sun burns my skin when I take a sunbath.
Il sole mi brucia la pelle quando mi faccio un
 bagno di sole.

---

skinny SKIN-i aggettivo magro
 magra
You are too thin. You must eat.
Sei troppo magra. Devi mangiare.

---

skirt SKURT nome la gonna
I can't choose. Which skirt do you prefer?
Non posso scegliere. Quale gonna preferisci tu?

---

sky SK<u>AI</u> nome il cielo
I see the moon in the sky.
Vedo la luna nel cielo.

---

skyscraper SK<u>AI</u>-skrei-pør nome il grattacielo
New York City has many skyscrapers.
La città di New York ha molti grattacieli.

---

sled SLED nome la slitta

He plays with the sled.
Lui gioca con la slitta.

---

to sleep SLIP verbo dormire
Are you sleeping? I would like to talk to you.
Dormi tu? Ti vorrei parlare.

---

to slide, to slip SL<u>AI</u>D verbo scivolare
We slip on the ice in winter.
Noi scivoliamo sul ghiaccio d'inverno.

---

slow SL<u>OH</u> aggettivo lento
lenta
He walks at a slow pace.
Lui cammina a passo lento.

---

slowly SL<u>OH</u>-li avverbio lentamente
Grandfather walks slowly.
Il nonno cammina lentamente.

---

small	SM<u>AW</u>L	aggettivo	piccolo
			piccola

The girl is small.
La ragazza è piccola.

to smell	SMEL	espressione idiomatica	avere buon odore (good)
		espressione idiomatica	avere cattivo odore (bad)
		espressione idiomatica	sentire l'odore di

The cake smells good.
La torta ha un buon odore.

to smile	SM<u>AI</u>L	verbo	sorridere

You always smile when I give you a cookie.
Tu sorridi sempre quando ti do un pasticcino.

to smoke	SM<u>OH</u>K	verbo	fumare

Dad says that it is dangerous to smoke.
Il babbo dice ch'è pericoloso fumare.

no smoking NOH-SM<u>OH</u>K-ing		espressione idiomatica	vietato fumare

No smoking in the theatre.
Vietato fumare nel teatro.

snack	SNAK	nome	lo spuntino

Hello, Mother. Do you have a snack for us?
Ciao, Mamma. Avete uno spuntino per noi?

snake	SNEIK	nome	la serpe

Are there any snakes in Italy?
Ci sono serpi in Italia?

snow	SN<u>OH</u>	nome	la neve

I like to play in the snow.
Mi piace giocare nella neve.

---

to snow   SN<u>OH</u>   verbo   nevicare
          It is snowing.
          Nevica.

---

snowman   SN<u>OH</u>-man   nome   l'uomo di neve
          The snowman is wearing a hat.
          L'uomo di neve porta un cappello.

---

so   S<u>OH</u>   avverbio   così
          The baby eats so slowly.
          Il bambino mangia così lentamente.

---

soap   S<u>OH</u>P   nome   il sapone

          Don't forget the soap!
          Non dimenticare il sapone!

---

soccer   S<u>A</u>K-ør   nome   il calcio
          Do you know how to play soccer?
          Sai giocare al calcio?

---

sock   S<u>A</u>K   nome   la calza
          I would like to buy a pair of socks.
          Io vorrei comprare un paio di calze.

---

soda   S<u>OH</u>-dø   nome   la soda
          I am drinking soda.
          Io bevo la soda.

---

sofa   S<u>OH</u>-fø   nome   il divano
          The sofa is very comfortable.
          Il divano è molto comodo.

---

soft

soft	S<u>AW</u>FT	aggettivo	molle
			tenero
			tenera
			morbido
			morbida

The meat is soft.
La carne è tenera.
The dough is soft.
La pasta è morbida.
The earth is soft.
La terra è molle.

---

softly	S<u>AW</u>FT-li	avverbio	pian piano
			adagio

Walk softly. Mother has a headache.
Cammina pian piano. La mamma ha un mal di
    testa.

---

soldier	S<u>OH</u>L-djør	nome	il soldato

My cousin is a soldier.
Mio cugino è soldato.

---

so many, so much		aggettivo	tanto
	s<u>oh</u>-MEN-i		tanta

So many books!
Tanti libri!
So much work!
Tanto lavoro!

---

some	S<u>E</u>M	aggettivo, sing.	qualche
		aggettivo, pl.	alcuni, alcune
		aggettivo	di + def. art.

Some books are lost.
Qualche libro è perso.
Some boys have arrived.
Alcuni ragazzi sono arrivati.
There are some pencils on the table.
Ci sono delle matite sul tavolo.

somebody, someone   pronome   qualcuno
    SEM-bad-i

> Somebody is in the restaurant.
> Qualcuno è nel ristorante.
> Someone has arrived.
> Qualcuno è arrivato.

something   SEM-thing   pronome   qualche cosa
> Is there something in this drawer?
> C'è qualche cosa in questo cassetto?

sometimes   SEM-taimz   avverbio   qualche volta
> Sometimes, I am not well-behaved.
> Qualche volta, sono cattivo.

son   SEN   nome   il figlio
> I would like to introduce my son, Joseph.
> Vorrei presentare mio figlio, Giuseppe.

song   SAWNG   nome   la canzone
> Which song do you prefer?
> Quale canzone preferisce Lei?

soon   SUN   avverbio   presto
                                        tra poco
> The mailman will come soon.
> Il postino arriverà tra poco.

  See you soon   expressione   arrivederci
                       idiomatica
> I am going shopping. See you soon!
> Io vado a fare delle spese. Arrivederci!

sort   SAWRT   nome   la sorta
                                        il genere
> What sort of thing is this?
> Che genere di cosa è questo?

soup   SUP   nome   la minestra
> My sister serves soup to my brother.
> Mia sorella serve la minestra a mio fratello.

---

south   S<u>OW</u>TH   nome   il sud
                    Naples is in the south of Italy.
                    Napoli è nel sud dell'Italia.

---

space   SPEIS   nome   lo spazio
                    The astronauts travel in space.
                    Gli astronauti viaggiano nello spazio.

---

to speak   SPIK   verbo   parlare

                    We are talking about the film on television.
                    Noi parliamo del film alla televisione.

---

to spend (money)   SPEND   verbo   spendere
                    We spend too much for entertainment.
                    Spendiamo troppo per il divertimento.

to spend (time)   SPEND   verbo   passare
                    She spends two weeks in the country.
                    Lei passa due settimane in campagna.

---

spider   SP<u>AI</u>-dør   nome   il ragno
                    Who's afraid of a spider?
                    Chi ha paura di un ragno?

---

to spill   SP<u>I</u>L   verbo   rovesciare
                    The baby overturns the plate.
                    Il bambino rovescia il piatto.

---

spinach   SP<u>I</u>N-øch   nome   gli spinaci
                    Spinach is green.
                    Gli spinaci sono verdi.

---

spoon SPUN nome   il cucchiaio
I don't have a spoon.
Io non ho cucchiaio.

sport SPAWRT nome   lo sport
What is your favorite sport?
Qual'è il tuo sport preferito?

spot SPAT nome   la macchia
There is a stain on the rug.
C'è una macchia sul tappeto.

spotted SPAT-ød aggettivo   macchiato (masc.)
                                      macchiata (fem.)
My turtle is spotted.
La mia tartaruga è macchiata.

spring SPRING nome   la primavera
You see a lot of flowers in the spring.
Si vedono molti fiori di primavera.

square SKWEHR aggettivo   quadro (masc.)
                                        quadra (fem.)
The box is square.
La scatola è quadra.

square (plaza, place) nome   la piazza
  SKWEHR
Navona square has three large fountains.
Piazza Navona ha tre grandi fontane.

stain STEIN nome   la macchia
There is a stain on the rug.
C'è una macchia sul tappeto.

staircase STEHR-keis nome   la scala
I like to jump over the last step of the staircase.
Mi piace saltare l'ultimo gradino della scala.

---

stamp (postage) STAMP nome il francobollo

I put a stamp on the envelope.
Io metto un francobollo sulla busta.

---

to stand STAND espressione stare in piedi
idiomatica

In the classroom the teacher is standing.
Nella classe la maestra sta in piedi.

---

star STAHR nome la stella

How many stars are there in the sky?
Quante stelle ci sono nel cielo?

---

to start STAHRT verbo cominciare

The Italian class begins at 9.
La classe d'italiano comincia alle nove.

---

state STEIT nome lo stato

From which state do you come?
Da quale stato viene Lei?

---

station STEI-shen nome la stazione

The train is in the station.
Il treno è nella stazione.

---

to stay STEI verbo stare
rimanere

I would like to stay at my grandmother's house.
Io vorrei stare alla casa della nonna.
I would like to stay at my grandmother's house.
Io vorrei rimanere alla casa della nonna.

---

to steal STIL verbo rubare
Who has stolen my pen?
Chi ha rubato la mia penna?

---

steamship STIM-SHIP nome il piroscafo
The steamship crosses the Atlantic Ocean.
Il piroscafo attraversa l'Oceano Atlantico.

---

step STEP nome il gradino
There are many steps in front of this building.
Ci sono molti gradini davanti a questo edificio.

---

stick STIK nome il bastone
The policeman carries a stick.
Il poliziotto porta il bastone.

---

still STIL avverbio ancora
Are you still at home?
Sei ancora a casa?

---

to sting STING verbo pungere
The mosquitoes like to bite me.
Alle zanzare piace pungermi.

---

stocking STAK-ing nome la calza
Women wear nylon stockings.
Le donne portano le calze di nailon.

---

stone STOHN nome la pietra
There are many stones in the field.
Ci sono molte pietre nel campo.

---

stop STAP nome la fermata
The bus stop is at the corner.
La fermata dell'autobus è all'angolo.

---

to stop STA̲P verbo   fermare

The policeman stops the cars.

Il poliziotto ferma le macchine.

---

to stop (oneself)   verbo riflessivo   fermarsi
STA̲P

He stops before entering the room.

Lui si ferma prima di entrare nella stanza.

---

store STA̲WR nome   il negozio

I am going to the store with my friend.

Io vado al negozio con il mio amico.

---

store window   nome   la vetrina
STA̲WR-WIN-doh

We are going to look at the things in the store
window.

Andiamo a vedere le cose nella vetrina.

---

storm STA̲WRM nome   la tempesta

There are no classes because of the storm.

Non ci sono classi a causa della tempesta.

---

story STA̲WR-i nome   la storia
il racconto

Read me the story of "The Three Little Kittens."

Leggimi il racconto di "I Tre Gattini."

---

stove STO̲HV nome   la stufa

Mother cooks on a new stove.

La mamma cucina su una stufa nuova.

---

strange STREINDJ aggettivo strano
strana

Here is a strange animal.
Ecco un animale strano.

---

stranger STREIN-djør nome lo straniero

Mother says, "Don't speak to strangers."
La mamma dice, "Non parlare agli stranieri."

---

strawberry STRAW-ber-i nome la fragola

Strawberries are red.
Le fragole sono rosse.

---

street STRIT nome la strada

It is dangerous to play ball in the street.
È pericoloso giocare alla palla nella strada.

---

street cleaner nome lo spazzino

The street cleaner is carrying a broom.
Lo spazzino porta una scopa.

---

string STRING nome la cordicella

I am looking for a string for my kite.
Cerco una cordicella per il mio aquilone.

---

string beans nome i fagiolini
STRING-binz

We have string beans for dinner.
Noi abbiamo i fagiolini per cena.

---

strong STRAWNG aggettivo forte

My father is very strong.
Mio padre è molto forte.

---

student STUD-ønt nome lo studente
la studentessa

My cousin is a student at the university.
Mio cugino è studente all'università.

---

to study STÆD-i verbo studiare
  I have to study this evening.
  Devo studiare stasera.

---

stupid STU-pid aggettivo stupido
  stupida
  Is the elephant intelligent or stupid?
  L'elefante è intelligente o stupido?

---

subway SÆB-wei nome la metropolitana
  We take the subway to go to the museum.
  Prendiamo la metropolitana per andare al
  museo.

---

to succeed søk-SID verbo riuscire

  He succeeds in catching a fish.
  Lui riesce a prendere un pesce.

---

suddenly SÆD-øn-li avverbio ad un tratto
  improvvisamente
  Suddenly, it starts to rain.
  Ad un tratto, incomincia a piovere.

---

sugar SHAUHG-ør nome lo zucchero
  Mother serves sugar with tea.
  La mamma serve lo zucchero con il tè.

---

suit SUT nome il vestito
  l'abito

362

Father wears a suit when he goes to work.
Il babbo porta un vestito quando va a lavorare.

bathing suit   nome   il costume da
                                                    bagno

I like your new bathing suit.
Mi piace il tuo nuovo costume da bagno.

---

suitcase SUT-keis   nome   la valigia

I put my clothes in the suitcase.
Io metto i panni nella valigia.

---

summer SEM-ør   nome   l'estate

Do you prefer summer or winter?
Tu preferisci l'estate o l'inverno?

---

sun SEN   nome   il sole

At what time does the sun rise?
A che ora sorge il sole?

sunbath   nome   il bagno di sole

I take a sunbath on the grass.
Io mi faccio un bagno di sole sull'erba.

It is sunny   espressione   Il sole brilla
                     idiomatica

Today is a beautiful day, it is sunny.
Fa una bella giornata oggi, il sole brilla.

Sunday SEN-dei   nome   la domenica

We go to the park on Sunday.
Noi andiamo al parco la domenica.

---

supermarket   nome   il supermercato
        SU-pør-mahr-kit

The supermarket sells many things.
Il supermercato vende molte cose.

---

sure SHUR   aggettivo   sicuro
                                            sicura

363

The girl is sure of what she does.
La ragazza è sicura di quel che fa.

---

surprise sør-PRA̱IZ nome la sorpresa
A surprise for me?
Una sorpresa per me?

surprising aggettivo sorprendente
It is surprising to receive a letter from a stranger.
È sorprendente ricevere una lettera da uno
straniero.

---

sweater SWET-ør nome la maglia
I am wearing a sweater because it is cool.
Io porto una maglia perchè fa fresco.

---

sweet SWIT aggettivo dolce
The cake is sweet.
La torta è dolce.

---

to swim SWIM verbo nuotare
I go swimming in the summer.
Io vado a nuotare d'estate.

swimming pool nome la piscina
The swimming pool is large.
La piscina è grande.

---

swing SWING nome l'altalena
In the park children have a good time on the
swings.
Nel parco i ragazzi si divertono sull'altalena.

---

switch (electrical) nome l'interruttore
SWICH
The switch does not work.
L'interruttore non funziona.

T

table	TEI-bøl	nome	la tavola

The dish is on the table.
Il piatto è sulla tavola.

tablecloth		nome	la tovaglia
	TEI-bøl-klath		

My aunt puts the tablecloth on the table.
Mia zia mette la tovaglia sulla tavola.

tail	TEIL	nome	la coda

My dog wags his tail when I return home.
Il mio cane mena la coda quando io ritorno a casa.

tailor	TEI-lør	nome	il sarto

My neighbor is a tailor.
Il mio vicino è sarto.

to take	TEIK	verbo	prendere

My mother takes a roll for breakfast.
La mamma prende un panino per prima colazione.

to take a bath   espressione   farsi il bagno
                                 idiomatica

I take a bath every day.
Mi faccio un bagno ogni giorno.

to take a trip   espressione   fare un viaggio
                                 idiomatica

We take a trip every summer.
Facciamo un viaggio ogni estate.

to take a walk   espressione   fare una
                                 idiomatica   passeggiata

Dad takes a walk every evening after dinner.
Il babbo si fa una passeggiata ogni sera dopo
cena.

Take care!   espressione   Attenzione!
                                 idiomatica

Take care, or you will get hurt!
Attenzione, o ti fai male!

to take off   verbo riflessivo   togliersi

Take off your hat in the house.
Togliti il cappello in casa.

---

tale   TEIL   nome   il racconto

I like to listen to these tales.
Mi piace ascoltare questi racconti.

fairy tale   nome   la fiaba
    FEI-ri-teil

He does not like fairy tales.
Non gli piacciono le fiabe.

---

to talk   TAWK   verbo   parlare

We are talking about the movie on television.
Noi parliamo del film alla televisione.

---

tall   TAWL   aggettivo   alto
                                   alta
He is tall.
Lui è alto.

---

tape recorder   nome   il registratore
        TEIP rø-k<u>aw</u>r-dør
              The teacher uses a tape recorder in class.
              Il maestro usa un registratore in classe.

---

taxi   TAK-si   nome   il tassì
              My brother drives a taxi.
              Mio fratello porta un tassì.

---

tea   TI   nome   il tè
              Do you want tea or coffee?
              Lei vuole il tè o il caffè?

---

to teach   TICH   verbo   insegnare
              Who teaches music in this class?
              Chi insegna musica in questa classe?

---

teacher   TI-chør   nome   il maestro
                                            la maestra
              The teacher is kind.
              La maestra è gentile.

---

teacher   TI-chør   nome   il professore
                                           la professoressa
              The professor is in the classroom.
              Il professore è nella classe.

---

team   TIM   nome   la squadra
              We are all members of the same team.
               Siamo tutti membri della stessa squadra.

---

tear TIR   nome   la lacrima
          Grandpa says, "Enough tears!"
          Il nonno dice, "Basta con le lacrime!"

to tease TIZ   espressione   fare dispetti a
                  idiomatica
                  verbo   stuzzicare
          My brother always teases me.
          Mio fratello mi fa sempre dispetti.
          He is always teasing.
          Lui mi sta sempre a stuzzicare.

telephone TEL-ø-fo<u>h</u>n   nome   il telefono
          I like to talk on the telephone.
          Mi piace parlare al telefono.

television   nome   la televisione
          TEL-ø-vizh-øn
          My brother and I watch television.
          Mio fratello e io guardiamo la televisione.

television antenna   nome   l'antenna
          Television antennas are on the roof.
          Le antenne delle televisioni sono sul tetto.

television (TV) set   nome   il televisore
          The TV set is not working.
          Il televisore non funziona.

to tell TEL   verbo   raccontare
          Tell me a story, Mom.
          Raccontami una storia, Mamma.

ten TEN   aggettivo   dieci
          How many fingers do you have? Ten.
          Quante dita hai tu? Dieci.

tent TENT   nome   la tenda
          When I go camping, I sleep in a tent.

Quando vado in campeggio, io dormo in una tenda.

---

test	TEST	nome	l'esame

The test is difficult.
L'esame è difficile.

---

thank you	THANGK-yu	expressione idiomatica	grazie

When my grandmother gives me a cookie I say, "Thank you."
Quando la nonna mi dà un pasticcino io dico, "Grazie."

---

that	THAT	pronome	che
			quale

That's too bad!
Che peccato!

that	THAT	pronome	quello
			quella

I don't like that one.
Non mi piace quello.

that	THAT	aggettivo	quello
			quella

That girl is pretty.
Quella ragazza è bella.

---

the	THE	articolo	il, lo, l'
			la, l'
			i, gli
			le, le

il libro	
lo stato	Masc. Sing.
l'anno	

la ragazza	
l'automobile	Fem. Sing.

i libri
gli stati   Masc. Plu.
gli anni

le ragazze
le automobili   Fem. Plu.

---

theater THI-tər nome   il teatro
The theater is new.
Il teatro è nuovo.

---

their THEHR aggettivo   loro
Their teacher is here.
Il loro maestro è qui.

---

them THEM pronome   loro
Give them the tickets.
Dia loro i biglietti.

---

then THEN avverbio   allora
                                              poi
I read the book, then I return it to the library.
Io leggo il libro, poi lo restituisco alla biblioteca.

---

there THEHR avverbio   là

there is espressione   ci è (c'è)
thehr IZ   idiomatica

There is no one here.
Non c'è nessuno qui.

there are	espressione	ci sono
<u>the</u>hr AHR	idiomatica	

There are three people in class.
Ci sono tre persone in classe.

---

they <u>THEI</u>	pronome	essi
		esse
		loro

They arrived early.
Essi sono arrivati presto.

---

thick TH<u>I</u>K	aggettivo	grosso, grossa
		fitto, fitta

The lemon's skin is thick.
La buccia del limone è grossa.

---

thief THIF	nome	il ladro

They are looking for the thief at the bank.
Cercano il ladro alla banca.

---

thin TH<u>I</u>N	aggettivo	magro, magra
		snello, snella

You are too thin. You must eat.
Tu sei troppo snella. Devi mangiare.

---

thing TH<u>I</u>NG	nome	la cosa

They sell all kinds of things in this store.
Vendono tutte specie di cose in questo negozio.

---

to think TH<u>I</u>NGK	verbo	pensare

I think I'll go to my friend's house. All right?
Io penso andare alla casa del mio amico. Va
bene?

---

thirsty (to be) '<u>TH</u>URS-ti	verbo	avere sete

I am thirsty.
Io ho sete.

---

thirteen THUR-tin aggettivo tredici
There are 13 steps in the staircase.
Ci sono tredici scalini nella scala.

---

thirty THUR-ti aggettivo trenta
Which months have 30 days?
Quali mesi hanno trenta giorni?

---

this THIS aggettivo questo
questi
questa
queste

This little girl is well behaved.
Questa ragazzina è ben educata.
I do not like this boy.
Non mi piace questo ragazzo.
These boys are good.
Questi ragazzi sono bravi.
These girls are pretty.
Queste ragazze sono belle.

---

thousand THOW-zənd aggettivo mille
How much does this book cost? A thousand lire.
Quanto costa questo libro? Mille lire.

---

three THRI aggettivo tre
There are three glasses on the table.
Ci sono tre bicchieri sulla tavola.

---

throat THROHT nome la gola
The teacher says softly, "I have a sore throat."
La maestra dice pian piano, "Ho un mal di gola."

---

to throw THROH verbo gettare
scagliare
lanciare

He is throwing a pillow at me.
Lui mi scaglia un guanciale.
He throws the ball.
Lui lancia la palla.

He throws the paper on the floor.
Lui getta la carta sul pavimento.

---

thunder   TH*E*N-d*ø*r   nome   il tuono
After the lightning you hear the thunder.
Dopo il fulmine si sente il tuono.

Thursday   TH*U*RZ-dei   nome   il giovedì
My birthday is Thursday.
Il mio compleanno è giovedì.

---

ticket   T*I*K-*i*t   nome   il biglietto

Here is the ticket.
Ecco il biglietto.

---

tie   T*AI*   nome   la cravatta
Daddy's tie is too big for me.
La cravatta del babbo è troppo grande per me.

---

tiger   T*AI*-g*ø*r   nome   la tigre
The tiger is ferocious.
La tigre è feroce.

---

tight   T*AI*T   aggettivo   stretto
                                stretta
The hat is tight.
Il cappello è stretto.

---

time TA<u>I</u>M   nome   la volta
They knock three times at the door.
Bussano tre volte alla porta.

---

time (o'clock) TA<u>I</u>M   nome   l'ora
What time is it?
Che ora è?
It is dinner time. It is seven-thirty. (It is half past seven.)
È ora di pranzo. Sono le sette e trenta. (Sono le sette e mezzo.)

---

tip T<u>I</u>P   nome   la mancia
The man leaves a tip for the waiter.
L'uomo lascia una mancia per il cameriere.

---

tired TA<u>I</u>RD   aggettivo   stanco
                                        stanca
After two hours of work in the garden, I am tired.
Dopo due ore di lavoro nel giardino, sono stanco.

---

to TU   preposizione   a
They are going to Rome.
Loro vanno a Roma.

---

toast T<u>O</u>HST   nome   il pane tostato
I eat toast in the morning.
Io mangio il pane tostato di mattina.

---

today tø-D<u>EI</u>   avverbio   oggi
Today is January 12.
Oggi è il dodici gennaio.

---

toe T<u>O</u>H   nome   il dito del piede
The baby looks at his toes.
Il bambino guarda alle dita dei piedi.

374

---

together   tø-GE<u>TH</u>-ør   avverbio   insieme
We are going to the grocery store together.
Noi andiamo insieme alla drogheria.

---

tomato   tø-MEI-<u>toh</u>   nome   il pomodoro
The tomato is red when it is ripe.
Il pomodoro è rosso quando è maturo.

---

tomorrow   tø-M<u>A</u>R-<u>oh</u>   avverbio   domani
Tomorrow I am going to the countryside.
Domani vado in campagna.

---

tongue   T<u>E</u>NG   nome   la lingua

The dog's tongue is wet.
La lingua del cane è bagnata.

---

too   TU   avverbio   anche
I want some candy too!
Anch'io voglio dei dolci!

---

too (many) (much)   TU   aggettivo   troppo
troppa
The little girl says, "This is too much for me."
La ragazzina dice, "Questo è troppo per me."

---

tooth   TUTH   nome   il dente
I have a toothache.
Ho un mal di dente.

---

toothbrush	nome	lo spazzolino

I use a toothbrush and toothpaste every day.
Io uso lo spazzolino e il dentifricio ogni giorno.

toothpaste	nome	il dentifricio

Mom, I don't like this toothpaste.
Mamma, non mi piace questo dentifricio.

tortoise	TAWR-tis	nome	la tartaruga

The tortoise walks slowly.
La tartaruga cammina lentamente.

to touch	TECH	verbo	toccare

Do not touch the flowers.
Vietato toccare i fiori.

toward	TAWRD	preposizione	verso

We are going toward the hotel.
Noi andiamo verso l'albergo.

towel	TOW-øl	nome	l'asciugamano

My towel is in the bathroom.
Il mio asciugamano è nella sala da bagno.

tower	TOW-ør	nome	la torre

The Leaning Tower of Pisa is beautiful.
La Torre Pendente di Pisa è bella.

toy	TOI	nome	il giocattolo

What kind of toys do you have?
Che tipo di giocattoli hai tu?

traffic	TRAF-ik	nome	il traffico

The traffic stops for the red light.
Il traffico si ferma al segnale rosso.

train	TREIN	nome	il treno

You see the electric train.
Lei vede il treno elettrico.

true

---

to travel TRAV-əl verbo viaggiare
Are you traveling by car or by airplane?
Tu viaggi in automobile o in apparecchio?

---

traveler TRAV-əl-ər nome il viaggiatore
The traveler is tired.
Il viaggiatore è stanco.

---

tree TRI nome l'albero
The tree has many branches.
L'albero ha molti rami.

---

trip TRIP nome il viaggio
il giro
We are taking a trip to the castle.
Noi facciamo un viaggio al castello.
I would like to take a trip around the world.
Io vorrei fare un giro del mondo.

---

trousers TROW-zərz nome i pantaloni
The boy's pants are dirty.
I pantaloni del ragazzo sono sporchi.

---

truck TREK nome il camione
The truck makes a lot of noise.
Il camione fa molto rumore.

---

true TRU aggettivo vero (masc.)
vera (fem.)

It's a true story.
È una storia vera.

---

trunk TRƐNGK nome il baule

It is difficult to carry this trunk.
È difficile portare questo baule.

---

to try TRA_I_ verbo provare
She tries to carry the heavy package.
Lei prova di portare il pacco pesante.

Tuesday TUZ-dei nome martedì
Is Tuesday a day off?
Martedì è un giorno libero?

---

turkey TU_R_-ki nome il tacchino
Do you like to eat turkey?
Ti piace mangiare il tacchino?

---

turn TU_R_N nome il turno
It is my turn.
È il mio turno.

---

to turn TU_R_N verbo girare
The stream turns to the left.
Il fiume gira a sinistra.

to turn off TU_R_N-A_W_F verbo spegnere
I turn off the light.
Io spengo la luce.

to turn on TURN-AN verbo accendere
I turn on the radio.
Io accendo la radio.

---

turtle TUR-tøl nome la tartaruga
The turtle walks slowly.
La tartaruga cammina lentamente.

---

twelve TWELV aggettivo dodici
There are twelve bananas in a dozen.
Ci sono dodici banane in una dozzina.

---

twenty TWɆN-ti aggettivo venti
There are twenty people here.
Ci sono venti persone qui.

---

twice TWAIS avverbio due volte
I have done this work twice.
Ho fatto questo lavoro due volte.

---

two TU aggettivo due
I see two cats.
Io vedo due gatti.

---

typewriter TAIP-rai-tør nome la macchina per scrivere
The typewriter is new.
La macchina per scrivere è nuova.

---

typist TAIP-ist nome la dattilografa
The typist is fast.
La dattilografa è svelta.

U

---

ugly ɆG-li aggettivo brutto, brutta
I don't like this hat; it's ugly.
Non mi piace questo cappello; è brutto.

umbrella øm-BREL-ø   nome   l'ombrello

Don't forget your umbrella.
Non dimenticare il tuo ombrello.

---

uncle ENG-køl   nome   lo zio
My uncle is my mother's brother.
Mio zio è il fratello di mia madre.

---

under En-dør   preposizione   sotto
The carrot grows under the ground.
La carota cresce sotto la terra.

---

to understand   verbo   capire
øn-dør-STAND
Do you understand today's lesson?
Tu capisci la lezione di oggi?

---

unhappy øn-HAP-i   aggettivo   scontento
scontenta
He is unhappy because he can't play ball.
Lui è scontento perchè non può giocare alla
palla.

---

united u-NAIT-ød   aggettivo   unito
unita
The boy lives in the United States.
Il ragazzo abita negli Stati Uniti.

United Nations nome   Le Nazioni Unite

The United Nations building is in New York.

Il palazzo delle Nazioni Unite è a New York.

United States nome   Gli Stati Uniti

The United States is my country.

Gli Stati Uniti sono la mia patria.

---

university yu-ni-VUR-si-ti nome l'università

The university is famous.

L'università è famosa.

---

until øn-TIL preposizione fino a

We are in school until 3.

Noi siamo a scuola fino alle tre.

---

unusual aggettivo   straordinario

øn-YU-zhu-øl   straordinaria

He is unusual.

Lui è straordinario.

---

upstairs øp-STEHRZ avverbio di sopra

           al piano superiore

He went upstairs.

Lui è andato di sopra.

---

to use YUZ verbo   usare

She uses scissors to cut the ribbon.

Lei usa le forbici per tagliare il nastro.

---

useful YUS-føl aggettivo utile

Some insects are useful.

Alcuni insetti sono utili.

V

vacation vei-KEI-shøn nome le vacanze

Where are you going during the summer
 vacation?

Dove vai durante le vacanze estive?

---

to vaccinate   VAK-sin-eit   verbo   vaccinare
             I am afraid when the doctor vaccinates me.
             Io ho paura quando il dottore mi vaccina.

---

vaccination   nome   la vaccinazione
      vak-sin-A-shon
            Vaccinations are important.
            Le vaccinazioni sono importanti.

---

vacuum cleaner   nome   l'aspirapolvere

      VAK-yu-øm kli-nør
            Mother uses the vacuum cleaner to clean the
            house.
            La mamma usa l'aspirapolvere per pulire la
            casa.

---

valise   va-LIS   nome   la valigia
             I put my clothes in the valise.
             Io metto i miei vestiti nella valigia.

---

valley   VAL-i   nome   la valle
             There are many flowers in the valley.
             Ci sono molti fiori nella valle.

---

vanilla   vø-NIL-ø   aggettivo   la vaniglia
             I like vanilla ice cream.
             Mi piace il gelato vaniglia.

---

vegetable   VEDJ-tø-bøl   nome   la verdura
Vegetables are delicious with meat.
La verdura è squisita con la carne.

---

very   VER-i   avverbio   molto
The castle is very big.
Il castello è molto grande.

---

village   VIL-idj   nome   il villaggio
My cousin lives in a village in the country.
Mio cugino abita in un villaggio in campagna.

---

violet   VAI-oh-let   nome   la violetta
The violet is pretty.
La violetta è bella.

---

violin   vai-oh-LIN   nome   il violino
The musician plays the violin.
Il musicista suona il violino.

---

to visit   VIZ-it   verbo   visitare
My parents visit my school.
I miei genitori visitano la mia scuola.

---

voice   VOIS   nome   la voce
My aunt's voice is sweet.
La voce di mia zia è dolce.

  in a loud voice (aloud)   espressione   ad alta voce
                               idiomatica
  He speaks aloud.
  Lui parla ad alta voce.

---

volcano   va-KEI-noh   nome   il vulcano
Italy has several volcanoes.
L'Italia ha vari vulcani.

W

---

waist   WEIST   nome   la vita
la cintola

to wait

> She has a beautiful belt around her waist.
> Lei ha una bella cintura intorno alla vita.

---

to wait WEIT verbo   aspettare
> Wait for me, I'm coming.
> Aspettami, vengo.

---

waiter WEI-ter nome   il cameriere
> The waiter works hard.
> Il cameriere lavora molto.

---

waitress WEI-tres nome   la cameriera
> The waitress is very pretty.
> La cameriera è molto bella.

---

to wake up WEIK-ƏP verbo   svegliarsi
> We wake up early.
> Noi ci svegliamo presto.

---

to walk WAWK verbo   camminare
> I walk three miles every day.
> Io cammino tre miglia ogni giorno.

---

wall (of a house) WAWL nome   il muro
> There is a hole in the wall.
> Il muro è bucato.

---

wall (of a room) nome   la parete
> There is a picture of the "Mona Lisa" on the living
>   room wall.
> C'è un quadro della "Mona Lisa" sulla parete del
>   salotto.

---

walls (of a city) nome   le mura
> The walls of the city are high.
> Le mura della città sono alte.

---

to want WAHNT verbo   volere
> The baby is crying because he wants his toy.
> Il bambino piange perchè vuole il suo giocattolo.

---

war	**WAWR**	nome	la guerra

War is terrible.
La guerra è terribile.

warm	**WAWRM**	aggettivo	caldo (masc.)
			calda (fem.)

It is warm today.
Fa caldo oggi.

to wash	**WAHSH**	verbo	lavare

We are washing the dog.
Noi laviamo il cane.

to wash (oneself)   verbo riflessivo   lavarsi
        WAHSH

I wash my hands before eating.
Io mi lavo le mani prima di mangiare.

washing machine   nome   la lavatrice

The washing machine is new.
La lavatrice è nuova.

washstand   nome   il lavandino

The washstand is in the bathroom.
Il lavandino è nella sala da bagno.

dishwasher   nome   la lavastoviglie

The dishwasher does not work.
La lavastoviglie non funziona.

watch	**WACH**	nome	l'orologio

What a shame, my watch doesn't work.
Che peccato, il mio orologio non funziona.

to watch	**WACH**	verbo	guardare

I watch television every day.
Io guardo la televisione ogni giorno.

to watch over   verbo   badare a
        WACH-OH-vər

The cat watches over the kittens.
Il gatto bada ai gattini.

to watch over   verbo   sorvegliare
He watches over me.
Lui mi sorveglia.

---

water   W<u>AW</u>-ter   nome   l'acqua
There is water in the swimming pool.
C'è acqua nella piscina.

---

watermelon   nome   il cocomero
       WAW-ter-mel-en   il melone

Watermelon is a delicious fruit.
Il melone è una frutta squisita.

---

wave   WEIV   nome   l'onda
I see waves at the beach.
Io vedo le onde alla spiaggia.

---

we   WI   pronome   noi
We are here.
Noi siamo qui.

---

weak   WIK   aggettivo   debole
The poor boy is weak because he is sick.
Il povero ragazzo è debole perche è malato.

---

wealthy   WEL-thi   aggettivo   ricco (masc.)
                                            ricca (fem.)
The rich lady wears jewels.
La donna ricca porta i gioielli.

---

to wear　　WEHR　　verbo　　　　　　　　　portare
　　　　　　　　She is wearing a hat.
　　　　　　　　Lei porta un cappello.

---

weather　　WE<u>TH</u>-er　　nome　　　　　　il tempo
　　　　　　　　What is the weather? The sun is shining.
　　　　　　　　Che fa il tempo? Il sole splende.

Wednesday　　WENZ-dei　　nome　　　　mercoledì
　　　　　　　　Today is Wednesday—they are serving chicken.
　　　　　　　　Oggi è mercoledì—servono il pollo.

---

week　　WIK　　nome　　　　　　　　la settimana
　　　　　　　　There are seven days in a week.
　　　　　　　　Ci sono sette giorni in una settimana.

---

to weep　　WIP　　verbo　　　　　　　piangere
　　　　　　　　I weep when somebody teases me.
　　　　　　　　Io piango quando qualcuno mi fa dispetti.

(you're) welcome　　yur-WEL-com　　inter. prego
　　　　　　　　Thank you for the help. You're welcome.
　　　　　　　　Grazie per l'aiuto. Prego.

---

well　　WEL　　avverbio　　　　　　　bene
　　　　　　　　I'm feeling very well, thank you.
　　　　　　　　Mi sento molto bene, grazie.

---

well behaved　　　　aggettivo　　　　beneducato
　　　WEL-b<u>i</u>-HEIVD　　　　　　　　beneducata
　　　　　　　　Little girls are well behaved.
　　　　　　　　Le ragazzine sono beneducate.

---

well done　　WEL-D<u>E</u>N　　interiezione　　bravo
　　　　　　　　Peter answers the questions well. "Well done!",
　　　　　　　　says the teacher.
　　　　　　　　Pietro risponde bene alle domande. "Bravo!",
　　　　　　　　dice la maestra.

---

west	WEST	nome	l'ovest

When I go from Venice to Milan, I go toward the
   west.
Quando vado da Venezia a Milano, vado verso
   l'ovest.

---

wet	WET	aggettivo	bagnato
			bagnata

My clothes are wet from the rain.
Il mio vestito è bagnato a causa della pioggia.
My notebook has fallen into the water; it is wet.
Il mio quaderno è caduto nell'acqua; è bagnato.

---

what	WH<u>A</u>T	interrogativo	che
			come

What? Che?
What? Come?
What? You don't have the change for the bus?
Come? Non hai gli spiccioli per l'autobus?
What a beautiful dress!
Che bel vestito!

---

wheat	WHIT	nome	il grano

I see wheat in the fields.
Io vedo il grano nei campi.

---

wheel	WHIL	nome	la ruota

My uncle fixes the wheel of my bicycle.
Mio zio mi aggiusta la ruota della bicicletta.

---

when WHEN   congiunzione   quando

I read a book when it rains.
Io leggo un libro quando piove.

---

where WHEHR   avverbio   dove

Where are my glasses?
Dove sono i miei occhiali?

---

whether WHE-ther   congiunzione   se

I want to know whether or not you are coming.
Voglio sapere se vieni o no.

---

which WHICH   congiunzione   quale, che

I am looking for the pen which is on the rug.
Cerco la penna ch'è sul tappetto.

---

to whistle WHIS-el   verbo   fischiare

When I whistle, my friend knows I'm at the door.
Quando io fischio, il mio amico sa che io sono
     alla porta.

---

white WHAIT   aggettivo   bianco (masc.)
                                            bianca (fem.)

My shoes are white.
Le mie scarpe sono bianche.

---

who HU   pronome   chi

Who is coming to visit us?
Chi ci viene a trovare?

---

whole HOHL   aggettivo   intero (masc.)
                                            intera (fem.)

Of course I would like to eat the whole cake!
Certo che vorrei mangiare l'intera torta!

---

whom HUM   pronome   che
                                            cui

The woman of whom I speak is my aunt.
La donna di cui parlo è mia zia.

---

why	WH<u>AI</u>	interrogativo	perchè

Why are you late?
Perchè sei in ritardo?

wide	W<u>AI</u>D	aggettivo	largo (masc.) larga (fem.)

The boulevard is a wide street.
Il corso è una strada larga.

wife	W<u>AI</u>F	nome	la moglie

My wife is beautiful.
Mia moglie è bella.

wild	W<u>AI</u>LD	aggettivo	feroce selvaggio selvaggia

Who is afraid of a wild tiger?
Chi ha paura di una tigre feroce?
Wild animals live in the forest.
Gli animali selvaggi abitano nella foresta.

to win	W<u>I</u>N	verbo	vincere

Our team wins!
La nostra squadra vince!

wind	W<u>I</u>ND	nome	il vento

The wind is strong today.
Il vento è forte oggi.

window	W<u>I</u>N-doh	nome	la finestra

The dog likes to look out the window.
Al cane piace guardare dalla finestra.

store window		nome	la vetrina

The store window is broken.
La vetrina è rotta.

wine	W<u>AI</u>N	nome	il vino

The waiter brings the wine.
Il cameriere porta il vino.

| **wing** | WING | nome | l'ala |

The airplane has two wings.
L'apparecchio ha due ali.

| **winter** | WIN-tør | nome | l'inverno |

It is cold in winter.
Fa freddo d'inverno.

| **wise** | WAIZ | aggettivo | saggio |
| | | | saggia |

Grandfather is wise.
Il nonno è saggio.

| **to wish** | WISH | verbo | desiderare |
| | | | volere |

What do you wish, sir?
Cosa desidera, signore?
The baby is crying because he wants his toy.
Il bambino piange perchè vuole il giocattolo.

| **with** | WITH | preposizione | con |

Mary is at the beach with her friends.
Maria è alla spiaggia con le sue amiche.

| **with care** | | expressione idiomatica | con cura |

Paul pours water into the glass with care.
Paolo versa l'acqua nel bicchiere con cura.

without with-OWT preposizione senza
I am going to class without my friend.
Io vado in classe senza il mio amico.

wolf WAUHLF nome il lupo
Who is afraid of the bad wolf?
Chi ha paura del cattivo lupo?

woman WAUHM-ən nome la donna
These two women are going shopping.
Queste due donne vanno a fare le spese.

wonderful WEN-dər-fəl aggettivo straordinario
meraviglioso
prodigioso
straordinaria
meravigliosa
prodigiosa
She is a wonderful person.
Lei è una persona meravigliosa.

wood WAUHD nome il legno
The pencil is made of wood.
Il lapis è fatto di legno.

woods WAUHDZ nome il bosco
la foresta
I am going into the woods.
Io vado nel bosco.

wool WAUHL nome la lana
My coat is made of wool.
Il mio soprabito è fatto di lana.

word WURD nome la parola
I am thinking of a word that begins with the
letter "A."
Io penso a una parola che comincia con la
lettera "A."

---

work WURK   nome   il lavoro

Mother has a lot of work to do.

La mamma ha molto lavoro da fare.

---

to work WURK   verbo   lavorare

The farmer works outdoors.

L'agricoltore lavora all'aperto.

---

world WURLD   nome   il mondo

How many nations are there in the world?

Quante nazioni ci sono al mondo?

---

worm WURM   nome   il verme

There's a worm in the apple.

C'è un verme nella mela.

---

wound WUND   nome   la ferita

The wound is serious.

La ferita è grave.

---

to write RAIT   verbo   scrivere

The teachers says, "Write the date on the
    blackboard."

La maestra dice, "Scrivi la data alla lavagna."

---

wrong (to be)   expressione   avere torto
  RAWNG   idiomatica

I admit that I am wrong.

Io ammetto che ho torto.

Y

---

year YIR   nome   l'anno

There are 12 months in a year.

Ci sono dodici mesi in un anno.

---

yellow YEL-oh   aggettivo   giallo
                                        giallа

Corn is yellow.

Il granturco è giallo.

---

yes	YES	avverbio	sì

Do you want some candy? Yes, of course!
Vuole dolci? Sì, certo!

---

yesterday	avverbio	ieri
YES-tør-dei		

Today is May 10; yesterday, May 9.
Oggi è il dieci maggio; ieri, il nove maggio.

---

you	YU	pronome (familiare)	ti
		pronome (formale)	Le

I give you some milk.
Ti do un po' di latte.
I give you some milk.
Io Le do un po' di latte.

---

you have to	espressione	è necessario
YU-HAV-tø	idiomatica	

It is necessary to go to school.
È necessario andare a scuola.

---

you have to	espressione	si deve
	idiomatica	

You have to go to school.
Si deve andare a scuola.

---

young	YÆNG	aggettivo	giovane

They always say to me, "You are too young!"
Mi dicono sempre, "Sei troppo giovane!"

---

your	YAWR	aggettivo (familiare)	tuo
			tuoi
			tua
			tue

Your cousin has arrived.
Tuo cugino è arrivato.
Your neighbors are kind.
Le tue vicine sono gentili.
Your books are here.
I tuoi libri sono qui.

Your sister is ill.
Tua sorella è malata.

---

your	Y<u>AW</u>R	aggettivo (formale)	Suo
			Suoi
			Sua
			Sue

Where is your tape recorder?
Dov'è il Suo registratore?
Your brothers are here.
I Suoi fratelli sono qui.
Your sister has arrived.
Sua sorella è arrivata.
Are your shoes new?
Sono nuove le Sue scarpe?

Z

| **zebra** | ZI-br<u>e</u> | nome | la zebra |

Is it a zebra or a horse?
È una zebra o un cavallo?

| **zero** | ZIR-<u>oh</u> | nome | lo zero |

There is a zero in the number 10.
C'è uno zero nel numero dieci.

---

zoo	ZU	nome	il giardino
			zoologico
			lo zoo

I like to watch the animals at the zoo.
Mi piace guardare animali al giardino zoologico.

ENGLISH-ITALIAN WORD FINDER LIST

How To Use The Word Finder List: To find the Italian equivalent of an English word or expression, first look for the English word in this list. Opposite it you will see its Italian equivalent. Then look it up in the English-Italian vocabulary for a more detailed entry. You may also look up the Italian word in the Italian-English vocabulary, where you will find the pronunciation, other possible meanings, use in a complete sentence and, frequently, a picture.

A

a	un
above all	sopratutto
absent	assente
according to	secondo
actor	l'attore
actress	l'attrice
addition	l'addizione
address	l'indirizzo
adventure	l'avventura
aerial	l'antenna della televisione
to be afraid of	avere paura di
after	dopo
afternoon	il pomeriggio
again	ancora
against	contra
age	età
agreed	d'accordo
don't you agree?	non è vero?
aid	aiutare
air	l'aria
airplane	l'apparecchio
by airplane	in apparecchio

airport	l'aeroporto
alarm clock	la sveglia
Alas: What a pity!	Che peccato!
alike	simile
all	tutto
all over	dappertutto
all right (o.k.)	va bene
almost	quasi
alone	solo
alphabet	l'alfabeto
already	già
also (too)	anche
always	sempre
ambulance	l'ambulanza
American	l'americano
an	un
and	e
angry	arrabbiato
animal	la bestia, l'animale
anniversary (birthday)	il compleanno
to annoy	annoiare
another	un altro
other	l'altro
answer	la risposta
to answer	rispondere
ant	la formica
any (anything)	qualche, qualche cosa
apartment	l'appartamento
appearance (look)	l'apparenza
appetite	l'appetito
apple	la mela
apricot	l'albicocca
April	aprile

apron	il grembiule
aquarium (fish tank)	la peschiera
arm	il braccio
armchair	la poltrona
army	l'esercito
around	intorno
to arrange	mettere in ordine
to arrest	arrestare
to arrive	arrivare
artist	l'artista
as	come
to be ashamed	avere vergogna
to ask	domandare
astronaut	l'astronauta
at	a, di
to attend (to go)	assistere
August	agosto
aunt	la zia
auto(mobile) (car)	l'automobile, la macchina
autumn	l'autunno
avenue (way)	la via

B

baby	il bambino
back	la schiena
to give back	restituire
bad	cattivo
bag	la borsa
baggage	il bagaglio
baker	il panettiere
bakery	la panetteria
ball	la palla
to play ball	giocare a palla

balloon	il pallone
ballpoint pen	la penna a sfera
banana	la banana
bank	la banca
baseball	il "baseball"
basketball	la pallacanestro
bath	il bagno
bathing suit	il costume da bagno
bathroom	la sala da bagno
sunbath	il bagno di sole
to be	essere
to be able	potere
beach	la spiaggia
to be acquainted with	conoscere
to be afraid of	avere paura di
to be ashamed (of)	avere vergogna (di)
beak	il becco
bear	l'orso
beard	la barba
beast	la bestia, l'animale
beautiful	bello
to be called (name is…)	chiamarsi
be careful	attenzione
because	perchè
because of	a causa di
to become	divenire
bed	il letto
to go to bed	andare a letto
bedroom	la camera da letto
bee	l'ape
beefsteak (steak)	la bistecca
before	prima di
to be frightened	avere paura

to begin	cominciare
to behave (oneself)	comportarsi
behind	dietro a
to be hungry	avere fame
to believe	credere
bell	la campana
doorbell	il campanello
belt	la cintura
to be quiet	stare zitto
to be right	avere ragione
to be sleepy	avere sonno
to be successful (to succeed)	riuscire
to be thirsty	avere sete
better	migliore
between	fra
to be wrong	avere torto
bicycle	la bicicletta
big	grande
bill (money)	il biglietto
bird	l'uccello
birthday	la festa del compleanno
Happy birthday!	Buon compleanno!
to bite	mordere
to bite (insect)	pungere
black	nero
blackboard (chalkboard)	la lavagna
blanket	la coperta
blind	cieco
blonde	biondo
blood	il sangue
blue	azzurro
boat	la barca
book	il libro

boot	lo stivale
born	nato
to borrow	prestare
bottle	la bottiglia
bowl	il tazzone
box	la scatola
letter box	la buca per le lettere
boy	il ragazzo
branch	il ramo
brave	coraggioso
bread	il pane
to break	rompere
breakfast	la piccola colazione
bridge	il ponte
briefcase	la borsa
to bring	portare
broom	la scopa
brother	il fratello
brown	marrone
brush	la spazzola
to brush	spazzolarsi
hairbrush	la spazzola per i capelli
toothbrush	lo spazzolino da denti
bucket	la secchia
building	l'edificio
burglar	il ladro
to burn	bruciare
bus	l'autobus
busy	occupato
but	ma
butcher	il macellaio
butcher shop	la macelleria
butter	il burro

button	il bottone
to buy	comprare
by	per
by air	in apparecchio
by airmail	via aerea
by car	in automobile
by sea	per mare

C

cabbage	il cavolo
cafe	il caffè
cake	la torta
calendar	il calendario
to call	chiamare
calm	calmo
camera	la macchina fotografica
camp	la colonia
can (to be able to)	potere
candy	i dolci
capital	la capitale
car	l'automobile, la macchina
car (railroad)	il vagone, la carrozza
card	la carta
carefully	con cura, diligentemente
carrot	la carota
to carry	portare
castle	il castello
cat	il gatto
kitten	il gattino
to catch	afferrare
ceiling	il soffitto
celery	il sedano
cellar	lo scantinato

certain (sure)	certo, sicuro
chair	la sedia
chalk	il gesso
chalkboard	la lavagna
to change	cambiare
cheap	a buon mercato
to cheat	imbrogliare
check (in restaurant)	il conto
to play checkers	giocare a dama
cheerful	allegro
cheese	il formaggio
cherry	la ciliegia
to play chess	giocare a scacchi
chicken	il pollo
child	il ragazzo
children	i ragazzi
chimney	il camino
chin	il mento
chocolate	il cioccolato
to choose	scegliere
chop	la cotoletta
church	la chiesa
cigarette	la sigaretta
circle	il circolo
circus	il circo
city	la città
class	la classe
classroom	l'aula
clean	pulito
to clean	pulire
cleaning woman	la cameriera
street cleaner	lo spazzino
clear	chiaro

clever	intelligente
to climb	arrampicarsi
clock	l'orologio
to close	chiudere
close to (near)	vicino a
closet	l'armadio
clothes	gli abiti, i vestiti
cloud	la nuvola
clown	il buffone
coat	il soprabito
coffee	il caffè
cold	il freddo
cold (illness)	il raffreddore
to be cold	avere freddo
it is cold	fa freddo
color	il colore
comb	il pettine
to comb (one's hair)	pettinarsi
to come	venire
to come into	entrare
comfortable	comodo
to command	comandare
company	la compagnia
to complain	lamentarsi
completely	completamente
to continue	continuare
to cook	cucinare
cooky	il pasticcino
cool	fresco
to copy	copiare
corn	il granturco
corner	l'angolo
correct	corretto

to cost	costare
cotton	il cotone
to cough	tossire
to count	contare
country	il paese
countryside	la campagna
courageous	coraggioso
cousin	il cugino
cover	la coperta
to cover	coprire
covered	coperto
cow	la vacca
cradle	la culla
crazy	matto, folle, pazzo
to cross	attraversare
to cry	piangere
cunning	furbo
cup	la tazza
cupboard	la credenza
curious	curioso
curtain	la tendina
to cut	tagliare
cute	attraente, grazioso
cutlet	la cotoletta

D

dad, daddy	il papà, il babbo
damp	umido
to dance	ballare
dangerous	pericoloso
dark	scuro
darling	caro
date	la data

406

daughter	la figlia
day	la giornata, il giorno
day off	giorno di riposo
every day	ogni giorno
dead	morto
dear	caro
dear (expensive)	caro, costoso
to deceive	ingannare
December	dicembre
to decorate	decorare
deep	profondo
delicious	delizioso, squisito
delighted	incantato, contento
dentist	il dentista
desert	il deserto
to desire (to want)	desiderare
desk	la scrivania
dessert	il dolce
to detest	detestare, odiare
dictionary	il dizionario, il vocabolario
different	differente, diverso
difficult	difficile
dining room	la sala da pranzo
dinner	il pranzo
to direct	dirigere
dirty	sporco
dish	il piatto
dishwasher	la lavastoviglie
displeased (angry)	dispiaciuto, annoiato, offeso
distant	distante, lontano
to do	fare
doctor	il medico, il dottore
dog	il cane
puppy	il cagnolino

doll	la bambola
dollhouse	la casa di bambola
dollar	il dollaro
dominoes	il domino
donkey	l'asino
door	la porta
doorbell	il campanello
doorknob	il pomo
dozen	la dozzina
to drag	trascinare
to draw	disegnare
drawer	il cassetto
dreadful	terribile
to dream	sognare
to dress	vestirsi
dress	il vestito
to drink	bere
to drive	guidare
driver	l'autista
drugstore	la farmacia
drum	il tamburo
dry	asciutto
duck	l'anitra
during	durante

E

each	ogni
each one	ciascuno
ear	l'orecchio
early	presto
to earn	guadagnare
earth	la terra
east	l'est

easy	facile
to eat	mangiare
edge	il bordo, l'orlo, il margine
egg	l'uovo
eight	otto
eighteen	diciotto
eighty	ottanta
electric	elettrico
elephant	l'elefante
eleven	undici
empty	vuoto
end	la fine
engineer	l'ingegnere
English	l'inglese
enough	abbastanza
to enter	entrare
envelope	la busta
equal	uguale
to erase	raschiare, cancellare
eraser	la gomma
error	lo sbaglio
especially	specialmente
even	anche
evening	la sera
Good evening.	Buona sera.
every	ogni
everybody, everyone	ognuno, tutti
every day	ogni giorno
everywhere	ovunque, dappertutto
examination	l'esame
excellent	eccellente
excuse me	scusi, permesso
expensive	caro, costoso

to explain	spiegare
extraordinary	straordinario
eye	l'occhio

F

face	la faccia
factory	la fabbrica
fair	giusto
fair	la fiera
fairy	la fata
fairy tale	la fiaba
fall (autumn)	l'autunno
to fall	cadere
false	falso
family	la famiglia
famous	celebre, famoso
fan	il ventilatore
far	lontano
farm	la masseria
farmer	l'agricoltore
fast (adj.)	veloce, rapido
fast (adv.)	svelto
fat	grasso, grande
father	il padre
favorite	preferito
fear	la paura
to be afraid	avere paura
February	febbraio
to feel	sentirsi
ferocious	feroce
fever	la febbre
field	il campo
fierce	feroce

fifteen	quindici
fifty	cinquanta
to fill	riempire
film	il film, la pellicola
finally	finalmente
to find	trovare
finger	il dito
fingernail	l'unghia
to finish	finire
fire	il fuoco
fireman	il vigile del fuoco
fireplace	il focolare
fire truck	la pompa antincendio
first	primo
fish	il pesce
fish tank	la vasca da pesci
to go fishing	andare a pescare
goldfish	pesce rosso
five	cinque
to fix	riparare
flag	la bandiera
flat	piano
floor	il pavimento
floor (of a building)	il piano
flower	il fiore
fly	la mosca
to fly	volare
fog	la nebbia
to follow	seguire
foolish	sciocco, stolto
foot	il piede
to go on foot	andare a piedi
for	per

forest	il bosco, la foresta
forever	per sempre
to forget	dimenticare
fork	la forchetta
to form	formare
forty	quaranta
four	quattro
fourteen	quattordici
fox	la volpe
France	la Francia
French	francese
fresh	fresco
Friday	il venerdì
friend	l'amico
frightening	spaventevole
frog	la rana
from	da
fruit	la frutta
full	pieno
funny	comico
future	il futuro

G

game	il giuoco
garage	l'autorimessa
garden	il giardino
gas	il gas
gasoline	la benzina
to gather	cogliere
gentle	gentile
gently	piano, gentilmente
geography	la geografia
to get	ricevere

to get dressed	vestirsi
to get up	alzarsi
giant	il gigante
girl	la ragazza
to give	dare
to give back	restituire
glad	contento
glass	il bicchiere
glasses (eyeglasses)	gli occhiali
glove	il guanto
glue	la colla
to glue	incollare
to go (leave)	partire, lasciare
to go	andare
to go back	ritornare
to go down	scendere
to go into	entrare
to go to bed	andare a letto
to go up	salire
goat	la capra
gold	l'oro
good	buono
Good afternoon	Buon pomeriggio
goodbye	arrivederci
Good evening	Buona sera
Good luck	Buona fortuna
Good morning	Buon giorno
granddaughter	la nipote
grandfather	il nonno
grandmother	la nonna
grandson	il nipote
grape	l'uva
grapefruit	il pompelmo

grass	l'erba
grasshopper	la cavalletta
gray	grigio
great	fantastico, meraviglioso, straordinario
great	grande
green	verde
grocer	il droghiere
ground	la terra
ground floor	pianterreno
to grow	crescere
guard	la guardia
to guard	custodire
to guess	indovinare
guitar	la chitarra
gun	la rivoltella

H

hair	il capello
hairbrush	la spazzola per capelli
half	mezzo
half an hour	mezz'ora
half	la metà
ham	il prosciutto
hammer	il martello
hand	la mano
left hand	la mano sinistra
right hand	la mano destra
handbag	la borsa
handkerchief	il fazzoletto
handsome	bello, bella
to happen	avviene, accade, succede
What is happening?	Che succede?

414

happy	contento, felice, allegro
Happy birthday	Buon compleanno
hard	duro
hat	il cappello
to hate	odiare
to have	avere
to have a good time	divertirsi
to have a headache	avere un dolor di testa
to have a stomach ache	avere un mal di stomaco
to have (food)	prendere
to have to (must)	dovere
hay	il fieno, la paglia
he	lui
head	la testa
health	la salute
to hear	sentire
heart	il cuore
heavy	pesante
helicopter	l'elicottero
Hello	Buon Giorno
help	l'aiuto
to help	aiutare
her	suo
here	qui
here are, here is	ecco
herself	se
to hide	nascondere
to play hide and seek	giocare a rimpiattino
high (tall)	alto
highway	l'autostrada
him	lui, lo
himself	se
history	la storia

to hit	battere
hole	il buco
holiday	la festa
home	la casa
homework	i compiti
hoop	il cerchio
to hope	sperare
horse	il cavallo
hospital	l'ospedale
hot	caldo
to be hot	avere caldo
hotel	l'albergo
hour	l'ora
house	la casa
how	come
however	comunque
how many	quanti
how much	quanto
humid	umido
to be hungry	avere fame
hunter	il cacciatore
hurray	bravo
to hurry	affrettarsi
hurt	la ferita, il male, il dolore
to hurt	ferire far male a
husband	il marito

I	
I	io
ice	il ghiaccio
ice cream	il gelato
to ice skate	pattinare sul ghiaccio
ice skates	i pattini a ghiaccio
idea	l'idea

if	se
immediately	immediatamente
important	importante
impossible	impossibile
in	in
in front of	davanti a
in honor of	in onore di
in the middle of	in mezzo a
in order to	per
(in) this way	così
to indicate	indicare
inexpensive	a buon mercato
insect	l'insetto
intelligent	intelligente
intentionally (on purpose)	intenzionalmente
interesting	interessante
into	in
to introduce	presentare
to invite	invitare
to iron	stirare
iron (appliance)	il ferro
iron (metal)	il ferro
island	l'isola
isn't that true?, isn't that so?, Don't you agree?	non è vero?
it	lo
it is forbidden to	è vietato, è proibito
it is necessary	è necessario
it is raining	piove
it is snowing	nevica

J

jacket	la giacca
jackknife	il coltello a serramanico

jam	la marmellata
January	gennaio
jet plane	l'aviogetto
jewel	il gioiello
jewelry	i gioielli
juice	il sugo, la spremuta
July	luglio
to jump	saltare
June	giugno

K

kangaroo	il canguro
to keep	conservare
key	la chiave
to kick	dare un calcio a
to kill	uccidere
kilometer	il chilometro
kind	gentile
kind	il tipo, la specie
king	il re
kiss	il bacio
kitchen	la cucina
kite	l'aquilone
kitten	il gattino
knee	il ginocchio
knife	il coltello, il temperino
to knit	lavorare a maglia
to knit socks	fare la calza
knob	il pomo
to knock	bussare
to know	conoscere
to know (how to)	sapere

L

lady	la donna
lake	il lago
lamp	la lampada
large	grande
last	ultimo
late	tardi
to be late (impersonal)	essere tardi
to be late (personal)	essere in ritardo
to laugh	ridere
lawyer	l'avvocato
lazy	pigro
to lead	condurre
leader	il capo
leaf	la foglia
to leap	saltare
to play leapfrog	giocare a cavalletta
to learn	imparare
leather	il cuoio
to leave	lasciare, partire
left	sinistra
to (on) the left	a sinistra
leg	la gamba
lemon	il limone
to lend	prestare
leopard	il leopardo
less	meno
lesson	la lezione
to let (allow)	permettere
letter	lettera
letter box	la buca delle lettere
lettuce	la lattuga
library	la biblioteca

lie	la bugia, la menzogna
light	la luce
light (traffic)	il semaforo
light switch	l'interruttore
light (weight)	leggiero
lightning	il fulmine
to like	amare, piacere
lion	il leone
lip	il labbro
to listen	ascoltare
little	piccolo
little	un poco, un po'
to live	abitare, vivere
to live (reside)	risiedere
living room	il salotto
loaf (of bread)	il pane
roll	il panino
toast	il pane tostato
long	lungo
look (appearance)	l'apparenza
to look after	badare a, sorvegliare
to look at	guardare
to look for	cercare
to lose	perdere
lot of (many)	molto
loud	forte
in a loud voice	ad alta voce
to love	amare
love	l'amore
to lower	abbassare
luck	la fortuna
to be lucky	essere fortunato
luggage	il bagaglio
lunch	la colazione

M

machine	la macchina
washing machine	la lavatrice
mad (crazy)	matto, pazzo
made of	di (fatto di)
maid	la cameriera
cleaning woman	la donna di servizio
to mail a letter	imbucare una lettera
mailbox	la buca delle lettere
mailman	il postino
to make	fare
man	l'uomo, signore
many	molto
map	la carta geografica
road map	la carta stradale
March	marzo
marionette	la marionetta
mark (in school)	il voto
market	il mercato
to marry	sposare
marvelous	meraviglioso
match	il fiammifero
May	maggio
maybe	forse, può darsi
me	mi, io
meal	il pasto
to mean	volere dire
meat	la carne
mechanic	il meccanico
medicine	la medicina
to meet	incontrare
member	il socio, il membro
menu	la lista
merry-go-round	la giostra, il carosello

midnight	la mezzanotte
mile	il miglio
milk	il latte
million	il milione
minute	il minuto
mirror	lo specchio
miss	la signorina
mistake	lo sbaglio
to mix	mescolare
moist	umido
Mom	la mamma
moment	il momento
Monday	il lunedì
money	il denaro
monkey	la scimmia
month	il mese
moon	la luna
morning	la mattina
Good morning	Buon giorno
mosquito	la zanzara
mother	la madre
mountain	la montagna
mouse	il topo
mouth	la bocca
to move	muovere
movie	il film, la pellicola
movies	il cinema
Mr.	il signore
Mrs.	la signora
much	molto
mud	il fango
museum	il museo
music	la musica

musician	il musicista
my	mio, miei, mie
myself	me stesso

N

nail (fingernail)	l'unghia
nail (metal)	il chiodo
name	il nome
...name is	chiamarsi
napkin	il tovagliolo
narrow	stretto
nation	la nazione
national	nazionale
naughty	cattivo
near	vicino a
neck	il collo
to need	avere bisogno di
needle	l'ago
neighbor	il vicino
nephew	il nipote
nest	il nido
never	non...mai
new	nuovo
newspaper	il giornale
next	prossimo
next to	accanto a
nice	piacevole, bello
niece	la nipote
night	la notte
nine	nove
nineteen	diciannove
ninety	novanta
no	no

no admittance	vietato entrare
no longer	non…più
no matter	non importa
no smoking	vietato fumare
noise	il rumore
noon	il mezzogiorno
north	il nord
nose	il naso
not	non
note	il biglietto
note (musical)	la nota
notebook	il quaderno
nothing	niente, nulla
November	novembre
now	ora
number	il numero
nurse	l'infermiera
nylon	il nailon

O

to obey	ubbidire
occupied (busy)	occupato
ocean	l'oceano
ocean liner	il transatlantico
October	ottobre
odd	strano
office	l'ufficio
post office	l'ufficio postale
often	spesso
oil	l'olio
okay	d'accordo, va bene
old	vecchio
on	su
on purpose	di proposito

424

once again	di nuovo, ancora
one	uno
one hundred	cento
one must	si deve
one that (who)	quello
onion	la cipolla
only (adj.)	solo
only (adv.)	solamente
open	aperto
to open	aprire
to operate	funzionare
or	o
orange	l'arancia
orange (color)	arancio
orange juice	spremuta di arancia
to order	ordinare
to order (command)	comandare
in order to	per
other	altro
our	nostro
out of	da
outside	fuori
over there	là
to overturn	rovesciare
owl	il gufo
own	proprio

P

package	il pacco
page	la pagina
pail	il secchio
to paint	dipingere
to paint (walls of a house)	verniciare
pair	il paio

pajamas	i pigiama
palace	il palazzo
pants	i pantaloni
paper	la carta
sheet of paper	il foglio di carta
parachute	il paracadute
parade	la parata
parakeet	il parrocchetto
pardon me	scusi
parents	i genitori
park	il parco, il giardino pubblico
parrot	il pappagallo
part (role)	la parte
party	la festa
to pass	passare
to paste	incollare
path	il sentiero
paw	la zampa
to pay (to pay for)	pagare
peach	la pesca
peanut	l'arachide
pear	la pera
peas	i piselli
pen	la penna
ballpoint pen	la penna a sfera
pencil	la matita, il lapis
people	la gente, la persona
perhaps	può essere, forse
permission	il permesso
to permit (allow)	permettere
person	la persona
pet	l'animale favorito
pharmacy	la farmacia

426

phonograph	il fonografo, il giradischi
photograph	la fotografia
piano	il pianoforte
to pick	cogliere
picture (photograph)	la fotografia
picture	il ritratto
pie	la torta
piece	il pezzo
pig	il maiale
pillow	il guanciale
pilot (airplane)	il pilota
pin	lo spillo
pineapple	l'ananasso
pink	rosa
place (at a table)	il posto
planet	il pianeta
plant	la pianta
plate	il piatto
to play (a game)	giocare
to play (an instrument)	suonare
playground	il parco di ricreazione
playing card	la carta (da giuoco)
pleasant	gradevole
please	per piacere
pleasure	il piacere
pocket	la tasca
pocketbook	la borsa
pocketknife	il temperino
to point to (out)	indicare
polite	cortese, garbato, gentile, educato
pool (swimming)	la piscina
poor	povero
postcard	la cartolina postale

post office	l'ufficio postale
potato	la patata
to pour	versare
to prefer	preferire
to prepare	preparare
present	il regalo
present	presente
president	il presidente
pretty	bello, carino
prince	il principe
princess	la principessa
to promise	promettere
to pull	tirare
pumpkin	la zucca
to punish	punire
pupil	l'alunno
puppy	il cucciolo, il cagnolino
purple	porporino
purse	il borsellino
to push	spingere
to put	mettere
to put down (lower)	abbassare
to put on	mettersi

Q

quality	la qualità
quantity	la quantità
to quarrel	litigare
quarter	il quarto
queen	la regina
question	la domanda
quickly	presto, subito, svelto
quiet	quieto, tranquillo

428

R

rabbit	il coniglio
radio	la radio
railroad	la ferrovia
to rain	piovere
it is raining	piove
rainbow	l'arcobaleno
raincoat	l'impermeabile
to raise	alzare
rapid	rapido
rat	il topo
to read	leggere
ready	pronto
to receive	ricevere
record	il disco
record player	il giradischi
red	rosso
refrigerator	il frigorifero
to remain	restare, rimanere
to remember	ricordare
to remove	togliersi, rimuovere
to repair	riparare
to repeat	ripetere
to reply (answer)	rispondere
reply	la risposta
to represent	rappresentare
to rescue	salvare
to rest	riposarsi
restaurant	il ristorante
to return	ritornare
to return (give back)	restituire
ribbon	il nastro
rice	il riso

rich	ricco
to ride	cavalcare
right	giusto, corretto
the right	la destra
ring	l'anello
to ring	suonare
ripe	maturo
river	il fiume
road	la strada
roast beef	manzo arrostito, il rosbif
robber	il ladro
rock	la pietra
rocket ship	il razzo
role (part)	la parte
roll (bread)	il panino
to roll	rotolare
roller skates	i pattini a rotelle
roof	il tetto
room	la stanza
bathroom	la sala da bagno
bedroom	la camera da letto
classroom	l'aula
dining room	la sala da pranzo
living room	il salone, il salotto
rooster	il gallo
rope	la fune
round	tondo
route	la rotta
row	la fila
rubbers (overshoes)	le soprascarpe
rug	il tappeto
rule	la regola
ruler	la riga
to run	correre

S

sack	il sacco
sad	triste
safe and sound	sano e salvo
salad	l'insalata
salesman	il commesso
saleswoman	la commessa
salt	il sale
same	stesso
sand	la sabbia
sandwich	il panino, il panino imbottito
Saturday	sabato
saucer	il piattino
flying saucer	il disco volante
to save	salvare
to say	dire
school	la scuola
science	la scienza
scientist	lo scienziato
scissors	le forbici
scold	rimproverare
scream, shout	gridare
sea	il mare
season	la stagione
seat (place)	il posto
seat	il sedile
seated	seduto
second	secondo
secret	il secreto
secretary	la segretaria
to see	vedere
to see again	rivedere
seesaw	l'altalena
to sell	vendere

to send	mandare
sentence	la frase
September	settembre
serious	serio
to serve	servire
to set (put)	mettere
to set (sun)	tramontare
to set (the table)	apparecchiare
setting (table)	il posto
seven	sette
seventeen	diciassette
seventy	settanta
several	alcuni, alcune, qualche, parecchi
to sew	cucire
shadow	l'ombra
to shake	scuotere
to shake hands	dare la mano
to share	dividere, spartire
she	lei, ella
sheep	la pecora
sheet (of paper)	il foglio (di carta)
shell	la conchiglia
ship	la nave
shirt	la camicia
shoe	la scarpa
shop	la bottega
to go shopping	andare a fare le spese
shore	la spiaggia
short (height)	basso
short (length)	corto
shoulder	la spalla
to shout	gridare
shovel	la pala

432

to show	mostrare
shower	la doccia
sick	malato
sidewalk	il marciapiede
silent	silenzioso
silly	sciocco
silver	l'argento
similar	simile
to sing	cantare
sink (bathroom)	il lavandino
sister	la sorella
to sit	sedersi
six	sei
sixteen	sedici
sixty	sessanta
size	la misura
to skate	pattinare
skates	i pattini
ice skates	i pattini a ghiaccio
roller skates	i pattini a rotelle
skin	la pelle
skinny	magro
skirt	la gonna
sky	il cielo
skyscraper	il grattacielo
sled	la slitta
to sleep	dormire
to slide, slip	scivolare
slow	lento
slowly	lentamente
small	piccolo
to smell good (bad)	avere buon odore, avere cattivo odore
to smile	sorridere

to smoke	fumare
no smoking	vietato fumare
snack	lo spuntino
snake	la serpe
snow	la neve
to snow	nevicare
snowman	l'uomo di neve
so	così
soap	il sapone
soccer	il calcio
sock	la calza
soda	la soda
sofa	il divano
soft	molle, tenero, morbido
softly	pian piano, adagio
soldier	il soldato
so many, so much	tanto, tanti
some	qualche, alcuni, alcune, di + def. art.
somebody, someone	qualcuno
something	qualche cosa
sometimes	qualche volta
son	il figlio
song	la canzone
soon	presto, tra poco
see you soon	arrivederci
sort	la sorta, il genere
soup	la minestra
south	il sud
space	lo spazio
to speak	parlare
to spend (money)	spendere
to spend (time)	passare

spider	il ragno
to spill	rovesciare
spinach	gli spinaci
spoon	il cucchiaio
sport	lo sport
spot	la macchia
spotted	macchiato
spring	la primavera
square	quadro
square (plaza, place)	la piazza
stain	la macchia
staircase	la scala
stamp	il francobollo
to stand	stare in piedi
star	la stella
to start	cominciare
state	lo stato
station	la stazione
to stay	stare, rimanere
to steal	rubare
steamship	il piroscafo
step	il gradino
stick	il bastone
still	ancora
to sting	pungere
stocking	la calza
stone	la pietra
stop	la fermata
to stop	fermare
to stop (oneself)	fermarsi
store	il negozio
store window	la vetrina
storm	la tempesta

story	la storia, il racconto
stove	la stufa
strange	strano
stranger	lo straniero
strawberry	la fragola
street	la strada
street cleaner	lo spazzino
string	la cordicella
string beans	i fagiolini
strong	forte
student	lo studente
to study	studiare
stupid	stupido
subway	la metropolitana
to succeed	riuscire
suddenly	ad un tratto, improvvisamente
sugar	lo zucchero
suit	il vestito, l'abito
bathing suit	il costume da bagno
suitcase	la valigia
summer	l'estate
sun	il sole
sunbath	il bagno di sole
it is sunny	il sole brilla
Sunday	la domenica
supermarket	il supermercato
sure	sicuro
surprise	la sorpresa
surprising	sorprendente
sweater	la maglia
sweet	dolce
to swim	nuotare
swimming pool	la piscina

swing	l'altalena
switch (electrical)	l'interruttore

T

table	la tavola
tablecloth	la tovaglia
tail	la coda
tailor	il sarto
to take	prendere
to take a bath	farsi il bagno
to take a trip	fare un viaggio
to take a walk	fare una passeggiata
Take care!	Attenzione!
to take off	togliersi
tale	il racconto
fairy tale	la fiaba
to talk	parlare
tall	alto
tape recorder	il registratore
taxi	il tassì
tea	il tè
to teach	insegnare
teacher	il maestro, il professore
team	la squadra
tear	la lacrima
to tease	fare dispetti a, stuzzicare
telephone	il telefono
television	la televisione
television antenna	l'antenna
television (TV) set	il televisore
to tell	raccontare
ten	dieci
tent	la tenda

test	l'esame
thank you	grazie
that	che, quale, quello
the	il, lo, l', la, l', i, gli, le
theatre	il teatro
their	loro
them	loro
then	allora, poi
there	là
there is	ci è (c'è)
there are	ci sono
they	essi, esse, loro
thick	grosso, fitto
thief	il ladro
thin	magro, snello
thing	la cosa
to think	pensare
thirsty (to be)	avere sete
thirteen	tredici
thirty	trenta
this, these	questo, questi
thousand	mille
three	tre
throat	la gola
to throw	gettare, scagliare, lanciare
thunder	il tuono
Thursday	il giovedì
ticket	il biglietto
tie	la cravatta
tiger	la tigre
tight	stretto
time	la volta
time (o' clock)	l'ora

tip	la mancia
tired	stanco
to	a
toast	il pane tostato
today	oggi
toe	il dito del piede
together	insieme
tomato	il pomodoro
tomorrow	domani
tongue	la lingua
too	anche
too (many) (much)	troppo
tooth	il dente
toothbrush	lo spazzolino
toothpaste	il dentifricio
tortoise	la tartaruga
to touch	toccare
toward	verso
towel	l'asciugamano
tower	la torre
toy	il giocattolo
traffic	il traffico
train	il treno
to travel	viaggiare
traveler	il viaggiatore
tree	l'albero
trip	il viaggio, il giro
trousers	i pantaloni
truck	il camione
true	vero
trunk	il baule
to try	provare
Tuesday	martedì

turkey	il tacchino
turn	il turno
to turn	girare
to turn off	spegnere
to turn on	accendere
turtle	la tartaruga
twelve	dodici
twenty	venti
twice	due volte
two	due
typewriter	la macchina per scrivere
typist	la dattilografa

U

ugly	brutto
umbrella	l'ombrello
uncle	lo zio
under	sotto
to understand	capire
unhappy	scontento
united	unito
United Nations	Le Nazioni Unite
United States	Gli Stati Uniti
university	l'università
until	fino a
unusual	straordinario
upstairs	di sopra, al piano superiore
to use	usare
useful	utile

V

| vacation | le vacanze |
| to vaccinate | vaccinare |

440

vaccination	la vaccinazione
vacuum cleaner	l'aspirapolvere
valise	la valigia
valley	la valle
vanilla	la vaniglia
vegetable	la verdura
very	molto
village	il villaggio
violet	la violetta
violin	il violino
to visit	visitare
voice	la voce
in a loud voice	ad alta voce
volcano	il vulcano

W

waist	la vita, la cintola
to wait	aspettare
waiter	il cameriere
waitress	la cameriera
to wake up	svegliarsi
to walk	camminare, andare a piedi
wall (of a house)	il muro
wall (of a room)	la parete
walls of a city	le mura
to want	volere
war	la guerra
warm	caldo
to wash	lavare
to wash (oneself)	lavarsi
washing machine	la lavatrice
washstand	il lavandino
dishwasher	la lavastoviglie

watch	l'orologio
to watch	guardare
to watch over	badare a, sorvegliare
water	l'acqua
watermelon	il cocomero, il melone
wave	l'onda
we	noi
weak	debole
wealthy	ricco
to wear	portare
weather	il tempo
Wednesday	mercoledì
week	la settimana
to weep	piangere
(you're) welcome	prego
well	bene
well behaved	beneducato
well done	bravo
west	l'ovest
wet	bagnato
what	che, come
wheat	il grano
wheel	la ruota
when	quando
where	dove
whether	se
which	quale, che
to whistle	fischiare
white	bianco
who	chi
whole	intero, intera
whom	che, cui
why	perchè
wide	largo

wife	la moglie
wild	feroce, selvaggio, selvaggia
to win	vincere
wind	il vento
window	la finestra
store window	la vetrina
wine	il vino
wing	l'ala
winter	l'inverno
wise	saggio
to wish	desiderare, volere
with	con
with care	con cura
without	senza
wolf	il lupo
woman	la donna
wonderful	straordinario, meraviglioso, prodigioso
wood	il legno
woods	il bosco, la foresta
wool	la lana
word	la parola
work	il lavoro
to work	lavorare
world	il mondo
worm	il verme
wound	la ferita
to write	scrivere
wrong (to be)	avere torto

Y

year	l'anno
yellow	giallo
yes	si

yesterday	ieri
you	ti, Le
you have to	è necessario
young	giovane
your	tuo, Suo

Z

Zebra	la zebra
zero	lo zero
zoo	il giardino zoologico

DAYS OF THE WEEK
I giorni della settimana

English Inglese	Italiano Italian
Monday	lunedì
Tuesday	martedì
Wednesday	mercoledì
Thursday	giovedì
Friday	venerdì
Saturday	sabato
Sunday	domenica

MONTHS OF THE YEAR
I mesi dell'anno

English — Italiano Inglese — Italian
January — gennaio
February — febbraio
March — marzo
April — aprile
May — maggio
June — giugno
July — luglio
August — agosto
September — settembre
October — ottobre
November — novembre
December — dicembre

445

PERSONAL NAMES
I Nomi

BOYS
I RAGAZZI

English Inglese	Italiano Italian
Albert	Alberto
Alexander	Alessandro
Andrew	Andrea
Anthony	Antonio
Armand	Armando
Arnold	Arnoldo
Arthur	Arturo
Benedict	Benedetto
Benjamin	Beniamino
Bernard	Bernardo
Caesar	Cesare
Charles	Carlo
Daniel	Daniele
David	Davide
Dominic	Domenico
Edward	Edoardo
Eugene	Eugenio
Frank	Francesco
Frederick	Federico
George	Giorgio
Henry	Enrico
James	Giacomo
Jerome	Girolamo
John	Giovanni
Joseph	Giuseppe
Julius	Giulio
Lawrence	Lorenzo
Leonard	Leonardo
Louis	Luigi
Mark	Marco

Matthew	Matteo
Michael	Michele
Patrick	Patrizio, Pasquale
Paul	Paolo
Peter	Pietro
Philip	Filippo
Robert	Roberto
Samuel	Samuele
Stephen	Stefano
Sylvester	Silvestro
Thomas	Tommaso
Vincent	Vincenzo
William	Guglielmo

GIRLS
LE RAGAZZE

English **Inglese**	**Italiano** **Italian**
Ann	Anna
Beatrice	Beatrice
Carla	Carla
Carolyn	Carolina
Catherine	Caterina
Claire	Chiara
Dorothy	Dorotea
Elizabeth	Elisabetta
Frances	Francesca
Gertrude	Geltrude
Harriet	Enrichetta
Helen	Elena
JoAnn	Giovanna
Josephine	Giuseppina
Julia	Giulia
Laura	Laura
Louise	Luisa
Lucy	Lucia
Margaret	Margarita, Margherita

Marian	Marianna
Martha	Marta
Mary	Maria
Nancy	Nunziata
Pauline	Paolina
Rachel	Rachele
Rita	Rita
Susan	Susanna
Sylvia	Silvia
Theresa	Teresa
Virginia	Virginia

NUMBERS 1-100
I Numeri 1-100

English Inglese	Italiano Italian
one	uno, una
two	due
three	tre
four	quattro
five	cinque
six	sei
seven	sette
eight	otto
nine	nove
ten	dieci
eleven	undici
twelve	dodici
thirteen	tredici
fourteen	quattordici
fifteen	quindici
sixteen	sedici
seventeen	diciassette
eighteen	diciotto
nineteen	diciannove
twenty	venti
twenty-one	ventuno
twenty-two	ventidue

twenty-three	ventitrè
twenty-four	ventiquattro
twenty-five	venticinque
twenty-six	ventisei
twenty-seven	ventisette
twenty-eight	ventotto
twenty-nine	ventinove
thirty	trenta
thirty-one	trentuno
thirty-two	trentadue
thirty-three	trentatrè
thirty-four	trentaquattro
thirty-five	trentacinque
thirty-six	trentasei
thirty-seven	trentasette
thirty-eight	trentotto
thirty-nine	trentanove
forty	quaranta
forty-one	quarantuno
forty-two	quarantadue
forty-three	quarantatrè
forty-four	quarantaquattro
forty-five	quarantacinque
forty-six	quarantasei
forty-seven	quarantasette
forty-eight	quarantotto
forty-nine	quarantanove
fifty	cinquanta
fifty-one	cinquantuno
fifty-two	cinquantadue
fifty-three	cinquantatrè
fifty-four	cinquantaquattro
fifty-five	cinquantacinque
fifty-six	cinquantasei
fifty-seven	cinquantasette
fifty-eight	cinquantotto
fifty-nine	cinquantanove
sixty	sessanta
sixty-one	sessantuno
sixty-two	sessantadue

sixty-three	sessantatrè
sixty-four	sessantaquattro
sixty-five	sessantacinque
sixty-six	sessantasei
sixty-seven	sessantasette
sixty-eight	sessantotto
sixty-nine	sessantanove
seventy	settanta
seventy-one	settantuno
seventy-two	settantadue
seventy-three	settantatrè
seventy-four	settantaquattro
seventy-five	settantacinque
seventy-six	settantasei
seventy-seven	settantasette
seventy-eight	settantotto
seventy-nine	settantanove
eighty	ottanta
eighty-one	ottantuno
eighty-two	ottantadue
eighty-three	ottantatrè
eighty-four	ottantaquattro
eighty-five	ottantacinque
eighty-six	ottantasei
eighty-seven	ottantasette
eighty-eight	ottantotto
eighty-nine	ottantanove
ninety	novanta
ninety-one	novantuno
ninety-two	novantadue
ninety-three	novantatrè
ninety-four	novantaquattro
ninety-five	novantacinque
ninety-six	novantasei
ninety-seven	novantasette
ninety-eight	novantotto
ninety-nine	novantanove
one hundred	cento

Italian-American Conversion Tables

CURRENCY–WEIGHTS–MEASURES
Moneta–Pesi–Misure

Italiano Italian	American Americano
100 Lire	$.13 (cents)*
300 Lire	$.39*
1300 Lire	$1.00*
1 centimetro	0.3937 inches**
1 chilometro	0.621 miles**
1 metro	39.37 inches**
1 grammo	0.035 ounces**
1 chilo	2.204 pounds**

American Americano	Italiano Italian
1 dollar	1300 Lire*
2 dollars	2600 Lire*
10 dollars	13,000 Lire*
1 inch	2.54 centimetri**
1 foot	30.48 centimetri**
1 yard	91.44 centimetri**
1 mile	1.61 chilometri**
1 ounce	28 grammi**
1 pound	453.6 grammi**

*Because of fluctuations in exchange rates, it is necessary to consult the finance section of your daily newspaper or the foreign currency exchange section of your local bank.

**Approximately.

PARTS OF SPEECH
Nomi Grammaticali

English Inglese	Italiano Italian
adjective (adj.)	aggettivo
adverb (adv.)	avverbio
article	articolo
conjunction	congiunzione
idiomatic expression	espressione idiomatica
interjection	interiezione
noun, feminine (fem.)	sostantivo, nome femminile
noun, masculine (masc.)	sostantivo, nome maschile
preposition	preposizione
pronoun (pron.)	pronome
verb	verbo
verb form	forma verbale

Italian Verb Supplement
I Verbi
Regular Verbs

First Conjugation

Infinitives
    comp<u>rare</u>

Gerund
    comp<u>rando</u>

Past Part.
    comp<u>rato</u>

Present
    compr o
    compr i
    compr a
    compr iamo
    compr ate
    compr ano

Imperfect
    compr avo
    compr avi
    compr ava
    compr avamo
    compr avate
    compr avano

Past Absolute
    compr ai
    compr asti
    compr ò
    compr ammo
    compr aste
    compr arono

Future
    comprer ò
    comprer ai
    comprer à
    comprer emo
    comprer ete
    comprer anno

Present Cond.
    comprer ei
    comprer esti
    comprer ebbe
    comprer emmo
    comprer este
    comprer ebbero

Imperative
    —
    compr a
    compr i
    compr iamo
    compr ate
    compr ino

Present Subj.
    compr i
    compr i
    compr i
    compr iamo
    compr iate
    compr ino

Imperfect Subj.
   compr assi
   compr assi
   compr asse
   compr assimo
   compr aste
   compr assero

Present Perfect
   ho comprato
   hai comprato
   ha comprato
   abbiamo comprato
   avete comprato
   hanno comprato

First Past Perfect
   avevo comprato
   avevi comprato
   aveva comprato
   avevamo comprato
   avevate comprato
   avevano comprato

Second Past Perfect
   ebbi comprato
   avesti comprato
   ebbe comprato
   avemmo comprato
   aveste comprato
   ebbero comprato

Future Perfect
   avrò comprato
   avrai comprato
   avrà comprato
   avremo comprato
   avrete comprato
   avranno comprato

Cond. Perfect
   avrei comprato
   avresti comprato
   avrebbe comprato
   avremmo comprato
   avreste comprato
   avrebbero comprato

Present Perfect Subj.
   abbia comprato
   abbia comprato
   abbia comprato
   abbiamo comprato
   abbiate comprato
   abbiano comprato

Past Perfect Subj.
   avessi comprato
   avessi comprato
   avesse comprato
   avessimo comprato
   aveste comprato
   avessero comprato

Infinitive

    vend**ere**

Gerund

    vend**endo**

Past Part.

    vend**uto**

Present

    vend o
    vend i
    vend e
    vend iamo
    vend ete
    vend ono

Imperfect

    vend evo
    vend evi
    vend eva
    vend evamo
    vend evate
    vend evano

Past Absolute

    vend ei
    vend esti
    vend è
    vend emmo
    vend este
    vend erono

Future

    vender ò
    vender ai
    vender à
    vender emo
    vender ete
    vender anno

Present Cond.

    vender ei
    vender esti
    vender ebbe
    vender emmo
    vender este
    vender ebbero

Imperative

    —
    vend i
    vend a
    vend iamo
    vend ete
    vend ano

Present Subj.

    vend a
    vend a
    vend a
    vend iamo
    vend iate
    vend ano

Imperfect Subj.

vend essi
vend essi
vend esse
vend essimo
vend este
vend essero

Present Perfect

ho venduto
hai venduto
ha venduto
abbiamo venduto
avete venduto
hanno venduto

First Past Perfect

avevo venduto
avevi venduto
aveva venduto
avevamo venduto
avevate venduto
avevano venduto

Second Past Perfect

ebbi venduto
avesti venduto
ebbe venduto
avemmo venduto
aveste venduto
ebbero venduto

Future Perfect

avrò venduto
avrai venduto
avrà venduto
avremo venduto
avrete venduto
avranno venduto

Cond. Perfect

avrei venduto
avresti venduto
avrebbe venduto
avremmo venduto
avreste venduto
avrebbero venduto

Present Perfect Subj.

abbia venduto
abbia venduto
abbia venduto
abbiamo venduto
abbiate venduto
abbiano venduto

Past Perfect Subj.

avessi venduto
avessi venduto
avesse venduto
avessimo venduto
aveste venduto
avessero venduto

Infinitives
finire

dormire

Gerund
finendo

dormendo

Past Part.
finito

dormito

Present
    fin isc o

dorm o
    fin isc i

dorm i
    fin isc e

dorm e
    fin iamo

dorm iamo
    fin ite

dorm ite
    fin isc ono

dorm ono

Imperfect
    fin ivo

dorm ivo
    fin ivi

dorm ivi
    fin iva

dorm iva
    fin ivamo

dorm ivamo
    fin ivate

dorm ivate
    fin ivano

dorm ivano

Past Absolute
    fin ii

dorm ii
    fin isti

dorm isti
    fin ì

dormì
    fin immo

dorm immo
    fin iste

dorm iste
    fin irono

dorm irono

Future

finir ò	dormir ò
finir ai	dormir ai
finir à	dormir à
finir emo	dormir emo
finir ete	dormir ete
finir anno	dormir anno

Present Cond.

finir ei	dormir ei
finir esti	dormir esti
finir ebbe	dormir ebbe
finir emmo	dormir emmo
finir este	dormir este
finir ebbero	dormir ebbero

Imperative

—	—
fin isc i	dorm i
fin isc a	dorm a
fin iamo	dorm iamo
fin ite	dorm ite
fin isc ano	dorm ano

Present Subj.

fin isc a	dorm a
fin isc a	dorm a
fin isc a	dorm a
fin iamo	dorm iamo
fin iate	dorm iate
fin isc ano	dorm ano

Impefect Subj.

fin issi	dorm issi
fin issi	dorm issi
fin isse	dorm isse
fin issimo	dorm issimo
fin iste	dorm iste
fin issero	dorm issero

Present Perf.

ho finito	ho dormito
hai finito	hai dormito
ha finito	ha dormito
abbiamo finito	abbiamo dormito
avete finito	avete dormito
hanno finito	hanno dormito

First Past Perfect

avevo finito	avevo dormito
avevi finito	avevi dormito
aveva finito	aveva dormito
avevamo finito	avevamo dormito
avevate finito	avevate dormito
avevano finito	avevano dormito

Second Past Perfect

ebbi finito	ebbi dormito
avesti finito	avesti dormito
ebbe finito	ebbe dormito
avemmo finito	avemmo dormito
aveste finito	aveste dormito
ebbero finito	ebbero dormito

Future Perfect

avrò finito	avrò dormito
avrai finito	avrai dormito
avrà finito	avrà dormito
avremo finito	avremo dormito
avrete finito	avrete dormito
avranno finito	avranno dormito

Cond. Perfect
avrei finito
avresti finito
avrebbe finito
avremmo finito
avreste finito
avrebbero finito

avrei dormito
avresti dormito
avrebbe dormito
avremmo dormito
avreste dormito
avrebbero dormito

Present Perfect Subj.
abbia finito
abbia finito
abbia finito
abbiamo finito
abbiate finito
abbiano finito

abbia dormito
abbia dormito
abbia dormito
abbiamo dormito
abbiate dormito
abbiano dormito

Past Perfect Subj.
avessi finito
avessi finito
avesse finito
avessimo finito
aveste finito
avessero finito

avessi dormito
avessi dormito
avesse dormito
avessimo dormito
aveste dormito
avessero dormito

Auxiliary Verbs

Infinitive
avere

Gerund
avendo

Past. Part.
avuto

Present
ho
hai
ha
abbiamo
avete
hanno

Imperfect
avevo
avevi
aveva
avevamo
avevate
avevano

Past Absolute
ebbi
avesti
ebbe
avemmo
aveste
ebbero

Future
avrò
avrai
avrà

avremo
avrete
avranno

Present Cond.
avrei
avresti
avrebbe
avremmo
avreste
avrebbero

Imperative
—
abbi
abbia
abbiamo
abbiate
abbiano

Present Subj.
abbia
abbia
abbia
abbiamo
abbiate
abbiano

Imperfect Subj.
avessi
avessi
avesse
avessimo
aveste
avessero

Present Perfect
ho avuto
hai avuto
ha avuto
abbiamo avuto
avete avuto
hanno avuto

First Past Perfect
avevo avuto
avevi avuto
aveva avuto
avevamo avuto
avevate avuto
avevano avuto

Second Past Perfect
ebbi avuto
avesti avuto
ebbe avuto
avemmo avuto
aveste avuto
ebbero avuto

Future Perfect
avrò avuto
avrai avuto
avrà avuto
avremo avuto
avrete avuto
avranno avuto

Cond. Perfect
avrei avuto
avresti avuto
avrebbe avuto
avremmo avuto
avreste avuto
avrebbero avuto

Present Perfect Subj.
abbia avuto
abbia avuto
abbia avuto
abbiamo avuto
abbiate avuto
abbiano avuto

Past Perfect Subj.
avessi avuto
avessi avuto
avesse avuto
avessimo avuto
aveste avuto
avessero avuto

Infinitive
essere

Gerund
essendo

Past Part.
stato (-a,-i,-e)

Present
sono
sei
è
siamo
siete
sono

Imperfect
ero
eri
era
eravamo
eravate
erano

Past Absolute
fui
fosti
fu
fummo
foste
furono

Future
sarò
sarai
sarà

saremo
sarete
saranno

Present Cond.
sarei
saresti
sarebbe
saremmo
sareste
sarebbero

Imperative
—
sii
sia
siamo
siate
siano

Present Subj.
sia
sia
sia
siamo
siate
siano

Imperfect Subj.
fossi
fossi
fosse
fossimo
foste
fossero

Present Perf.
sono stato (a)
sei stato (a)
è stato (a)
siamo stati (e)
siete stati (e)
sono stati (e)

First Past Perfect
ero stato (a)
eri stato (a)
era stato (a)
eravamo stati (e)
eravate stati (e)
erano stati (e)

Second Past Perf.
fui stato (a)
fosti stato (a)
fu stato (a)
fummo stati (e)
foste stati (e)
furono stati (e)

Future Perfect
sarò stato (a)
sarai stato (a)
sarà stato (a)
saremo stati (e)
sarete stati (e)
saranno stati (e)

Cond. Perf.
sarei stato (a)
saresti stato (a)
sarebbe stato (a)
saremmo stati (e)
sareste stati (e)
sarebbero stati (e)

Present Perfect Subj.
sia stato (a)
sia stato (a)
sia stato (a)
siamo stati (e)
siate stati (e)
siano stati (e)

Past Perfect Subj.
fossi stato (a)
fossi stato (a)
fosse stato (a)
fossimo stati (e)
foste stati (e)
fossero stati (e)

Italia
Italy

Torino
Turin

Milano
Milan

Venezia
Venice

Trieste
Trieste

Genova
Genoa

Bologna
Bologna

Mare Adriatico
Adriatic Sea

Firenze
Florence

Pisa
Pisa

Mare Tirreno
Tyrrhenian Sea

Elba
Elba

Orvieto
Orvieto

Roma
Rome

Bari
Bari

Napoli
Naples

Sassari
Sassari

Potenza
Potenza

Tara
Tara

Sardegna
Sardinia

Cagliari
Cagliari

Palermo
Palermo

Messina
Messina

Reggio
Reggio

Sicilia
Sicily

Catania
Catania

Mare Mediterraneo
Mediterranean Sea